안용복 '진술'에 대한 새로운 검증

• 이 책의 내용은 저자의 개인적인 견해이며 동북아역사재단의 공식적인 견해가 아님을 밝혀둡니다.

동북아역사재단
연구총서 106

안용복 '진술'에 대한 새로운 검증

정영미 저

동북아역사재단

프롤로그

1952년 1월 18일 이승만 대통령이 한반도와 부속도서에 인접한 평균 60마일 이내의 해역에 관한 대한민국 주권을 선언했다. 「인접해양에 대한 주권에 관한 선언」이다. 이 선언은 일본 정부의 독도영유권 주장에 기폭제가 되었다. 대한민국 주권이 선포된 해역 내에 독도가 포함되어 있었기 때문이다. 이후 독도영유권에 대한 한일 양국의 논쟁이 시작되었고 이 논쟁은 1965년 6월 한일협정이 체결될 때까지 이어졌다.

이와 같은 한일 독도영유권 논쟁으로 조선 숙종 때 사람 안용복의 비변사 진술이 부각되었다. 안용복의 비변사 진술이란 『숙종실록』 숙종 22년(1696) 9월 25일 기사를 말한다. 이 기사는 1696년 5월에 승려 뇌헌 등과 함께 일본 돗토리에 갔던 일로 붙잡힌 안용복이 비변사에서 조사를 받으면서 진술한 내용으로 되어 있다.

이 내용에 따르면 안용복은 1693년에 일본 오키와 "에도"에 가서 "울릉도와 우산도는 조선의 영토이며 우산도는 일본에서 송도(松島)라고 부르는 섬"이라는 주장을 했고 막부 장군으로부터 이 주장을 사실로서 인정한 "관백의 서계"를 받았다고 한다. 그리고 1696년에 다시 오키와 돗토리에 가서 "관백의 서계"를 근거로 울릉도·우산도 영유권을 주장했고 돗토리 번주로부터 그 사실을 인정받았다고 하는 것이다.

이와 같이 비변사 진술은 한국 고문헌과 고지도에 등장하는 우산도라는 명칭의 섬이 일본에서 말하는 송도 즉 지금의 독도라는 것, 그리고 독도가 울릉도와 함께 조선의 영토였다는 것을 말해주는 것이다. 이에 독도가 역사적으로 한국 영토였다는 주요 근거로서 비변사 진술이 부각되었고 더불어 안용복은 '울릉도와 독도를 지킨 사람'으로 평가되어 왔다.

반면 일본 측은 비변사 진술을 '허구', '과장', '허위'로 보고 안용복은 '울릉도를 지킨 사람'으로만 평가하고 있다. 안용복이 진술한 일본에서의 언행이 일본 측 기록과 부합하지 않는다는 것이 근거가 되었다. 그리고 한국 측이 비변사 진술을 무비판적으로 인용하고 있는 것을 문제시했는데 일본 측 역시 자국 기록에 한해서는 무비판적으로 인용하고 있어 설득력이 없다.

그런데 비변사 진술은 비판적 수용 여부와 관계 없이 일반적인 사실관계로서 검증할 수 있는 부분과 특수한 사실관계로서 특정 개념을 구사하여 검증해야 할 부분으로 나누어 볼 필요가 있다. 전자는 안용복이 자신의 언행에 대해 언급한 부분, 즉 울릉도·우산도 영유권을 주장했다는 등의 부분인데 다른 사료와의 대조를 통해 그 진위 여부에 대한 검증이 가능하다는 의미에서 일반적인 사실관계로 볼 수 있다. 그 외 "에도"에 갔다, "관백의 서계"를 받았다는 등 일본에서의 경험에 대해 언급한 부분은 문자적 의미 그대로 인용하여 검증할 수 없는 특수 사실관계로 보아야 한다.

안용복이 언급한 일본에서의 경험이란 본질적으로 '언어적 경험'이다. 안용복은 주변 일본인으로부터 들은 말을 통해 자신이 처한 상황을 이해할 수밖에 없었다. 예를 들어 누군가 그에게 "에도"로 보낸다는 말을 했기 때문에 자신이 "에도"에 갔다고 이해할 수 있었고, 누군가 그에게 "관백의 서계"를 준다는 말을 했기 때문에 자신이 "관백의 서계"를 받았다고 이해할 수 있었을 것이다. 안용복이 일본에서 겪은 상황은 스스로 판단하고 이해할 수 있는 범위를 크게 벗어난 것이었다. 따라서 주변인의 설명을 빌려 자신이 처한 상황을 이해했을 것이다. 따라서 안용복이 언급한 일본에서의 경험은 대부분 타인의 말을 빌려 이해한 경험 즉 '언어적 경험'이기 때문에 이 점을 고려한 검증이 필요한 것이다.

또 비변사 진술은 '울릉도쟁계의 이중 구조'라는 개념을 통해 파악할 필요가 있다. 울릉도쟁계란 1693년 일본인이 안용복과 박어둔을 일본으로 납치한 사건을 단초로 벌어진 조·일 정부 간의 울릉도 영유권 논쟁이다. 비변사 진술은 이 논쟁을 배경으로 한다.

그런데 한일 관련 사료를 통람해 보면 이 논쟁은 주체와 공간을 달리하는 두 개의 논쟁으로 구성된 것을 알 수 있다. 하나는 조선의 동래 또는 왜관이라는 공간에서 조선 조정과 쓰시마번을 대리로 한 에도 막부 사이에 전개된 울릉도 영유권 논쟁이고, 다른 하나는 일본 돗토리에서 안용복으로 대표되는 조선 어민과 일본 어민 및 그들의 통치자인 돗토리 번주 사이에 전개된 울릉도·우산도(독도) 영유권 논쟁이다.

비변사 진술은 구체적으로 전자의 논쟁 과정에 있던 조선 조정에 후자의 논쟁에 대해 알리고자 했던 것인데 더 이상의 전개 없이 방치된 경향이 있다. 조선 조정이 돗토리에서 벌어진 이 논쟁을 확인할 수 없었기 때문이다. 당시 조선과 일본 에도 막부 간의 공식적 관계는 오직 쓰시마번을 통해서만 이루어졌다. 다시 말하면 조선 동래 왜관과 쓰시마라는 공간에서만 양자가 접촉할 수 있었던 것이다. 그러니 안용복을 통해 알려진 돗토리에서의 논쟁에 대해 조선 조정이 확인할 방법은 없었다. 그 결과 돗토리에서의 논쟁은 방치되었고, 결국 울릉도쟁계는 울릉도 영유권에 대한 조·일 정부 간의 논쟁이라는 단일 구조로 정리되어 후대에 전해지게 되었다.

이에 지금까지 울릉도쟁계 그 자체에 대해 상세히 다룬 문헌은 나오지 않았다. 결국 지금 중요한 것은 우산도(독도)가 언급된 안용복의 비변사 진술이지 우산도가 빠진 울릉도쟁계는 아니기 때문이다. 그러나 안용복의 비변사 진술은 울릉도쟁계라는 맥락, 더 나아가 이중 구조라는 특징을 통해 보아야만 설명이 되는 것이다. 그렇지 않으면 아무 맥락 없는 것이 되어 '허구'나 '허위', '과장'이라는 비판을 면하지 못하게 된다.

이 책은 이와 같은 관점에서 비변사 진술을 재검증하고 이를 근거로 안용복을 평가하였다. 먼저 제1부에서는 한일 간에 남아있는 관련 기록을 자료로 울릉도쟁계의 발단과 전개, 종결에 이르는 과정을 상세히 기술했다. 그리고 제2부에서는 비변사 진술을 포함하여 필자가 확인한 안용복의 다른 진술, 일본 어민의 진술 등을 자료로 하여 앞에서 언급한 '언어적 경험'과 '울릉도쟁계의 이중 구조'라는 관점에서 분석하고 재검증했다.

이 책은 또한 한국 측 관련 기록을 최대한 사용하여 울릉도쟁계와 안용복 1, 2차 도일 사건을 기술했다. 지금까지는 두 사안에 대해 주로 일본 측 관련 기록을 통해 이해해 온 경향이 있다. 일본 측 기록이 많고 내용도 구체적이기 때문이다. 그러나 한국 측에도 단편적이기는 하나 관련 기록들이 꽤 남아 있다. 이 책은 이런 기록들을 최대한 사용한 것으로 해당 사안에 대한 독자의 통합적 이해에 도움을 줄 것으로 기대한다.

2020년 2월
정영미

일러두기

- 이 책은 주요 자료로 『숙종실록』, 『승정원일기』, 『비변사등록』, 『변례집요』, 『표인영래등록』 등의 한국 사료와 『죽도기사』, 『죽도고증』, 『죽도고』 등의 일본 사료를 사용하였다. 번역과 관련해서는, 한국 사료는 소장처가 제시한 번역문을 사용하였다. 한편 『승정원일기』와 같이 공개된 소장처 번역문이 없는 사료는 전 영남대학교 김호동 교수가 제공한 것을 사용하였다. 일본 사료는 간행된 한글 번역집이 있는 경우 그 번역문을 사용하고 각주에 적시하였다. 단 일부 필자가 수정한 부분이 있다. 그 외 일본 사료는 필자의 번역문을 사용하였다.
- 일본 사료와 한국 사료의 용어가 중첩될 경우 한국 사료의 용어로 통일시켜 사용하는 것을 원칙으로 했다. 예를 들면 다케시마 잇켄[竹島一件]은 울릉도쟁계로, 다케시마[竹島, 울릉도]를 죽도로, 마쓰시마[松島, 독도]를 송도로 표기한 것과 같다.
- 단 일부 용어에 대해서는 양쪽 표기를 병기했다. 강호=에도, 백기주/이나바=돗토리, 옥기도/오랑도=오키도, 백기 도주=돗토리 번주, 대마 도주=쓰시마 번주 등이다.
- 본문에서 사용하는 모든 사료상의 날짜는 음력 날짜이다.
- 지문에서 인용문[사료]상의 용어를 사용하는 경우 현대식 의미를 [　　] 안에 부기하였다.
- 이 책에서는 편의적으로 '울릉도 영유권 논쟁', '울릉도·우산도 영유권 논쟁' 등의 용어를 사용했다. 이 용어는 지극히 현대적인 개념으로 이 책에서 다루는 17세기 사건의 의미를 완전히 포함할 수 없다. 그러나 독자들의 이해를 돕기 위해 이와 같은 용어를 사용하였으니, 독자들의 양해를 바란다.

차례

차례

[자료 목록]

차례

[표 목록]

차례

[그림 목록]

제1부

울릉도쟁계와 안용복

1. 조선인 납치사건과 울릉도쟁계의 시작

(1) 안용복·박어둔 납치사건

1693년 4월, 무릉도[울릉도]에 갔던 여덟 명의 조선인 중 안용복과 박어둔이 일본인에게 납치되는 사건이 벌어졌다. 이 사건은 같은 해 8월, 경상감사의 장계[보고서]를 통해서 조선 조정에 알려졌다. 그 내용은 다음과 같다.

<사료 1>

갑술년(1694년) 8월, 경상감영(慶尙監營)의 장계(狀啓) 안에 박어둔(朴於屯)·안용복(安龍福)·김가을동(金加乙洞)·김자신(金自信)·서화립(徐化立)·이환(李還)·양담사리(梁淡沙里)·김득생(金得生) 등이 표류하다가 무릉도(武陵島)에 닿았고, 그 중에 안용복과 박어둔 두 사람이 왜인에게 붙잡혔으며, 그 나머지 각각의 사람들은 도망쳐 돌아왔다고 하고, 각각 문초(問招)하니 자기들은 표류하다가 무릉도에 닿았는데, 김득생 등 여섯 사람은 뭍에 내려 숨었으며, 박어둔 등 두 사람은 미처 배에서 내리기 전에 왜인 8명이 배를 타고 갑자기 이르러 칼과 조총(鳥銃)으로 두 사람을 위협하여 잡아간 일입니다.[1]

이 사건은 이후 울릉도쟁계[2]라는 조·일 울릉도 영유권 논쟁으로 비화한다. 일본 에도 막부가 안용복과 박어둔을 송환하면서 조선 사람들이 "우리나라[일본] 죽도[竹島: 울릉도]"에 왕래하는 것을 금지시켜 달라는 요구를 조선 조정에 해왔기 때문이다. 에도 막부의 조선인 송환과 조선 조정에 대한 요구는 쓰시마번

---

1 『변례집요』 권17, 울릉도 갑술, 숙종 20년(1694) 8월 기사.

2 조선 후기 예조관원들의 실무지침서인 『춘관지(春官志)』, 영조 20년(1744) 편찬, 정조 5년(1781) 증보)에서 「울릉도쟁계(鬱陵島爭界)」라는 제목으로 17세기 말 안용복·박어둔 납치사건을 계기로 벌어진 조·일 울릉도 영유권 논쟁(1693~1699)에 대해 다루고 있다(법제처 편, 1976, 『법제자료 제85집 春官志』, 법제처, 269~288쪽).

에 의해 추진되었다. 쓰시마번이 조·일 교류의 공식 중개인이었기 때문이다. 이에 울릉도쟁계는 실질적으로 봉행차왜[임시 외교사절]를 앞세운 쓰시마번과 접위관[접대관]을 앞세운 조선 조정의 논쟁으로 진행된다.

같은 해 8월, 쓰시마번은 선향사[예비 외교사절]를 왜관에 파견하여 곧 조선의 예조참판에게 봉행차왜를 파견할 것임을 알렸다. 왜관은 다시 선문두왜[사자]를 동래부사에게 보내 봉행차왜 도래에 대해 알렸다.[3] 9월, 동래부사는 "죽도에서 붙잡힌 두 사람을 데려오는 일로 봉행차왜가 배를 타고 바람을 기다리고 있다는 일을 알리는 선문두왜가 나왔다"는 내용의 장계를 조정에 올리는데[4] 이를 검토한 조정은 다음과 같이 봉행차왜의 파견을 거절하라는 지시를 동래부사에게 내린다.

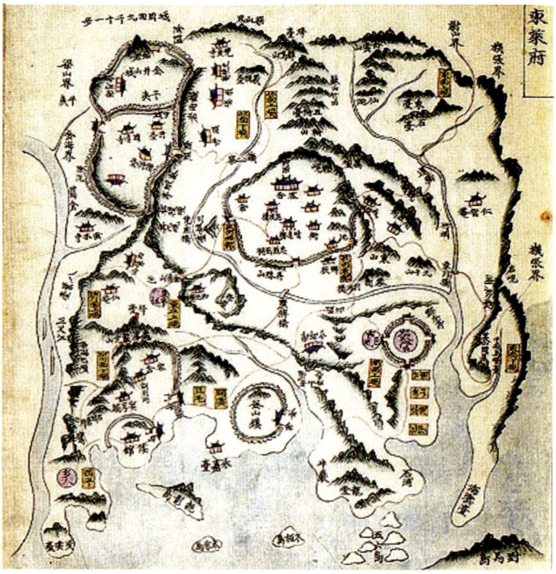

〈그림 1〉 여지도 동래부(출처: 국립중앙도서관)

3 『竹島紀事』 卷一, 元祿 六年(1693) 十月 綱(경상북도 독도사료연구회 편, 2013, 『죽도기사 I』, 경상북도, 43쪽).

4 『변례집요』 권1, 별차왜 계유, 숙종 19년(1693) 9월 기사.

<사료 2>

"이른바 죽도에서 붙잡혔다는 일은 일전에 경상 감사의 장계 가운데 '울산(蔚山)의 뱃사람 두 명이 울릉도(鬱陵島)에 떠내려가 왜인에게 붙잡혔다'고 한 것인 듯합니다. 그런데 그 섬은 우리나라의 땅입니다. 따라서 간혹 우리 뱃사람이 왕래하더라도 원래 일본이 금할 수 있는 것이 아닙니다. 결코 봉행차왜를 접대해서는 안 된다는 뜻으로 관수왜에게 엄하게 꾸짖고 타이르도록 하십시오"라고 하였다.[5]

〈사료 2〉에서 보이는 관수왜란 쓰시마 번의 번주 소[宗]씨의 가신으로 왜관을 총괄했던 관수를 가리킨다. 잘 알려져 있다시피 왜관은 소씨[宗氏]가 에도 막부를 대신하여 조·일 간의 교역 실무를 수행하던 곳이었다. 지금의 부산 용두산 일대에 있었던 약 10만 평 규모의 왜관(초량왜관)에는 상주 관리를 비롯하여 소씨가 파견한 외교사절, 상인 등 400~500여 명의 일본인이 체류하면서 조·일 외교와 무역에 종사했다.[6]

〈그림 2〉 초량 왜관도·부산포 지도
(출처: 국립중앙박물관)

외교사절은 연 8회 정도 파견되는 정례 외교사절과, 조선과 일본에 특별한 일이 생겼을 때 수시로 파견되는 임시 외교사절이 있었다. 전자를 연례송사, 후자를 차왜

5 『변례집요』 권1, 별차왜 계유, 숙종 19년(1693) 9월 기사.

6 장순순, 2017, 「초량 왜관의 성립과 운영」, 『부산박물관 학술연구총서 제54집 초량왜관 – 교린의 시선으로 허하다』, 부산박물관, 230쪽.

라고 하였다. 어느 쪽 사절이든 왜관으로 들어오면 조선 정부가 파견한 접위관을 통해 왜관에서 체재하는 동안 먹을 것과 쓸 것, 예물 등을 받았다. 또한 왜관에서는 이들을 접대하기 위해 규정에 따른 연회를 여러 차례 개최했다.[7]

즉 '왜관 관수가 봉행차왜를 접대하지 않게 하라'고 한 것은 '봉행차왜를 정식 외교사절로 맞아들이지 못하게 하라, 더 나아가서는 봉행차왜 파견을 중지시켜라'라는 의미였다. 이러한 조선 조정의 의사는 10월 10일자로 동래부사에게 보내어 동래부 역관을 통해 왜관의 선행사에게 구두로 전하게 한 답변 서신의 내용에서 더욱 명확히 들어나 있다.

〈그림 3〉 부산광역시 동래구 수안동에 있는 동래부 동헌 사적(출처: 정영미, 2018년 11월 촬영)

<사료 3>

동래부사의 구두 전갈 (중략) 대마도주님이 조선에 참판사 격의 사자를 파견하겠다고 하는 것과 관련해서 선향사를 파견한 것은 잘 알겠습니다. 죽도가 별도의 섬이라면 달리 문제가 없습니다. 만약 이곳에서 울릉도라고 부르는 곳이라면 예부터 조선에 속한 곳이며, 수시로 왕래하는 곳입니다. 그러함에도 조선인을 잡아서 참판사

---

7 장순순, 2017, 위의 논문, 234쪽.

> 격의 사자와 함께 돌려보내는 것은 생각조차 해보지 못한 일입니다. 게다가 올해는 수시로 참판사를 파견하여서 조선국으로서도 달갑지 않게 생각합니다. 따라서 이번 사자 파견 건은 거절하고자 합니다.[8]

한편 조선 조정은 봉행차왜의 파견과 이로 인한 다툼의 발생에 대비하는 자세도 취했다. 좌의정 목래선과 우의정 민암이 숙종을 알현하여 정사를 논의하던 중 "머지않아 봉행차왜가 파견될 것이며 '반드시 다투어 따지고 들 일이 있을 것이니' 미리 접위관을 신중히 골라 놓자"는 건의를 한 것에서 알 수 있다. 숙종 역시 이 건의에 동의했다.[9]

그러나 다툼은 봉행차왜 파견 이전부터 시작되어 있었다. 조선 조정의 선행사에 대한 답변에 대해 왜관은 다음과 같이 반론했다. "일본에 속한 죽도는 옛날부터 일본의 땅이 분명하다. 일본의 섬을 조선에 속한 것이라고 말하는 것을 에도 막부가 들으면 중차대한 일이 된다. 봉행차왜는 쓰시마 번주가 파견하지만 에도 막부의 명령을 받아 파견하는 사자다. 막부가 파견하는 사자와 같은데 어떻게 거절하라고 하는지 이해가 안 된다"는 것이었다. 그리고 동래부 역관들에게 이와 같은 뜻을 다시 조정에 보고해 달라는 요청을 했다.[10]

이에 대해 동래부 역관들은 다음과 같이 답변했다. "죽도는 조선에서 울릉도라고 부르는 섬이다. 웃음만 나올 뿐이다. 일본에서 죽도라고 부르는 섬이 울릉도와는 다른 섬이면 봉행차왜가 와도 좋다. 어쨌든 두 나라 간에 분쟁이 일어나지 않게끔 하고자 한다. 동래부사에게 돌아가 말해보겠으나 그가 동의하지 않으면 별 수 없다." 이후 10월 13일 동래부사가 "이번 봉행차왜의 파견

---

8 『竹島紀事』 卷一, 元祿 六年(1693) 十月 綱(『죽도기사 I』, 앞의 책, 43~44쪽).

9 『승정원일기』 354책, 숙종 19년(1693) 10월 28일 기사.

10 『竹島紀事』 卷一, 元祿 六年(1693) 十月 綱(『죽도기사 I』, 앞의 책, 44쪽).

은 중요하므로 그가 온 후에 쓰시마 도주의 서간 내용을 보고 나서 어떻게 할지 정하겠다"라고 답변했다.[11]

이에 10월 22일, 한국 사료에서는 봉행차왜 귤진중(橘眞重), 일본 사료에서는 대차사 정관 다다 요자에몬(多田與左衛門)이라는 임시 외교사절 일행 91명이 안용복과 박어둔을 데리고 쓰시마 후추[지금의 이즈하라, 쓰시마 번주 소씨의 성이 있었다]를 출선했다(이하 1차 봉행차왜). 이들은 조선 예조참판과 예조참의, 동래부사·부산첨사 앞으로 보내는 서신[외교서한] 3통을 지참하였는데 "우리나라[일본] 죽도"에 조선 어민들의 왕래를 금지시켜 달라는 취지의 내용이었다(이하 쓰시마번 1차 서신). 이들은 11월 1일 부산 절영도에 착선했고 그 다음날인 2일에 왜관으로 들어갔다.

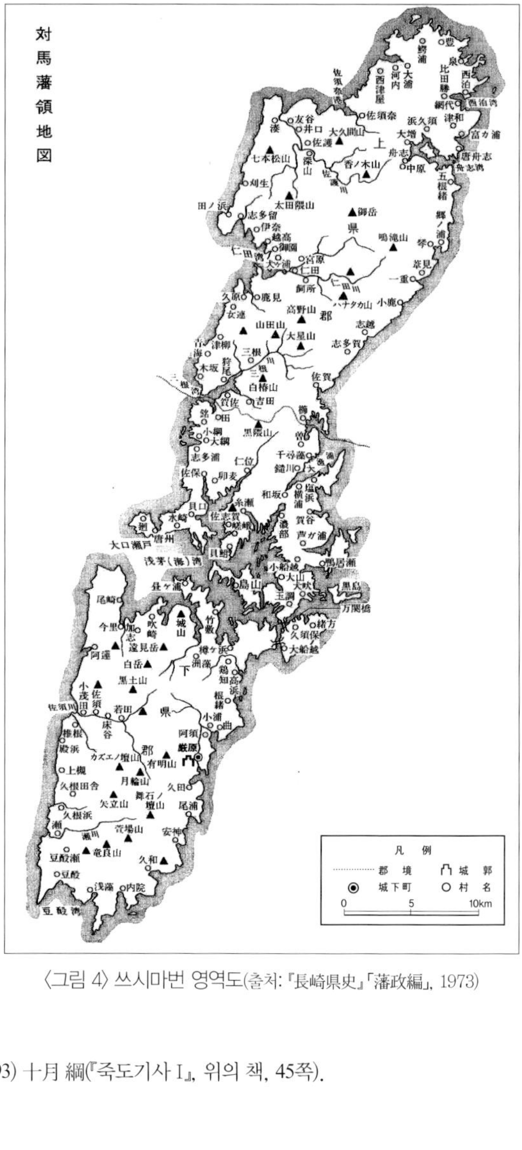

〈그림 4〉 쓰시마번 영역도(출처: 『長崎県史』「藩政編」, 1973)

11 『竹島紀事』卷一, 元祿 六年(1693) 十月 綱(『죽도기사 I』, 위의 책, 45쪽).

〈그림 5〉 이즈하라의 쓰시마 번주 거성-가네이시성 사적(출처: 정영미, 2018년 11월 촬영)

(2) 울릉도의 역사와 명칭 변화

그런데 이와 같은 상황 전개는 많은 궁금증을 가지게 한다. 경상감사 장계에서의 무릉도의 위치, 울릉도와의 관계, 우리나라 땅인 울릉도에 일본 사람이 와 있었던 이유, 이들이 울릉도를 '죽도'라는 일본 섬으로 알게 된 까닭 등이다. 이 궁금증을 풀기 위해서 울릉도 역사와 명칭 변화에 대해 간단히 서술하고자 한다.[12]

『삼국사기』에 따르면 울릉도는 이미 6세기에 신라에 정복되었다. 정확히는 울릉도에 거점을 둔 우산국이라는 나라가 신라에 복속된 것인데 "[지증왕] 13년(512) 여름에 우산국이 귀복하여 매년 토산물을 공물로 바치기로 했다. 우산국은 명주[강릉] 정동쪽 바다에 있는 섬인데 울릉도(鬱陵島)라고도 한다"[13]라고 전하고 있다.

---

12 이하에서 기술하는 울릉도 역사와 명칭 변화에 대해서는 필자의 책 참조(정영미, 2015, 『일본은 어떻게 독도를 인식해 왔는가』, 한국학술정보, 18~32쪽).

13 『삼국사기』 권4, 신라본기 4 지증마립간 13년(512) 6월.

우산국은 10~11세기경 여진의 침략으로 멸망한 것으로 보인다. 『고려사』는 10세기 초에 우산국이 동북 여진의 침입을 받은 일, 고려 조정이 우산국민을 육지로 데려와서 정착시키려 한 일 등을 전하고 있다.[14] 이후 점차 관련 기록이 사라지는데, 이것으로 보아 우산국은 10세기~11세기경에 멸망한 것으로 추정된다.

고려 말에 이르러 울릉도는 완전히 고려에 편입된다. 『삼국사기』 이래 울릉도는 한자 울릉(鬱陵)과 우릉(亐陵, 芋陵, 羽陵) 등으로 표기되어 왔는데 고려 말에 오면 울진현(蔚珍縣)의 울(蔚)을 사용한 울릉(蔚陵)이라는 한자로 표기되는 것을 볼 수 있다. 울진 현령 박순이 울릉도에 갔다는 기록, 허공을 울릉도 작목사로 삼았다는 기록, 이추가 울릉도에 들어가 나무를 베려고 했다는 기록 등이다.[15] 이로서 유추해 보면 울릉도는 고려 말에 울진현에 속한 섬으로 정착했음을 알 수 있다.

울진현의 '울'자를 쓴 울릉(蔚陵)이라는 표기는 여말선초의 왜구 침입 시기에 무릉(武陵)이라는 표기로 바뀐다. 무릉도라는 표기는 『고려사』 1379년 7월 기사에서 처음 나온다. "왜가 무릉도에서 보름을 지내다 돌아가다"라는 기사다.[16] 조선시대에 들어서면 『태종실록』 1403년 8월 기사에서 처음 보인다. "강원도의 무릉도 거민을 육지로 나오도록 명령하다"라는 기사다.[17] 이후 1693년 4월 조선인 납치사건이 있기 전까지 조선왕조실록 기사는 대부분 무릉이라는 한자로서 울릉도를 표기했다. 같은 소리의 한자 무릉(茂陵)을 쓰기도 했다.

---

14 『고려사』 권4, 세가4 현종 9년(1018) 11월 병인; 현종 10년(1019) 7월 기묘; 현종 13년(1022) 7월 병자 기사 등.

15 『고려사』 권25, 세가25 원종 즉위년(1219) 7월 경오; 권27, 세가27 원종 14년(1273) 2월 계축; 권130, 열전43, 반역/조이/이추(고려 원종 연간 1219~1274).

16 『고려사』 권134, 열전47 신우 5년(1379) 7월 기사.

17 『태종실록』 권34, 태종 17년(1417) 8월 6일 기사.

이로써 보면 여말선초의 왜구 침입이 울릉도 명칭 변화의 배경이 된 것 같다. 구체적인 것은 알 수 없으나 왕조 교체, 외세의 침입 등에 영향을 받은 것으로 보인다. 단순히 시대 흐름의 영향으로 울릉도에 대한 우리말 소리 명칭이 바뀐 결과일 수도 있다. '울·우·무'는 모두 음차 문자이나 전자와 후자의 소리적 공통점은 적기 때문이다.

이뿐만 아니라 이때 울릉도에 대한 일본어 명칭이 새로 생겼다. 한자 기죽도(磯竹島)로 표기하고 '이소다케시마'로 읽었다. 이 명칭은 이수광의 『지봉유설』(1614)에서 처음 보인다. 울릉도에 대해 "무릉이라고도 하고 우릉이라고도 한다. (중략) 최근에 왜노가 기죽(磯竹)이라고도 하는 의죽도(礒竹島)를 점거했다는 말을 들었다. 즉 울릉도(蔚陵島)다"[18] 라고 기록하고 있다. '기죽(磯竹) 또는 의죽(礒竹)'은 해변가에 대나무가 자라는 섬이라는 의미의 일본어 '이소다케시마'의 훈차 문자다.

조선 중기의 문신 이경직이 1617년 일본에 다녀온 뒤 집필한 기행록 『부상록』에 따르면 울릉도에 대한 기죽도 또는 의죽도라는 표기 명칭은 도요토미 히데요시[豐臣秀吉]와 관련이 있다. "히데요시 때 왜인 한 명이 의죽도(礒竹島)에 들어가서 재목과 갈대를 베어오기를 자원했다. 그가 베어온 것을 보니 참대(篁)처럼 큰 것이 있으므로 히데요시가 기뻐하여 그에게 '아리타케 야자에몬[蟻竹彌左衛門]'이라는 이름을 내려주고 그의 업으로 삼아 매년 벌채해 오도록 하였다. 그리고 얼마 되지 않아 히데요시가 죽고 아리타케 야자에몬도 죽었으므로 다시는 왕래하는 사람이 없었다"고 한다.[19]

17세기 초·중반경에는 울릉도를 한자 '죽도(竹島)'로 표기하고 '다케시마'라고

---

18 이수광, 만력 42년(1614, 서문), 『지봉유설』 권2 지리부 「섬(島)」.

19 이경직, 1617년경, 『부상록』 10월 초5일 병인 기사.

읽는 이름이 새로 생겼다. 이 이름은 돗토리 요나고[현재 돗토리현 요나고시]에 살던 오야 진키치[大谷甚吉]와 무라카와 이치베[村川市兵衛]라는 사람들이 울릉도에 왕래하면서 붙은 이름이다. 이들은 울릉도 왕래 도중에 있는 독도에 '마쓰시마'로 발음하는 '송도(松島)'라는 이름을 붙였다. 1667년에 편찬된 오키섬 지지(地誌)『은주시청합기』는 다음과 같이 울릉도와 독도에 대해 전하고 있다. "오키섬 북서 방향으로 이틀을 가면 마쓰시마가 있고 다시 하루 정도 더 가면 다케시마가 있다, 속칭 이소다케시마라 하는데 대나무와 물고기, 강치가 많다. 이 두 섬은 무인도이며 고려[조선]가 보이는 것이 운슈[현재 시마네현 이즈모시]에서 인슈[현재 시마네현 오키군]가 보이는 것과 같다"고 했다.[20]

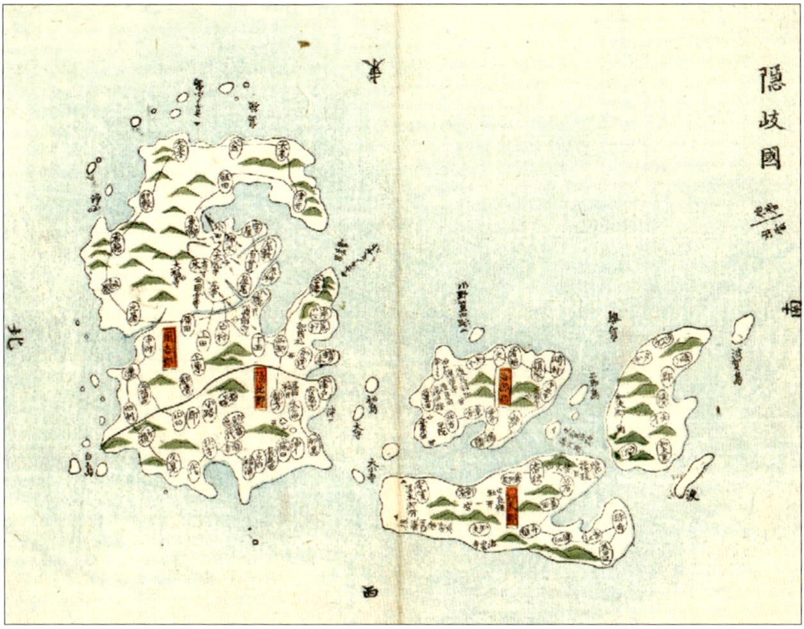

〈그림 6〉 오키국(출처: 『国郡全図』, 1828)

---

20 齊藤勘介, 1667, 『隱州視聽合紀』, 「國代記」(동북아역사재단 편, 오니시 도시테루·권오엽 역, 2007, 『독도자료집 Ⅲ 은주시청합기』, 동북아역사재단(내부자료), 33쪽).

이와 같은 울릉도·독도의 다양한 명칭의 생성과 변화는 근본적으로 울릉도·독도의 지리적 위치에서 비롯된 것이다. 울릉도와 독도는 원래 그 지리적 위치상 고유 명칭이 붙기는 어려운 섬들이다. 울릉도와 독도는 동해 가운데 있다. 그런데 당시 동해는 사람과 물자의 교류가 이루어지는 바다가 아니었다. 당시 동해를 끼고 있는 육지 간의 인적·물적 교류는 쓰시마 해협을 통해 이루어졌다. 조선과 일본, 중국과 일본의 교류가 모두 그렇다. 동해 북쪽은 러시아 극동지역과 맞닿아 있지만 당시에는 동해를 통한 러시아-일본 교류가 없었다. 즉 당시 동해는 닫힌 바다였기 때문에 울릉도와 독도가 사람 눈에 띌 확률은 적었고 당연히 고유 명칭이 붙을 가능성도 적었던 것이다.

단, 비교적 한반도에 인접해 있는 유인도라는 지리적 특징 때문에 울릉도가 주변 지역에 알려짐으로써 고유 명칭이 붙게 되었다. 먼저 신라에 알려졌고 울릉도라는 이름이 붙었다. 이후 조선인 납치사건이 벌어지기까지의 약 1천여 년간 울릉도·우릉도·무릉도라는 명칭이 역사 기록에 남게 되었다. 한편 고려 말에는 동해상에 있는 울릉도와는 다른 또 하나의 섬이 알려지게 되었고 우산도라는 명칭으로 기록되었다. 이어서 여말선초에 동해를 가로질러 조선 동해안으로 진출한 왜구에 의해 울릉도가 알려지면서 기죽도 또는 의죽도라는 명칭이 역사 기록에 남게 되었다. 그 직후에 오야·무라카와 가(家) 등 일본 서해안 주민들의 울릉도 진출을 통해 재발견되어 죽도라는 명칭으로 기록되었다. 더불어 울릉도 도해길에 있는 독도도 알려져 송도라는 명칭으로 기록되었다.

울릉도쟁계 관련 한일 사료에 등장하는 울릉도·무릉도·우산도·죽도·기죽도·송도 등의 다양한 명칭은 울릉도와 독도의 지리적 위치와 이를 조건으로 전개된 역사 과정을 배경으로 생겨나고 변화한 결과다. 그리고 1693년에 벌어진 조선인 납치사건으로 이 상황이 세상에 드러나게 되었다.

덧붙여 근대에 들어 서양 함선이 동해로 진출하면서 울릉도와 독도에 서양식 명칭도 붙게 되었다. 서양 함선이 동해로 들어오면서 울릉도에는 다줄레, 아르고트, 독도에는 리앙쿠르 록스, 호넷 록스, 올리붓차·메넬라이 등의 서양식 이름이 붙었다. 그리고 일본인의 울릉도 재진출 결과 울릉도에는 전근대에 독도를 가리켰던 송도라는 명칭이 붙었다.

〈그림 7〉 동래부사접왜도(출처: 국립중앙박물관)

(3) 울릉도쟁계의 시작

1693년 11월 2일, 봉행차왜 일행이 왜관으로 들어갔다. 같은 날 왜학역관인 훈도와 별차가 왜관으로 들어가서 봉행차왜가 가지고 온 쓰시마 번주의 서신을 필사했다.[21](이하 쓰시마번 1차 서신) 왜학역관이란 사역원에서 대일교섭 실무자로서 왜관에 파견한 통역관을 말한다. 사역원은 예조에 속한 일본어 통역관 양성기관이다.

21 『竹島紀事』 卷一, 元祿 六年(1693) 十一月 朔日 綱(『죽도기사 I』, 앞의 책, 46쪽).

쓰시마번 1차 서신의 내용은 11월 14일 동래부사의 장계를 통해 한양의 조선 조정에 전달되었다. 조정은 장계의 내용을 검토한 뒤 "봉행차왜가 이미 왔으니 교린의 도리상 접대하지 않을 수 없다. 접위관을 차출하여 동래로 보내라"고 예조에 지시한다. 덧붙여 "봉행차왜가 조선인의 울릉도 왕래 금지를 요청해 왔으니 도리상 그 말을 들어주지 않을 수 없다. 어민들이 먼 바다로 나가지 않도록 단단히 타이르고, 접위관도 이런 취지로 말을 만들어 봉행차왜와의 접견에 임하게 하라"고 지시했다.[22]

접위관으로는 홍문관 교리 홍중하가 차출되었다. 홍중하는 11월 18일 조정 신하들에게 하직 인사를 하고 좌의정 목래선, 우의정 민암과 함께 숙종을 알현한 후,[23] 12월 7일 사역원에서 파견한 접대역관 박동지[박재흥]·김판사[김중숙]와 함께 동래에 도착했다.[24]

도착 다음날 홍중하는 왜학역관인 훈도와 별차를 대동하고 왜관으로 가서 다례 개최에 관한 사전 교섭을 했다. 그리고 1693년 12월 10일, 접위관이 봉행차왜와 처음으로 접견하는 행사인 다례가 개최되었다. 이후 본격적으로 울릉도쟁계가 시작된다.[25]

울릉도쟁계는 다례에서의 접위관 발언을 통해 사전 예시된 쓰시마번 1차 서신에 대한 조선 예조의 첫 번째 답신(이하 예조 1차 서신) 내용을 쓰시마가 문제시하면서 시작되었다. 쓰시마번 1차 서신은 "우리나라의 죽도"에 조선 어민의 왕래를 금지시켜 달라는 내용이었다. 그런데 이에 대한 예조 1차 서신은 먼저 "우리나라 울릉도"에 대해 언급한 후에 쓰시마의 요구대로 "귀국의 죽도"에 우

22 『변례집요』 권1, 별차왜 계유, 숙종 19년(1693) 11월 기사.
23 『숙종실록』 권25, 숙종 19년(1693) 11월 18일 기사.
24 『竹島紀事』 卷一, 元祿 六年(1693) 十二月 十日 綱(『죽도기사 I』, 앞의 책, 52쪽).
25 『竹島紀事』 卷一, 元祿 六年(1693) 十二月 十日 綱(『죽도기사 I』, 위의 책, 52~53쪽).

리 어민의 왕래를 단속하겠다고 한 것이었다. 즉, "우리나라 울릉도일지라도 임의대로 가지 못하게 했는데(중략) 감히 귀국의 죽도에 들어가서" 운운하는 내용이었다. 이 내용을 보면 울릉도와 죽도는 서로 다른 두 개의 섬이 된다. 이에 봉행차왜가 쓰시마번 1차 서신에 없는 울릉도라는 섬 이름이 예조 1차 서신에 들어있다고 하며 삭제를 요구하면서 울릉도쟁계가 시작된 것이다.

<사료 4>

1693년 9월자 쓰시마 번주 소 요시토모의 서신 [쓰시마번 1차 서신]

(전략) 귀국의 바닷가 어민들이 이번에 **우리나라의 죽도**에 배를 타고 와서 몰래 고기를 잡았는데 그곳은 절대 와서는 안 되는 땅입니다. (중략) 이후로는 결단코 그 섬에 고기 잡는 배가 들어오는 것을 용납하지 않을 것이니 잊지 말라고 하셨습니다. 저희는 에도의 이 명령을 받들어 조선에 알려드리는 바입니다.(후략)

1693년 12월자 예조참판 권해의 회신 서신 [예조 1차 서신]

(전략) 우리나라는 바다로 나가는 것을 엄히 금하고 있습니다. 동해 바닷가의 어민을 단속하여 먼 바다로 나갈 수 없도록 했으니 비록 **우리나라의 울릉도**일지라도 역시 까마득히 멀리 있다는 이유로 임의대로 왕래하지 못하게 했는데 하물며 그 밖의 섬에 나갈 수 있겠습니까. 지금 이 어선이 감히 **귀국의 죽도**에 들어가서 본토로 돌려보내는 번거로움을 끼쳤고, 멀리서 서신을 보내 알려주었으니 이웃나라와 교제하는 정의를 실로 기쁘게 생각하는 바입니다. 바닷가의 어민은 고기를 잡아서 생계를 꾸려가는 자니 혹 폭풍을 만나 물에 떠내려가는 재난을 당할 수도 있지만, 남의 나라 국경을 넘어 깊이 들어가서 난잡하게 고기를 잡는 것은 마땅히 법으로서 엄히 징계하여야 하므로, 지금 범인들을 법률에 의거하여 죄를 과하였고 이후에는 바닷가 등지에 엄히 법률을 공포하여 단단히 타일러 지키게 하겠습니다.[26]

---

26 日本外務省 記錄, 北澤正誠, 1881, 『竹島考證 中』(정영미 역, 2006, 『독도자료집 Ⅱ - 죽도고증 - 』, 동북아의 평화를 위한 바른 역사정립 기획단, 81~91쪽).

그런데 앞서 보아온 바와 같이 조선 조정은 죽도가 조선의 울릉도임을 알고 있었다. 그럼에도 죽도가 "우리나라 울릉도"임을 주장하지 않고 마치 "귀국의 죽도"가 따로 있는 것처럼 표현한 것은 외교 분쟁의 발생을 피하고자 했던 대일 외교 관련자들의 일종의 책략으로 보인다.

먼저 이 말은 사역원의 접대역관들, 특히 홍중하와 동행한 접대역관 박동지로부터 나왔다. 박동지는 12월 7일 접위관 홍중하, 접대역관 김판사와 함께 동래에 도착했는데 그 이전에는 쓰시마에 있었다. 그리고 11월 19일에 쓰시마로 소환된 재판[왜관 관료]과 만나 다음과 같이 이야기를 나누었다고 한다.

<사료 5>

얼마 전 조정에서 사역원 역관들을 불러 물으셨다. "일본에서 죽도라고 부르는 섬은 어느 방향에 있는 섬인가, 우리나라에도 울릉도라는 섬이 있는데, 만일 죽도가 울릉도를 말하는 것이라면, 이 섬은 확실히 조선에 속한 섬으로『여지승람』에도 기록되어 있다.『여지승람』은 일본에 알려져 있느냐"는 것이었다. 그렇다고 대답했더니, "그렇다면 죽도가 울릉도라는 것은 일본도 잘 알고 있는 일일 것이므로 이번 봉행차왜 파견은 허락할 수 없다. 그러나 죽도라고 하는 다른 섬이 있으면 문제될 것이 없으니 답변이 달라질 수 있다"라고 하셨다. 이에 역관들이 비밀리에 논의했다. 일본에서 죽도라고 불리는 섬은 필경 울릉도일 것이나 조정에 그렇게 보고하면 큰 일이 된다. 그러니 동해 방향에 섬이 셋 있으며 하나는 울릉도, 하나는 우산도, 하나는 이름이 없으니 이 중에서 어느 곳이든지 일본에서 죽도라고 부르는 것을 죽도로 삼고 그 밖의 섬을 조선의 울릉도로 삼는다면 조선도 체면이 서고 일본도 원하는 대로 일을 해결한 것이 될 것이라는 논의였다. 논의한 대로 조정에 답변했다.[27]

요지는, 예조 사역원 역관들끼리 비밀리에 "죽도가 울릉도로 명시되면 큰

27 『竹島紀事』 卷一, 元祿 六年(1693) 十一月 朔日 綱(『죽도기사 I』, 앞의 책, 48~51쪽).

일[외교 분쟁]이 날 것이니, 동해에 있는 세 섬[울릉도·우산도·이름 없는 섬]을 임의로 나누어 울릉도와 죽도로 하자"고 논의한 후 조정에 그렇게 보고했다는 것이다. 이 의견은 실제로 조정으로 올라갔다. 『승정원일기』 1694년 1월 15일 기사가 전하는 다음과 같은 숙종과 목래선·민암의 대화 내용을 통해 확인할 수 있다.[28]

숙종이 쓰시마번 1차 서신의 내용을 보고한 동래부사의 장계를 보고 "(동래부사가) 이른바 죽도라고 하는 곳은 울릉도인 것 같다고 했다"라고 말했다. 이에 대해 목래선은 "이번에 울릉도에 간 사람들이 각각 진술한 진술서를 살펴보니 그 중 한 사람이 도착한 섬은 울릉도가 아닌 다른 섬이라고 합니다. 이 섬이 왜인이 말하는 죽도인 것 같습니다"라고 답변했다. 그리고 민암도 "그들에게 속한 섬이 죽도인 것 같습니다"라는 내용이다.

목래선과 민암이 사역원 역관들의 말을 전적으로 믿어 동해에 울릉도 외에 죽도가 있다고 말한 것은 아닐 것이다. 이들 역시 외교 분쟁을 회피하고자 했던 정황이 있다. 1693년 8월, 쓰시마에서 봉행차왜가 나온다는 장계가 올라왔을 때 목래선과 민암이 "반드시 다투어 따지고 들 일이 있을 것이니"라며 접위관의 사전 선정을 숙종에게 건의한 것, 또 11월에 차출된 접위관 홍중하와 함께 숙종을 대면한 자리에서 "울릉도는 300년 동안 비워서 버려둔 땅인데 그런 땅을 위해 서로 사이가 벌어져 우호를 상실해서는 안 된다"라고 건의한 것 등이다.[29]

이와 같이 외교 분쟁 발생의 회피책으로 울릉도를 "귀국의 죽도"와 "우리나라 울릉도"로 나누어 표현한 예조 1차 서신이 작성된 것이다. 접대역관 박동지

28 『승정원일기』 354책, 숙종 20년(1694) 1월 15일 기사.

29 『숙종실록』 권25, 숙종 19년(1693) 11월 18일 기사.

에 따르면 이 회피책은 "조정뿐만 아니라 모든 관리 및 사대부, 도성에 있는 사람들을 모두 소집한 회의"가 여러 차례 열린 끝에 내려진 결론이었다.[30] 홍중하는 이 결론을 자신의 말로 바꾸어 다례에 임한 것이다.

덧붙여 홍중하는 이 회피책이 매우 효율적이라고 생각했다. 봉행차왜를 만난 후 조정에 올린 보고서에서 "울릉도와 죽도가 일도이명임을 왜인도 안다. 그러나 먼 바다에 있는 명확하게 알지 못하는 섬에 관한 일로 이웃나라와 틈이 생기는 일을 만들면 안 된다. 울릉도와 죽도를 두 섬으로 나누어 울릉도는 우리 땅임을 명확히 했다. 조정에서 서계에 울릉이라는 글자를 거론한 뜻이 심원하다"라고 밝혔다.[31]

그러나 쓰시마 측은 이 회피책에 부정적인 견해를 보였다. "울릉도 또는 우산도, 아니면 세 섬 모두를 죽도로 삼는다고 해도 조선국 소속 울릉도라는 섬이 또 있는 것으로 해 놓으면 조선 어민이 다시 울릉도에 간다고 하며 죽도에 올 것이다. 이는 조선인의 죽도 왕래를 금지시키라는 에도 막부의 명령을 어기는 것이 된다. 조선 입장에서도 자국의 섬을 빼앗기는 것이 된다. 그 위에 이 사실이 다른 나라에 알려지면 난처해질 것이다"라는 생각에서였다. 그 위에 "울릉도는 임진왜란 이후 버린 땅이 된 것을 일본이 오랫동안 지배해 왔다. 이미 일본의 땅이다. 그러니 일본의 죽도라고 해도 조선으로서는 할 말이 없을 것"[32]이라는 생각에서 예조 1차 서신 내용을 문제시함으로써 울릉도쟁계가 발발한 것이다.

그 결과 울릉도쟁계의 대상이 울릉도 한 섬으로만 제한되었고 그 외 박동지 등을 통해 울릉도와 함께 언급되었던 '우산도'와 '이름 없는 섬'은 이후 조선 조

---

30 『竹島紀事』 卷一, 元祿 七年(1694) 正月 十五 綱 (『죽도기사 I』, 앞의 책, 68~69쪽).

31 『변례집요』 권17 울릉도 갑술, 숙종 20년(1694) 2월 기사.

32 『竹島紀事』 卷一, 元祿 六年(1693) 十一月 朔日 綱(『죽도기사 I』, 앞의 책, 48~51쪽).

정의 울릉도쟁계 관련 기록에서 사라진다. 그러다가 1696년에 다시 등장하는데 바로 안용복의 비변사 진술을 통해서다.

2. 울릉도쟁계의 전개와 남구만

(1) 울릉도·독도의 역사적 명칭과 울릉도쟁계

울릉도쟁계는 조·일 정부가 동해에 있는 섬들에 대해 확실히 인식하는 계기가 된 사건이었다. 한국 측 기록에서 보면 조선인 납치사건 발생 당시 거론된 섬의 명칭은 모두 5개다. 울릉도, 무릉도, 죽도, 우산도, 그리고 이름 없는 섬이다. 일본 측 기록에서는 부른세미[무릉섬], 우루친토[울진도], 울릉도, 이소다케시마[기죽도], 다케시마[죽도]라는 5개의 섬 이름이 쓰시마번의 죽도에 대한 사전 조사 단계에서 등장하고 이후 울릉도쟁계 종결 시점에 마쓰시마[송도]라는 이름이 등장한다. 그리고 이 명칭들은 모두 지리적 실체로서의 울릉도·독도의 조선과 일본에서의 명칭인데, 울릉도(울진도 포함), 무릉도(부른세미 포함), 우산도, 이름 없는 섬이 조선에서의 울릉도·독도 명칭이고 이소다케시마, 다케시마, 마쓰시마가 일본에서의 울릉도·독도 명칭이다.

그런데 울릉도쟁계 관련 기록에서 보면 조선에서는 울릉도와 독도의 명칭이 명확히 구분되지 않았다. 일본에서의 이소다케시마와 다케시마는 명백히 울릉도이고 마쓰시마는 독도다. 그런데 조선에서는 울릉도라는 명칭만이 명백히 울릉도를 가리키고 있으며 무릉도와 우산도는 지리적 실체로서 울릉도와 독도에 대한 정보가 혼합되어 있는 것이다.

앞서 언급했듯이, 조선 초기 왜구 침략과 함께 울릉도에 무릉도라는 이름이 붙었는데 이 명칭이 울릉도쟁계 당시 조선 어민들 사이에서 울릉도를 가리키는 명칭으로 사용되었던 것으로 보인다. 1693년 7월 1일, 안용복과 박어둔은 나가사키 봉행소[에도 막부의 나가사키 관청]에서 "이번에 우리들이 전복을 따러 간 섬은 조선국에서는 모두 무루구세무[무릉섬]라고 합니다"라고 진술했다〈사료 - 진술 2〉. 1693년 9월 4일 쓰시마번에서 한 진술에서도 "그 섬(우리들이 간 섬)의 이름을 조선에서는 무루구세무[무릉섬]라고 합니다"라고 되어 있다〈사료 - 진술 3〉. 즉 조선 동해안 어민 사이에서는 울릉도를 무릉섬이라는 명칭으로 인식하고 있었던 것이다.

한편 조선 조정은 『여지승람』 등에 기재된 울릉도라는 명칭을 사용했다. 조선의 관찬 기록에서 무릉섬이라는 명칭은 조선인 납치사건을 조정에 보고한 1693년 8월 경상감사의 장계에서 한 번 보이고 이후에는 모두 울릉도라는 명칭으로 기록된다. 경상감사의 장계는 울릉도에 갔던 어민들의 말을 인용하여 작성되었기 때문에 무릉도라는 명칭이 사용된 것 같다. 한편 일본 측 사료의 부른세미[무릉섬]는 울릉도와는 또 다른 섬인데 이 섬에 대해 조금 더 자세히 살펴보자.

조선인 송환을 지시받기 약 일주일 전인 1693년 5월 5일, 쓰시마번은 왜관에 근무 중이던 통사 나카야마 가베에게 서신을 보내 다음과 같이 물었다.

<사료 6>

죽도는 조선에서는 부른세미라고 한다고 했는데, 죽도라고 쓰고 조선음으로 부른세미라고 부르는 것인가. 부른세미라고는 어떻게 쓰는가, 울릉도라고 하는 섬이 있다. 이것을 백성들이 말할 때 부른세미라고 부르지는 않는가. 일본에서는 울릉도를 이소타케(礒竹)이라고 한다. 울릉도와 부른세미는 서로 다른 섬인가, 부른세미를 일본인이 다케시마라고 부른다는 것은 누가 한 말이라고 하는가.[33]

33 『竹島紀事』 卷一, 元祿 六年(1693) 五月 十三日 綱(『죽도기사 I』, 위의 책, 19~20쪽).

위에서 보면 쓰시마번이 "누군가"가 이번에 조선인이 간 섬인 부른세미[무릉섬]와 죽도가 같은 섬이라고 한 말에 대해 관심을 표시하고 있다. "죽도는 조선에서는 부른세미라고 한다고 했는데", "부른세미를 일본인이 죽도라고 부른다는 것은 누가 한 말이라고 하는가"라고 물은 것에서 알 수 있다.

이 말의 출처는 알 수 없다. 왜관 근무자들에게서 나온 말일 수도 있고 조선인 역관들로부터 나온 말일 수도 있다. 아무튼 이 말이 쓰시마번으로 전해졌고 쓰시마번은 그 말의 출처와 더불어 부른세미가 어떤 섬인지, 혹시 일본에서 이소다케시마라고 하는 울릉도를 말하는 것은 아닌지에 대해 묻고 있다. 이에 대해 왜관은 6월 13일자로 다음과 같이 답장한다.

<사료 7>

부른세미는 다른 섬입니다. 자세히 조사했더니 우르친토라는 섬입니다. 부른세미는 우르친토에서 아스라이 보이는 섬입니다. 부른세미는 우르친토에서 북동쪽으로 아스라이 보인다고 들었습니다.

우르친토의 크기는 하루와 반나절 돌아다니는 정도의 크기라고 합니다. 원래 높은 산으로서 전답과 큰 나무가 있다고 들었습니다.

우르친토에는 강원도 내 '에구하이' 라는 포구에서 남풍을 타고 간다고 들었습니다.

우르친토로의 왕래는 재작년부터 시작된 것에 틀림이 없습니다.

우르친토로의 도해는 장군에게 알리지 않고 자기가 돈을 벌기 위해 몰래 도해하는 것 입니다. 이 외의 것에 대해서는 한비차구가 돌아오는 대로 자세히 듣고 거듭 자세한것을 말씀드리겠습니다.[34]

요지는 '이번에 조선인이 간 섬은 우루친토이며 부른세미 즉 무릉섬은 아니다'라는 것이다. 우루친토[울진도]란 울릉도가 강원도 울진현에 속한 섬이었던

34 『竹島紀事』 卷一, 元祿 六年(1693) 十一月 朔日 綱(『죽도기사 I』, 위의 책, 20~21쪽).

것에서 나온 명칭일 것이다. 즉 이번에 조선인이 간 섬이 울릉도임을 알리고 있는 것이다. 그리고 부른세미는 "우르친토에서 북동쪽으로 아스라이 보인다"라고 했다. 이에 쓰시마 측은 죽도가 조선의 울릉도임을 전제로 울릉도쟁계에 임하게 되었다. 조선 조정이 경상감사의 장계에 따라 무릉섬이 울릉도라는 판단하에 울릉도쟁계에 임한 것과 같다.

그런데 안용복과 박어둔의 진술에 따르면 "우르친토[울릉도]에서 북동쪽으로 아스라이 보인다"는 부른세미는 우산도다. 이들은 쓰시마에 구류되어 있었을 때 "이번에 간 섬의 이름은 알지 못합니다. 이번에 간 섬의 북동쪽에 큰 섬이 있습니다. 그곳에 머물러 있는 동안 겨우 2번 정도 보였습니다. 그 섬을 아는 사람은 우산도라고 부른다고 들었습니다. 결국 가보지는 못했지만 대략 뱃길로 하룻길 정도 걸리는 것처럼 보였습니다"라는 진술을 하였다.[35] 즉 조선의 어민들은 지리적 실체로서의 울릉도와 이 섬에서 "북동쪽으로 아스라이 보이는" 또 다른 섬을 울릉도, 무릉도, 우산도라는 세 명칭으로 인식하고 있었다. 울릉도는 울릉도 또는 무릉도라는 명칭으로, 또 다른 섬은 무릉도 또는 우산도라는 명칭으로 인식하고 있었던 것이다.

그런데 지리적 실체로서의 울릉도와 구별되는 또 다른 섬인 무릉섬 또는 우산도라고 불리던 섬의 지리적 실체는 무엇일까. 왜관의 보고에서 무릉섬[부른세미], 안용복 진술에서 우산도라고 한 섬은 울릉도 북동쪽에 있는 섬, 울릉도에서 "아스라이 보이는" 섬 또는 상시적으로 보이지 않는 섬, 뱃길로 하루 정도 걸리는 섬, "큰 섬"이다. 또는 조선 어민의 진술에 따르면 자신들이 표류한 섬(울릉도) 북쪽에 있어 조선 어민들이 상시적으로 전복을 따러 가는 섬이다.

1692년 조선인들이 울릉도에 갔다가 일본 배 선원들과 맞부딪혔다. 일본인

35 『竹島紀事』 卷一, 元祿 六年(1693) 十一月 朔日 綱(『죽도기사 I』, 위의 책, 51쪽).

선원들이 "이 섬(울릉도)은 에도 장군님이 우리들에게 주어서 매년 도해하던 섬인데 너희가 왜 왔느냐"라고 물었다. 이에 대해 조선인들은 "이 섬의 북쪽으로 섬이 있는데 3년에 한 번씩 나라님이 사용할 전복을 따러 왔다. 2월 21일에 배 11척이 우리나라를 떠났는데 폭풍을 만나 5척 53명이 3월 23일에 이 섬으로 흘러왔다"[36]라고 대답했다.

이 기술을 볼 때 울릉도쟁계 당시의 무릉도 또는 우산도는 각각 지리적 실체로서 울릉도와 독도의 지리 정보가 혼재된 명칭으로 추정해 볼 수 있다. 어민들이 실제로 갔던 섬이 울릉도인데 그 북동쪽 또는 북쪽에 있다고 하니 이 섬은 위치적으로 울릉도가 아니다. 그러나 조선 어민들이 상시적으로 전복을 따러 간 "큰 섬"이라는 점에 주목하면 이 섬의 지리적 실체는 울릉도일 가능성이 크다. 동해에 그와 같은 규모와 형세, 특산물이 있는 섬은 울릉도 밖에 없기 때문이다.

한편 이 섬들에는 독도의 지리 정보도 포함되어 있다. 울릉도와는 다른 섬이라는 점, 조선 어민들이 갔던 섬(울릉도)에서 뱃길로 하루 정도 걸리는 곳에 있어 아스라이 보이거나 때때로 보인다는 점은 이 섬들의 지리적 실체가 독도임을 알려주고 있다.

즉 울릉도쟁계 당시 무릉도 또는 우산도라는 명칭이 지리적 실체로서의 울릉도와 독도의 지리적 정보가 혼재된 형태로 조선 어민에게 사용되었던 것인데 다음과 같은 경위를 통해서일 것이다.

주지하다시피 조선 초기에 이미 무릉도는 울릉도, 우산도는 독도라는 사실이 알려져 있었다. 즉『세종실록』「지리지」에서 "우산, 무릉 두 섬이 울진 정동

---

36 鳥取縣編, 昭和四十六年,「竹島渡海禁止并渡海沿革」,『鳥取藩史』第六卷, 殖産商工志·事變志, 鳥取縣立圖書館, 466~477頁.

쪽 바다 가운데 있다. 두 섬이 서로 멀지 않아 날씨가 좋으면 바라다보인다"라고한 것에서 알 수 있다. 여기서 무릉은 앞서 언급했듯이 여말선초 왜구의 침입 이후에 등장한 울릉도의 다른 이름이며 우산도는 거리 관계로 보면 독도다.

이와 같은 동해의 두 섬 울릉도와 우산도에 대한 인식은 태종과 세종조 때 실시된 울릉도민 쇄환 정책의 산물이었다. 그 과정에서 동해의 섬을 울릉도 한 섬으로 인식했던 고려 시대와 달리 울릉도와 우산도 두 섬으로 인식하게 되었다. 그리고 이 인식이 조선 시대 초기의 「신찬팔도지리지」를 경유하여 『세종실록』 「지리지」에 명기되었고 이후 『여지승람』의 부속도인 「팔도총도」를 시작으로 조선 후기 지도로 계승되었다.

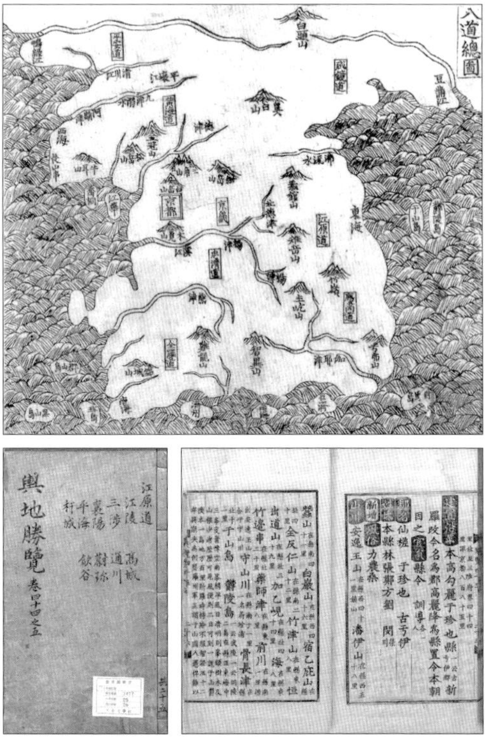

〈그림 8〉 팔도총도(출처: 규장각 한국학연구소)

그런데 울릉도민 쇄환 정책 추진에 따라 울릉도에 대한 인식은 명확해졌으나 독도인 우산도에 대해서는 그렇지 못한 부분이 있었다. 울릉도와의 거리 관계는 명확히 인식되었으나 울릉도와의 위치 관계나 크기 등은 사실과는 조금 거리가 있는 인식 형태였다. 이 인식이 조선 초기의 지리지에 기록되었다. 그리고 이 기록을 바탕으로 지도가 그려지게 되었다. 우산도를 울릉도의 서쪽에 울릉도와 거의 같은 크기로 그린 「팔도총도」 같은 지도가 그려지게 된 것이다.

한편 울릉도 쇄환 정책이 추진된 결과 생활 경험을 통해 획득한 지리적 실체로서 동해상의 섬들에 대한 인식은 세월의 흐름과 더불어 희미해져 갔다. 이를 대체한 것이 「팔도총도」와 같은 지도상의 인식이다. 즉 동해에 무릉도와 우산도라는 두 개의 큰 섬이 있다는 인식이다. 여기에 조선 어민들의 생활 경험에 따른 인식도 곁들여졌다. 조선 어민들은 해금 정책에도 불구하고 일상적으로 울릉도에 다녔던 정황이 있다. 상황에 따라서는 독도까지도 갔던 것 같다. 이런 생활 경험을 통해 얻은 인식이 「팔도총도」와 같은 지도상의 인식과 합쳐졌다. 울릉도쟁계 당시 조선 어민들이 자기가 간 섬을 무릉도라고도 우산도라고도 말한 것은 이 이름들에 지리적 실체로서의 울릉도와 독도에 대한 정보가 섞여 있는 것이다.

그런데 당시에 조선 어민들이 과연 독도까지 갔을까라는 의심을 하는 사람도 있을 것이다. 이에 대해서는 소략하기는 하지만 사료가 입증하고 있다. 즉 예조 사역원 역관들의 입에서 나온 "이름 없는 섬", 목래선이 "이번에 울릉도에 간 사람들의 진술서를 살펴보니 그 중 한 사람이 도착한 섬은 울릉도가 아닌 다른 섬이라고 합니다"라고 답변한 것을 통해 알 수 있다.(밑줄은 필자)

그런데 이와 같은 상황은 울릉도쟁계를 통해 정리되어 갔다. 쓰시마번이 주장한 "우리나라 죽도"에 대해 조사하는 과정에서 울릉도를 가리키는 울릉도 또는 무릉도라는 복수 명칭이 울릉도라는 단일 명칭으로 정리되었다. 다음으로 안용복에 의해 독도를 가리키는 무릉도, 우산도, 이름 없는 섬이 우산도라는 단일 명칭으로 정리되었다.

앞에서 본 바와 같이 안용복은 자기가 간 섬을 무릉도로 인식하고 있었다. 이후 조선 조정에서 울릉도라는 단일 명칭을 사용하는 것 같이 그의 진술에서도 역시 울릉도라는 명칭이 사용된다. 즉 울릉도쟁계라는 과정을 통해 울릉도의 복수 명칭이 단일 명칭으로 정리된 것이다.

한편 안용복은 다른 조선 어민과 같이 우산도에 대한 인식도 있었다. 안용복이 인식했던 우산도는 '무릉도에서 동북쪽으로 아스라이 보이는 섬'으로서 앞서 언급한 「팔도총도」 같은 지도상의 인식과 조선 어민의 생활 경험에 따른 인식이 혼재해 있다. 그런데 이 우산도에 대한 대한 인식이 1693년 납치사건을 계기로 지리적 실체인 독도의 명칭으로 재인식되었다.

이와 같은 과정을 통해 그 이전까지의 울릉도·무릉도·죽도·우산도 등의 다양한 울릉도·독도 명칭은 울릉도와 우산도라는 단일 명칭으로 각각 정리되었다. 또한 일본에서도 이소다케시마·다케시마라는 명칭도 다케시마라는 단일 명칭으로 정리되었다. 울릉도쟁계는 울릉도 역사의 변곡점이 되었고 독도 역사의 본격적 시작이 된 사건이다.

(2) 조선 조정의 대응

조선 조정이 울릉도를 "귀국의 죽도"와 "우리나라 울릉도"와 같이 이도이명(二島二名)인 것처럼 표현한 것은 "울릉도라는 이름은 조선에 남기고, 토지는 일본 측 뜻대로 (일본이) 취하게" 하여 외교 분쟁을 방지하려는 것이었다. 이 역시 박동지를 비롯한 접대역관들의 발상이었을 것이다.

1693년 12월 10일 개최된 다례에서 접위관 홍중하가 "우리나라 울릉도"를 언급한 후 봉행차왜 측은 접대역관 박동지를 통해 예조 1차 서신에서 "우리나라 울릉도"를 삭제해 줄 것을 지속적으로 요구했다.[37]

이에 대해 박동지는 첫째, 울릉도가 조선에 속하는 섬이라고 조선의 많은 서

37 『竹島紀事』 卷一, 元祿 七年(1694) 正月 十五 綱, 正月 綱(『죽도기사 I』, 앞의 책, 61~77쪽).

책에 기록되어 있고 둘째, 울릉도가 조선 땅이라는 것은 모든 백성들, 어린아이까지 알고 있는 사실이며 셋째, 특히 이번에 죽도에 간 자들이 모두 우리나라 울릉도에 갔다고 진술했기 때문에 표현 수정이 불가능하다는 답변을 했다.

그리고 앞서 본 바와 같이 울릉도에 대한 명분과 실리를 나누어 조선과 일본이 각각 취하자고 설득했던 것이다.[38] 더 나아가 박동지는 고위 관료들과 접위관에게도 자신의 이런 생각을 말하고 설득했던 것 같다. 그 결과 울릉도를 이도이명으로 표현하자는 국론이 완성되었던 것이다.[39]

쓰시마번이 예조 1차 서신의 수정을 지속적으로 요구했음에도 1694년 1월 15일, "우리나라 울릉도"가 그대로 적힌 필사본이 왜관에 전달되었다.[40] 봉행차왜는 이 중 예조참판과 예조참의 명의의 필사본을 쓰시마번으로 보내어 수령 여부에 대한 지시를 요청했다.[41] 1694년 2월 8일, 쓰시마번으로부터 왜관에 답신이 도착했다. 그 내용은 다음과 같다.

'죽도와 울릉도는 한 섬인 것 같다. 이를 알고도 두 개의 섬처럼 쓴 서한을 에도 막부에 올릴 수 없다. 에도 막부가 울릉도라는 섬에 대해 조사할 것이다. 조사가 없을지라도 우리가 보고를 해야 한다. 그러면 죽도는 울릉도지만 근래 일본이 지배하고 있으니 조선인의 왕래를 금지해 달라는 요구가 있을지도 모른다. 이때 조선 측이 어떤 태도를 보이는가에 따라 큰 일(전쟁 등)이 날 수 있다. 그리고 그 때 가서 조선이 일본에 죽도를 준다고 할 수도 없지 않겠느냐. 그렇게 되면 조선이 자기 영토를 포기한 것이 되어 외국에 대해 오명을 쓸 것이다. 더욱이 에도 막부가 죽도와 울릉도가 한 섬인 것을 알고 지시했을 수도

38 『竹島紀事』 卷一, 元祿 七年(1694) 正月 十五 綱(『죽도기사 I』, 위의 책, 68~69쪽).

39 『竹島紀事』 卷一, 元祿 七年(1694) 二月 十五 綱(『죽도기사 I』, 위의 책, 83~88쪽).

40 『竹島紀事』 卷一, 元祿 七年(1694) 正月 十五 綱(『죽도기사 I』, 위의 책, 61~62쪽).

41 『竹島紀事』 卷一, 元祿 七年(1694) 正月 綱(『죽도기사 I』, 위의 책, 74~77쪽).

있기 때문에 이도이명으로 표현된 예조 1차 서신을 더더욱 올릴 수 없다.' 즉 조선 측에 다시 "우리나라 울릉도" 삭제를 요구해 보고 들어주지 않으면 수령하여 귀국하라는 내용이었다.[42]

이에 접위관과 봉행차왜가 구두 또는 서신 교환을 통해 협상을 지속했으나[43] 1694년 2월 15일, 결국 수정되지 않은 예조 1차 서신 원본이 왜관에 전달되었다. 봉행차왜는 별수 없이 서신을 수령하고 왜관을 떠났다. 이들은 1694년 2월 22일에 부산에서 출발하여 2월 24일 쓰시마 북단에 있는 와니우라 관소에 도착했다. 그리고 다시 이곳을 출발해 2월 27일 쓰시마 후추에 도착한 후 번주에게 복명했다.[44]

그런데 1694년 2월 29일, 쓰시마에 체류 중인 도해역관 안동지·박첨지에게 다시 한 번 봉행차왜가 파견된다는 말이 전해졌다. 예조 1차 서신을 수정하기 위한 파견이었다. 쓰시마번은 1차 봉행차왜가 수령해 온 예조 1차 서신을 재검토하고 이 서신을 에도 막부에 올릴 수는 없다는 판단을 했다. 이에 예조 1차 서신 수정을 위한 봉행차왜의 재파견을 결정했던 것이다.

3월, 2차 봉행차왜로 귤진중이 재임명되었다. 4월 3일, 왜관에서 선향사를 동래부사에게 보내 2차 봉행차왜의 파견에 대해 알렸다. 그리고 동래부사가 거절했음에도 5월 28일에 2차 봉행차왜 일행이 쓰시마 후추를 출선했다. 그리고 윤 5월 2일에 와니우라 관소에 착선했고 윤 5월 13일에 왜관으로 들어갔다. 그리고 예조 1차 서신에서 "우리나라 울릉도"를 삭제해 달라고 쓴 쓰시마 번주의 서신(이하 쓰시마번 2차 서신)을 동래부에 전달했다.[45]

42 『竹島紀事』 卷一, 元祿 七年(1694) 二月 十五 綱(『죽도기사 I』, 위의 책, 78~80쪽).

43 『竹島紀事』 卷一, 元祿 七年(1694) 二月 十五 綱(『죽도기사 I』, 위의 책, 81~94쪽).

44 『竹島紀事』 卷一, 元祿 七年(1694) 二月 廿二日 綱(『죽도기사 I』, 위의 책, 97쪽).

45 『竹島紀事』 卷一, 元祿 七年(1694) 二月 廿二日 /二月 廿九日 /三月 綱(『죽도기사 I』, 위의 책,

그러나 이 목적도 끝내 달성되지 못했다. 조선 측은 예조 1차 서신에서 "우리나라 울릉도"를 삭제해 주기는 커녕 "귀국의 죽도"는 우리나라 울릉도라고 쓴 다음과 같은 서신을 보낸 것이다(이하 예조 2차 서신).

<사료 8>

1694년 9월자 예조참판 이여의 서신 [예조 2차 서신]

우리나라 강원도 울진현에 속한 섬이 있는데 울릉도라고 부릅니다. (중략) 이번에 우리나라 바닷가 어민들이 그 섬에 갔는데 뜻밖에 귀국 사람들이 멋대로 국경을 넘어와서 서로 맞부딪치게 되자, 도리어 귀국 사람들이 우리나라 사람 둘을 잡아 가두고 에도로 보내버렸습니다. 다행히도 귀국 대군[에도 막부 장군: 도쿠가와 쓰나요시]이 사정을 분명하게 살펴보고서 넉넉하게 노자를 주어서 돌려보내 주셨으니, 이로써 귀국의 교린의 정이 심상치 않음을 알 수 있습니다. (중략) 그러나 우리나라 백성이 고기잡이를 하던 땅은 본시 울릉도로서 대나무가 생산되기 때문에 혹은 죽도라고도 하였는데 이는 곧 하나의 섬을 두 가지 이름으로 부른 것입니다. 하나의 섬을 두 가지 이름으로 부른다는 것에 대해서는 다만 우리나라 서적에만 기록되어 있을 뿐만이 아니라 귀국 사람들도 또한 모두 알고 있는 바입니다. 그런데 이번에 온 서신 중에 죽도를 귀국의 지방이라 하여 우리나라 어선이 다시 가는 것을 금지시키게끔 하면서 귀국 사람들이 우리나라 국경을 침범[浸涉]해 와서 우리나라 백성을 붙잡아간[拘執] 잘못은 논하지 않고 있으니, 어찌 성신의 도리에 흠[缺誠信]이 있는 일이라 아니 하겠습니까. 깊이 바라건대, 이런 말을 에도에 전하여 귀국의 변방 바닷가 사람들을 단단히 경계시켜 울릉도에 왕래하여 문제를 발생시키지 않게 하여주시면, 서로 좋게 지내는 사이에 있어 이보다 다행함이 없겠습니다.[46]

요지는 '죽도와 울릉도는 하나의 섬에 대한 두 개의 다른 이름[일도이명(一島二

97~105쪽).

46 日本外務省 記錄, 北澤正誠, 1881, 『竹島考證 中』(『독도자료집 Ⅱ - 죽도고증 -』, 앞의 책, 97~103쪽).

名)]이며 울릉도는 우리나라 섬이다, 이번 사건은 일본인이 우리나라 섬을 침범한 것이다, 다시는 그런 일이 없게 하라'는 것이었다. 1694년 9월자로 된 예조 2차 서신은 9월 10일 동래로 내려왔고 이틀 후인 12일에 봉행차왜에게 전달되었다.[47]

예조의 서신은 3통으로 각각 예조참판, 예조참의, 동래부사·부산첨사 명의로 구성되었다. 위에서 인용한 것은 예조참판 이여의 서신 내용인데 예조참의 김홍복의 서신도 비슷한 취지로 작성되었다. 그런데 1693년 9월자 예조 1차 서신은 달랐다. 예조참판 권해의 서신에는 "우리나라 울릉도"가 들어 있었지만 예조참의 강선의 서신에는 그와 같은 표현이 없었다. 이에 쓰시마 측은 예조참의 서신처럼 예조참판의 서신의 내용을 바꾸어 달라고 한 것인데 예조 2차 서신은 예조참의와 예조참판의 서신 내용을 모두 바꾼 것이었다.

덧붙여 동래부사와 부산첨사의 서신은 1차나 2차나 봉행차왜가 진상한 예물에 대한 답례사이기 때문에 이와는 관계없다.[48]

예조 2차 서신은 필사본도 없이 봉인한 채, 접대역관 손에 들려 보내졌다. 그 위에 서신을 수령하지 않으면 접위관과 접대역관이 한양으로 철수하겠다는 말도 곁들어졌다. 하지만 이는 외교 관례에 어긋나는 것이었다. 먼저 필사본을 받아 꼼꼼히 검토한 후 원본을 받는 것이 관례였기 때문이다. 이에 봉행차왜가 항의를 하자 이례적으로 접대역관이 개봉하여 필사하고 그것을 왜관에 주었는데 그 내용이 위에서 본 바와 같이 예조 1차 서신과는 전혀 다른 것이었다.[49]

---

47 『竹島紀事』 卷一, 元祿 七年(1694) 八月 九日; 『竹島紀事』 卷二, 元祿 七年(1694) 八月 廿五日 / 九月 六日 /九月 十二日 綱(『죽도기사 I』, 앞의 책, 108~144쪽).

48 『竹島紀事』 卷二, 元祿 七年(1694) 九月 十二日 綱, 『죽도기사 I』, 위의 책, 144~148쪽.

49 『竹島紀事』 卷二, 元祿 七年(1694) 九月 十二日 綱, 『죽도기사 I』, 위의 책, 148~158쪽.

봉행차왜는 예조 2차 서신 수령을 거부했다. 그리고 1694년 9월 25일에 개최된 봉진연회[외교 행사]에서[50] "우리나라 울릉도"가 들어간 예조 1차 서신을 고쳐 달라며 예조 1차 서신 원본을 조선 측에 반환했다. 그러나 뜻을 이루지는 못했다. 접위관과 접대역관 철수, 출연석[봉행차왜 송별연회석]의 조기 개최 등 조선 측의 강경 대응으로 결국 10월 3일에 거행된 출연석에 참석하여 예조 1차 서신을 재수령했다. 그러나 바로 귀국한 것은 아니다. 쓰시마 2차 서신에 대한 답신을 받지 못했다는 이유로 그 다음해인 1695년 6월까지 왜관에 머무르며 답신을 요구했다.[51] 한편 한국 측 사료에는 예조 2차 서신을 수령하는 조건으로 "우리나라 백성을 붙잡아 갔다(拘執)"라는 표현을 고쳐달라고 요구하면서 버티었다는 기록도 있다.[52]

반면 조선 측은 예조 2차 서신으로 쓰시마번의 1차·2차 서신 모두에 대한 답신을 갈음한다는 주장을 펼쳤고 물론 예조 2차 서신에서 "우리나라 백성을 붙잡아 갔다"는 문구도 빼주지 않았다. 그리고 1694년 10월 6일 접위관 귀경, 1695년 1월 18일 접대역관 귀경 등의 조치를 통해 2차 봉행차왜의 파견 관련 교섭을 종결시켰다. 이에 2차 봉행차왜는 서둘러 귀국길에 오르게 되었다.

한편 쓰시마번 내부 사정도 2차 봉행차왜의 귀국 이유가 되었다. 1694년 11월 16일, 쓰시마번 4대 번주인 소 요시쓰구[宗義倫]가 죽었다. 뒤를 이어 그의 동생인 소 요시미치[宗義方]가 5대 번주로 취임했고, 이들의 부친이며 제3대 번주였던 소 요시자네[宗義眞]가 섭정하여 대조선 외교 업무를 전담하게 되었다. 이후 요시자네는 예조 2차 서신 내용에 대해 조선 조정에 문제 제기를 해본 후

---

50 『竹島紀事』 卷二, 元祿 七年(1694) 八月 廿五日 綱, 『죽도기사 I』, 위의 책, 131~141쪽.

51 『竹島紀事』 卷二, 元祿 七年(1694) 九月 十二日, 九月, 十月 三日 綱, 『죽도기사 I』, 위의 책, 144~181쪽.

52 『국역비변사등록』, 숙종 21년(1695) 5월 22일 기사.

그래도 소용없으면 귀국하라는 명령을 내렸다. 봉행차왜는 그의 지시대로 예조 2차 서신의 문제점을 조목조목 따진 이른바 「힐문 4개조」[53]를 작성하여 동래부사에게 맡기고 1695년 6월 10일 쓰시마로 출선했다. 그리고 6월 17일 쓰시마 후추에 도착하여 복명했다.[54]

(3) 조선 조정 대응의 급전환과 남구만

예조 2차 서신에서 보이는 바와 같이 조선 조정이 울릉도쟁계에 대해 강경 노선으로 전환하게 된 배경에는 1694년 4월 2일에 영의정으로 임명된[55] 남구만(1629~1711)이 있었다. 쓰시마번 2차 서신의 내용은 동래부사의 장계를 통해 바로 조정에 전달되었다. 장계를 검토한 남구만은 숙종에게 전 판서 이수광(1563~1628)이 저술한 『지봉유설(芝峯類說)』을 근거로 다음과 같이 말했다.

"죽도는 곧 울릉도이니 섬은 하나인데 명칭이 다를 뿐이다, 저들이 울릉(蔚陵)이라고 하지 않고 죽도라고 하는 것은 울릉이란 이름이 있는 것을 싫어하는데 지나지 않는다. 접위관을 보내 일본인이 울릉도의 주인인 양 한 것을 꾸짖어야 한다, 또한 신라와 고려 시대의 지도, 역사 기록 등을 언급하여 울릉도는 조상으로부터 내려온 땅이니 다시 접위관을 보내 봉행차왜로부터 받아두었던 첫 번째 서신을 다시 돌려받자"는 말이었다.[56]

---

53 5월 15일자 「힐문 4개조」와 6월자 예조 답변, 이에 대한 봉행차왜의 6월 12일자 재질의에 대한 자세한 내용은 『죽도고증』에 소개되어 있다(日本外務省 記錄, 北澤正誠, 1881, 『竹島考證 中』(『독도자료집 Ⅱ - 죽도고증 -』, 앞의 책, 81~91쪽)).

54 『竹島紀事』 卷二, 元祿 七年(1694) 十月 三日, 十月, 十月六日, 十一月十六日; 元祿 八年(1695) 正月九日, 五月, 五月十五日, 六月十日 綱(『죽도기사 I』, 앞의 책, 175~243쪽).

55 『승정원일기』 356책, 숙종 20년(1694) 4월 2일 기사.

56 『승정원일기』 359책, 숙종 20년(1694) 윤5월 24일; 『숙종실록』 권26, 숙종 20년(1694) 2월 23일 기사.

<사료 9>

울릉도, 무릉 또는 우릉이라고 한다. 동해에 있으며 울진현과 마주보고 있다. 섬 안에 큰 산이 있다. 섬 둘레는 100리다. 신라 지증왕 때 우산국이라 불렀다. 신라에 항복하여 토공을 냈고, 고려 태조 때 섬사람들이 방물을 바쳤다. 우리 태종조 때 안무사를 파견해서 유민을 쇄환하고 섬을 비어두었다. 땅이 비옥하다. 대나무가 나무만큼 크고 쥐는 고양이만큼 크며, 복숭아씨는 됫박만큼 크다고 한다. 임진왜란 후 가서 본 사람이 있는데 역시 왜구의 약탈을 받아 인가에서 연기가 오르지 않았다고 한다. 최근에 왜노가 의죽도 또는 기죽을 점거했다는 말을 들었다. 이는 즉 울릉도다.[57]

그 이전부터 남구만은 울릉도쟁계에 대한 조선 조정의 태도에 불만을 가졌던 것 같다. 다음은 1694년 10월 1일자로 쓰시마번이 봉행차왜에게 보낸 서신의 내용 일부인데 조선 조정이 왜 태도를 일변하여 예조 2차 서신과 같은 것을 작성하게 되었는지가 설명되어 있다.

<사료 10>

이 무렵 조선에 남정승이라는 사람이 있어 관직을 사직하고 은거하고 있었는데 나이는 80살에 가깝다. 일전에 같은 섬에 대해 두 개의 이름을 거론한 내용의 답신이 부당하다고 하여 크게 분노하며 한탄했기 때문에 하루는 국왕이 직접 남정승 댁으로 가서 죽도일건에 대한 사항을 하문했다. 남정승이 답변하기를 "옛날부터 한번 망하지 않은 나라는 없는데, 무사안일만을 탐해 일본인이 억지로 이치에 맞지 않는 주장하는 것을 두려워하여 지금 같은 태평시절에 우리나라의 토지를 약취할 생각은 아닐 것이라고 여기고 있습니다. 반드시 답신에 죽도는 우리나라 토지라는 주장을 기록하여 보내야 할 것입니다. 그럴 때 만일 일본인이 화를 내어 전쟁을 하게 된다면 저의 머리를 자른 뒤 일본인에게 말을 하는 명분을 삼으십시오"라고 의기 격

57 이수광, 만력 42년(1614, 서문), 『지봉유설』 권2 지리부, 섬(島)」.

렬하게 말했습니다. 이 때문에 중의가 한 번에 결정되어 재차 답신을 작성해 보내왔다고 합니다.[58]

이에 따르면 남구만이 예조 1차 서신에 대해 분개하였다는 소문을 숙종이 듣고 그를 찾아가 의견을 물었다고 한다. 이에 대해 남구만은 '예전과 같은 전쟁(임진왜란 등)이 날까봐 두려워 일본이 조선의 땅을 빼앗으려 하는 것을 알면서도 모르는 체하고 있다, 답신에는 반드시 죽도가 우리나라 땅이라고 써야 한다'는 취지의 대답을 했다. 이에 조정에서 다시 논의를 하고 태도를 바꾼 예조 2차 서신을 보내왔는 것이다.

남구만은 갑술환국으로 남인이 물러나면서 1694년 4월에 영의정이 되었다. 이로부터 2개월 후인 윤 5월에 2차 봉행차왜가 예조 1차 서신을 고쳐달라며 다시 왔다. 이에 울릉도쟁계의 담당자가 된 남구만은 그 이전부터 생각했던 대로 울릉도쟁계에 대해 강경노선을 취해 예조 2차 서신을 작성하였다.

그런데 『숙종실록』 기사에 따르면, 1694년 8월 14일 시점에서 어쩐 일인지 남구만이 봉행차왜의 요구대로 예조 1차 서신에서 '울릉' 두 글자를 빼주려고 했다는 기록도 있다. 이는 앞서 본 남구만의 말과는 모순되는 행동인데 아마 그가 영의정으로서 대소 관료의 의견을 조정하는 가운데 나온 행동인 것 같다. 그러나 이 논의는 4월 27일자로 우의정이 된 윤지완[59]의 다음과 같은 반대로 중지되었다. 그리고 최종적으로 남구만에 의해 죽도와 울릉도를 일도이명으로 표현한 예조 2차 서신이 작성되었다.

58 『竹島紀事』 卷二, 元祿 七年(1694) 九月 綱(『죽도기사 I』, 앞의 책, 174쪽).
59 『승정원일기』 356책, 숙종 20년(1694) 4월 27일 기사.

<사료 11>

(윤지완) "이미 국서로 돌아가는 사자에게 붙였는데, 어찌 감히 다시 와서 고치기를 청할 수 있겠습니까? 만일 이번에 책망하기를 '죽도는 곧 우리 울릉도이다. 우리나라 사람이 가는 것이 어찌 경계를 범한 것이냐'라고 한다면 왜인들이 할 말이 없을 것입니다." 남구만이 드디어 이를 가지고 들어가 임금에게 아뢰니, 임금이 이르기를 "교활한 왜인들의 정상으로 보아 필시 점거하여 소유하려는 것이니, 전일에 의논한대로 바로 말을 하여 대꾸해 주라" 하였다.[60]

이와 같이 모순된 태도를 보이고 있는 기록이 있으나 조선 조정이 울릉도쟁계에 대해 강경 노선으로 전환하게 된 배경의 중심에 남구만이 있었음은 분명하다. 다른 한국 측 기록도 그 사실을 입증하고 있다.[61]

또한 남구만은 예조 2차 서신 작성에 앞서 울릉도 조사를 추진함으로써 조선의 울릉도 영토 정책의 획기적 방향 전환에 결정적 역할을 했다.[62] 조선 태종·세종 때(1417년, 1425년, 1438년)[63] 울릉도를 조사하고 울릉도민을 육지로 데리고 나온 정책을 추진했다. 이를 울릉도 쇄환정책이라고 한다. 이후 울릉도는 공식적으로 빈 섬이 되었고 『지봉유설』에서 보듯이 임진왜란 때는 왜노에 의해 점거된 섬이 되었다. 이어 1600년도 초·중반에 요나고의 오야 진키치란 자가 울릉도가 무인도인 것을 발견했다. 그리고 무라카와 이치베와 함께 에도 막부로부터 도해 면허를 얻어 매년 다니다가 안용복과 박어둔을 납치하는 데 이른 것이다.

---

60 『숙종실록』 권27, 숙종 20년(1694) 8월 14일 기사.

61 『승정원일기』 360책, 숙종 20년(1694) 7월 4일; 『국역비변사등록』, 숙종 20년(1694) 7월 4일 기사.

62 『승정원일기』 360책, 숙종 20년(1694) 7월 4일; 『국역비변사등록』, 숙종 20년(1694) 7월 4일 기사.

63 『태종실록』 권32, 태종 16년(1416) 9월 2일; 권33, 태종 17년(1417) 2월 5일, 2월 8일; 권34, 태종 17년; 『세종실록』 권29, 세종 7년(1425) 8월 8일; 권30, 세종 7년(1425) 10월 20일, 11월 20일, 12월 28일; 권81, 세종 20년(1438) 4월 21일, 7월 15일 기사.

남구만은 봉행차왜에게 줄 예조 2차 서신의 작성에 앞서 숙종에게 울릉도 조사에 대한 건의를 하였다. 울릉도에 대해 잘 모르니 먼저 조사를 하자는 것이었다. 즉 "이 섬의 형편은 조정에서 일찍이 적확하게 아는 일이 없었으니, 일의 허술함이 이보다 심한 것이 없습니다. 이제 궐원이 있는 삼척첨사의 대임은 해당 관청에서 잘 골라서 차송하고 그에게 친히 섬 안으로 들어가서 그 형세를 살펴보게 한 뒤에 혹 백성을 모아서 들어가게 하거나 혹은 진을 설치하고 막아 지키게 하여 뒷날 곁에서 엿보는 근심을 막는 것이 일에 마땅할 듯"하다는 것이었다.[64]

울릉도 조사자로는 삼척첨사 장한상이 임명되었다. 장한상은 7월 한양을 떠나 9월 19일 울릉도를 향해 출선했다. 그리고 10월 6일 삼척에서 돌아와 9일 군관을 시켜 비변사에 복명서와 지도를 제출했다.[65] 장한상의 보고를 받은 남구만은 "백성이 들어가 살게 할 수 없습니다. 한 두 해 간격을 두고 수토하게 하는 것이 합당합니다"라고 다시 건의했다.[66]

장한상의 울릉도 조사는 일본 측에 큰 위협이 되었고 봉행차왜가 예조 2차 서신을 수령하여 귀국하는 또 하나의 계기가 되었다. 왜관을 왕래하는 조선 상인들로부터 조선 조정의 울릉도 조사 상황과 조사 목적에 대해 다음과 같은 풍문이 있었기 때문이다.

<사료 12>

(조선 조정이) 안동지에게 용무를 지시하고 그 외에 지토 한 명을 붙여 배 두 척으로 울릉도로 건너가서 섬의 상황을 자세히 조사한 다음, 이나바의 호키로 가는 포구의

64 『승정원일기』 360책, 숙종 20년(1694) 7월 4일; 『국역비변사등록』, 숙종 20년(1694) 7월 4일 기사.

65 『국역비변사등록』, 숙종 20년(1694) 7월 19일, 7월 25일, 10월 15일; 『숙종실록』 권27, 숙종 20년(1694) 8월 14일 기사.

66 『숙종실록』 권27 숙종 20년(1694) 8월 14일; 『승정원일기』 362책, 숙종 20년(1694) 10월 21일 기사.

상태를 자세히 파악하고 며칠 전 귀국하여 지금 울진현이라는 곳에 배를 계류하고 있다.

(쓰시마 측이) 이번 답신을 수령하지 않을 형세로 결정한다면 울진현에서 즉시 배를 띄어 이번 사건에 관한 상황, 사자가 중도에 지장이 생겨 답신을 억류하고 수령하지 않은 내용, 그 외 쓰시마가 일을 어렵게 한 것 등을 기록한 서한을 작성하여 이나바 호키의 영주를 의지하여 막부에 제출할 생각도 있다.[67]

풍문은 조선 조정이 봉행차왜의 예조 2차 서신 수령 거부와 관련하여 울릉도 조사를 실시한다는 내용이었다. 다시 말해 돗토리번을 통해 쓰시마번의 문제점을 에도 막부에 알리고자 울릉도에서 돗토리번으로 가는 항로를 파악하기 위한 조사라는 것이었다. 예조 2차 서신을 수령하지 않으면 접위관이 철수한다는 말을 듣고 있었던 시점에서 이런 풍문까지 나돌자 봉행차왜는 이 풍문이 사실이라면 큰일이라고 생각했다. 이에 10월 3일 개최된 출연식에서 예조 2차 서신을 수령한 것이었다.

울릉도쟁계는 남구만이 영의정으로 취임하면서 국면의 대전환을 맞이했다. 그는 죽도가 울릉도의 다른 이름이고 울릉도는 조선의 영토라는 것을 명확히 밝혔다. 그리고 이 취지를 명기한 예조 2차 서신을 작성했다. 또한 접위관과 접대역관 철수, 출연석의 강행 및 울릉도 조사 추진이라는 강경 대응을 함으로써 봉행차왜의 예조 2차 서신 수령과 철수를 이끌어 낸 것이다. 물론 이 시점에서 울릉도쟁계가 완전히 종결된 것은 아니다. 1695년 1월 28일 에도 막부가 오야·무라카와 가에 대해 “죽도 도해 금지령”을 내린 이후에도 이 논쟁은 지속되어 최종적으로 1699년에 종결되었다.

덧붙여 장한상의 보고 내용은 『울릉도』와 『울릉도사적』에서 전해지고 있다.

---

67 『竹島紀事』 卷二, 元祿 七年(1694) 十月 綱(『죽도기사 I』, 앞의 책, 181~187쪽).

전자는 박세당이 전해들은 보고 내용을 기록한 것이며, 후자는 장한상의 외손이 그의 보고 내용을 전재한 것이다. 그리고 장한상 이후 첫 번째 울릉도 수토는 3년 후인 월송만호 전회일에 의해 이루어졌고 이들은 1699년 6월 4일 출선하여 6월 21일에 돌아왔다.[68] 전회일은 울릉도 지형을 그려 가져왔으며 몇 가지 토산품도 가지고 왔다.

울릉도 수토 정책은 1882년, 고종이 이규원을 보내어 울릉도를 조사하게 하고 이듬해부터 육지 사람을 울릉도에 이주시켜 살게 한 후 1894년 공식적으로 폐기할 때 까지 약 200여 년간 지속되었다.

3. 울릉도쟁계의 종결과 안용복

(1) 남구만과 안용복의 1차 진술

풍문과 같이 남구만이 실제로 쓰시마번을 제쳐두고 돗토리번을 통해 직접 에도 막부와 울릉도쟁계 관련 교섭을 추진하려고 했는지는 알 수 없다. 더 이상의 기록이 없기 때문이다. 그러나 풍문으로 나돌던 말과 같은 사건이 생겼으니 1696년에 안용복이 돗토리번으로 간 사건이다.

그 이전에 남구만은 2차 봉행차왜의 접위관 유집일에게 안용복을 재조사하게 했다. 이에 대해 안용복은 쓰시마번이 에도 막부에 잘 보이기 위해 죽도를 울릉도라고 주장한다는 취지의 진술을 했다. 남구만은 이 진술을 바탕으로 예조 2차 서신을 작성하였다. 안용복의 진술은 다음과 같다.

---

68 『국역비변사등록』, 숙종 25년(1699) 7월 15일 기사.

<사료 13>

(전략) 대개 안용복(安龍福)과 박어둔(朴於屯)이 처음 일본(日本)에 갔을 적에 매우 대우를 잘하여 의복과 호초(胡椒)와 초[燭]를 주어 보냈고, 또한 모든 섬에 이문(移文)하여 아무 소리도 못하게 했는데, 장기도(長碕島)에서 침책(侵責)하기 시작했다. 대마도주(對馬島主)의 서계(書契)에 '죽도(竹島)'란 말은 곧 장차 강호(江戶)에서 공을 과시하기 위한 계책이었는데, 유집일이 안용복에게 물어보자 비로소 사실을 알았다. 그제야 왜차(倭差)를 꾸짖기를, "우리나라에서 장차 일본에 글을 보내 안용복 등을 침책(侵責)한 상황을 갖추어 말한다면, 모든 섬들이 어찌 아무 일이 없을 수 있겠는가?"
하니, 왜차들이 서로 돌아보며 실색(失色)하고 비로소 스스로 굴복하였다. 이에 이르러 남구만이 전일의 회서(回書)를 고치기를 "우리 나라 강원도의 울진현(蔚珍縣)에 속한 울릉도란 섬이 있는데 (후략)[69]

안용복과 박어둔이 막 인도되었을 때는 이렇다 할 조사가 없었다. 1차 봉행차왜 일행에게 호송되어 1693년 11월 2일에 왜관으로 들어간 두 사람은 이로부터 한 달이 넘게 왜관에 구류되어 있었다. 조선 측이 봉행차왜 일행의 도착과 함께 인질 인도를 요구했으나 봉행차왜가 접위관을 만나서 인도하겠다며 요구를 거부했기 때문이다. 이에 이들은 1693년 12월 10일, 접위관 홍중하와 봉행차왜의 첫 접견식인 다례가 개최되었을 때 왜관 대청 마당에서 인도되었다.[70]

그리고 1694년 1월, 동래부 동헌에서 안용복과 박어둔에 대한 조사가 있었다. 이때 조정에 보고된 이들의 진술 내용이 〈사료 – 진술 1〉(이 책 161쪽 참조)이다. 접위관은 두 사람을 따로 조사한 후 그 진술을 대조·검토하고 같은 점과 다른 점을 정리하여 조선 조정에 보고했다. 접위관의 말에 따르면 이들 두 사

69 『숙종실록』 권27, 숙종 20년(1694) 8월 14일 기사.

70 『竹島紀事』 卷一, 元祿 六年(1693) 十二月 十日 綱(『죽도기사 I』, 앞의 책, 52쪽).

람의 진술은 한가지 점에서만 다르고 나머지는 모두 같았다고 한다. 박어둔은 울릉도에서 돗토리로 가는 길에 다른 섬을 못 보았고 안용복은 울릉도에서 떠난 지 하루쯤 지났을 때 울릉도보다 자못 큰 섬을 보았다고 진술한 것이 다르다는 것이다. 이때 박어둔은 수질에 걸려서 배 안에서 계속 누워 있었다고 한다.[71]

그러나 그 이상의 조사는 진행되지 않았다. 이에 왜관의 통역이 접위관에게 죄인들을 어찌 다시 조사하지 않느냐고 물었다. 이에 대해 접위관은 "당신 나라에서 이미 죽도에 들어갔다고 말했으니 어찌 믿지 못하고 다시 조사할 수 있겠느냐"라고 답변했다.[72]

1차 봉행차왜의 접대역관 박동지에 의해서 안용복과 박어둔의 조사가 고의적으로 방해된 정황이 있다. 앞에서도 본 바와 같이 박동지는 1693년 11월에 쓰시마에 만난 재판에게 동해에 있는 세 섬을 임의로 죽도와 울릉도로 나누자는 의견을 제시한 사람이다. 그런데 이 때 다음과 같은 말도 했다고 한다.

"내가 이번에 접대역관으로 접위관 보다 먼저 부산에 파견될 예정인데 내가 부산에 가면 안용복과 박어둔을 나에게 건네달라. 그러면 내 뜻을 그들에게 알려 조정에서 물으면 내가 말한 대로 답변하게 하겠다, 만일 다례 때 접위관에게 건네주고 그 자리에서 그들이 지금 우리가 한 말과 다르게 자신들이 간 섬은 울릉도라는 말을 하면 안 되지 않느냐"라는 말이었다.[73]

자신이 접위관 먼저 동래에 가서 안용복과 박어둔이 울릉도에 갔다는 말을 하지 못하도록 하겠다는 것이었는데 이미 그전에 죽도에 갔다고 하는 사람들이 모두 자신들이 간 곳은 조선의 울릉도라는 진술을 했기 때문에 박동지의 의

---

71 『변례집요』 권17, 울릉도 갑술, 숙종20년(1694) 1월 기사.

72 『변례집요』 권17, 울릉도 갑술, 숙종20년(1694) 2월 기사.

73 『竹島紀事』 卷一, 元祿 六年(1693) 十一月 朔日 綱(『죽도기사 I』, 앞의 책, 48~51쪽).

도는 무산된 것 같다. 조선 어민들은 "이번에 죽도로 건너간 사람 중 9명이 울산 사람이다. 그중 2명이 일본으로 잡혀가고 7명은 돌아왔다. 이에 잡혀간 사람들의 처자식이 울산 수령에게 자신들의 아버지를 찾아달라는 소장을 냈다. 그래서 울산 수령이 7명을 소환하여 조사해 보니 이들이 모두 울릉도에 갔으며 이 섬은 자신들이 늘 다니는 섬이라고 진술했다"고 한다.[74]

그런데 새로 영의정에 취임한 남구만은 생각이 달랐다. 예조 1차 서신을 고쳐달라면서 2차 봉행차왜가 오자 먼저 접위관 유집일을 보내 안용복과 박어둔을 재조사하였다. 그리고 안용복으로부터 "우리들을 죄인처럼 취급하여 다시 그 섬에 왕래하지 못하도록 한 것은 에도 막부의 생각이 아니라 쓰시마의 생각이다"라는 취지의 진술을 듣는다. 안용복은 일본 측 사료에서 시종일관 '통사[통역]'로 기록되었을 정도로 일본어가 가능한 사람이었기 때문에 일본에서 보고 들은 것을 기초로 이와 같은 진술을 한 것 같다.

이를 보고받은 남구만은 울릉도쟁계가 쓰시마번이 의도적으로 일으킨 것이라고 생각하게 되었다. 이에 강경 노선으로 전환하여 죽도와 울릉도를 일도이명으로 수정한 예조 2차 서신을 작성하는 한편, 장한상으로 하여금 울릉도를 조사하게 한 것이었다. 그 결과 270여 년간 지속되어 온 조선 조정의 울릉도 쇄환 정책이 수토 정책으로 바뀌게 되었다. 이 모두 안용복을 재조사하고 그의 진술을 들은 것에서 비롯된 것이다.

나중에 남구만은 박동지를 문위역관[4대 번주 소 요시쓰구에 대한 조문과 소 요시미치(宗義方)의 번주 취임 등을 경축하기 위한 사절단 동행 역관]으로 보내면서 다음과 같이 1차 봉행차왜의 접대역관으로서 저지른 잘못을 바로잡을 것을 요구했다.

---

74 『竹島紀事』 卷一, 元祿 六年(1693) 二月 十五日 綱(『죽도기사 I』, 위의 책, 83~88쪽).

<사료 14>

박재흥(朴再興)은 오래도록 수역(首譯)으로 있어 왜인의 사정을 익히 알고 있으니 범사를 주선할 수 있을 것 같아서 지난번 신이 박재흥을 불러서 이르기를 '나라에서 너희들을 기른 것은 바로 두 나라를 왕래하며 이러한 일을 주선하라고 한 것인데 듣자니 너는 공사 간에 빚을 진 것이 거의 3, 4만 냥에 달하여 집까지 모두 관가에 몰수당하였으나 동래의 훈도(訓導)가 된 지 몇 년 안에 그 빚을 다 갚았다고 하니 네가 이미 왜인들 때문에 이러한 이득을 본 셈이다. 안면에 구애되어 준절하게 꾸짖기는 필시 어려웠을 것이나 그가 말한 일은 고분고분 따랐으니 이번에 차왜가 빙빙 돌며 무언가 바라고 이토록 오래 있는 것은 모두 너의 잘못이다. 또 당초에 접위관 홍중하(洪重夏)가 내려갔을 때 너도 따라갔으니 죽도(竹島)의 일에 있어서 의당 먼저 표류하여 붙잡힌 우리나라 사람한테 실정을 물어본 뒤에 왜인들과 대변하여야 하는데 그 사람이 동래 땅에 있는데도 한 번도 불러서 물어보지 않고 다만 차왜의 말만 따라 조정에 계달하여 당초의 서계(書契)가 분명하지 못하게 만들었으니 이는 너의 첫째 죄이다. 작년에 차왜가 나와서 제일 먼저 기어코 박동지(朴同知)를 내려가게 해달라고 말하였으니 이는 왜인이 너와 필시 얽혀진 사정이 있기에 네가 그의 소망에 잘 부응해 줄 것을 알고 있었기 때문이니 이는 너의 둘째 죄이다. 접위관 유집일(俞集一)이 동래에 머물러 있을 때에 회답서계를 청하여 바로 조정으로 돌아왔는데 접위관이 돌아온 뒤에 동래부사가 어떻게 국서(國書)를 차왜에게 사사로 건네줄 수 있느냐? 이러한 사례를 유집일은 혹 몰랐다 하더라도 네가 어찌 몰랐겠느냐? 이 역시 너의 죄이다. 이제 너를 문위역관으로 차송하니 너는 모름지기 엄준한 말로 도주에게 엄히 추궁하여 차왜를 소환하고 약조를 지키는 두 가지 일을 도주로 하여금 일일이 승복하게 하면 너의 전죄를 속해줄 수 있으나 그렇지 않는다면 조정 명령이 왜인에게는 행해지지 않으나 우리나라 역관은 처치할 수 있으니 반드시 너의 전후 죄상을 계달하고 너를 경상(境上)에서 베어 후일을 징섭하게 하겠다' 하니 그가 비록 자담(自擔)하고 가기를 청하지는 않았으나 힘을 다하여 주선하겠다고 대답하였기 때문에 사역원에 분부하여 박재흥을 문위역관으로 차정하였습니다.[75]

---

75 『국역비변사등록』, 숙종 21년(1695) 4월 23일 기사.

남구만은 문제가 있다고 본 쓰시마번의 태도가 박동지와 쓰시마번과의 유착관계에서 비롯되었음을 지적하고 박동지를 질책했다. 즉 2차 봉행차왜가 예조 1차 서신의 수정을 요구하며 장기 체류하고 있는 것, 1차 봉행차왜 파견 시 한 번도 안용복과 박어둔을 불러서 조사하지 않은 것, 그래서 봉행차왜의 말만 듣고 조정에 보고하여 죽도와 울릉도를 마치 이도이명인 것처럼 표현한 서신을 작성하게 한 것, 접위관 유집일이 아닌 동래부사가 사사로이 회답 서계를 봉행차왜에게 준 것 등이 모두 박동지와 쓰시마번과의 유착관계에서 비롯되었다는 것이다.

유집일은 1694년 10월 3일에 거행된 봉행차왜 출연석을 마치고 일방적으로 귀경했고 그후 쓰시마번이 요구하는 쓰시마번 2차 서신에 대한 회신을 만들어 내려 보내자는 주청을 했다. 이에 대해 남구만은 접위관과 동래부사 두 사람 모두에게 무거운 추고[처벌]를 했는데[76] 이 일도 포함하여 박동지를 질책하고 문위역관으로 가서 스스로 잘못한 것을 바로잡으라고 요구한 것이다.

남구만이 말한 박동지와 쓰시마번과의 유착관계는 다른 일본 사료에서도 확인되는데[77] 이후에는 조선 조정의 의도대로 박동지가 쓰시마번을 설득하는 데 많은 애를 썼다는 것도 기록을 통해 확인된다.[78] 이 모든 일이 납치사건 당사자였던 안용복을 조사하여 그의 진술을 바탕으로 남구만이 취한 조치였다.

76 『국역비변사등록』, 숙종 21년(1695) 5월 22일; 『竹島紀事』 卷二, 元祿 七年(1694) 十月 六日 綱(『죽도기사 I』, 앞의 책, 189쪽).

77 『竹島紀事』 卷一, 元祿 六年(1693) 二月 十五日 綱(『죽도기사 I』, 위의 책, 83~88쪽).

78 『竹島紀事』 卷二, 元祿 七年(1694) 九月 十二日 綱(『죽도기사 I』, 위의 책, 144~166쪽).

(2) 에도 막부의 "죽도 도해 금지령"

안용복의 진술은 울릉도쟁계에 대한 조선 조정 측의 태도 변화를 이끌어냈다. 뿐만 아니라 쓰시마 측의 태도 역시 변화하게 했다. 2차 봉행차왜가 귀국하고 한 달 후인 1695년 6월, 쓰시마번에 3차 봉행차왜 파견 움직임이 있었다. 봉행차왜로는 스기무라 우네메(杉村采女)가 임명되었고 스기무라는 '만일 서신을 고쳐 받지 못한다면 자신과 부하들이 동래에서 할복하겠다. 그래서 조선 조정이 접위관과 동래부사, 훈도·별차의 죄를 묻게 하여 사건을 종결시키겠다'는 결기를 보였다.[79]

그러나 3차 봉행차왜 파견은 7월에 이르러 보류되었다. 3차 봉행차왜 파견에 앞서 제관료들[히라타 모치자에몬, 다키 로쿠로에몬, 스야마 쇼에몬]이 섭정 소 요시자네에게 제출한 의견에 따른 것이었다. 제관료들은 '조선 조정이 이유가 있어 강경태세로 나온 것이니 봉행차왜 파견에 신중하자'라는 건의를 했다. 이 때 조선 조정이 강경태세로 나온 이유로 안용복의 진술이 언급되었던 것이다.

조선인 납치사건 당사자인 안용복의 진술(이하 1차 진술)은 한일 사료 여러 곳에서 확인할 수 있다. 사료는 〈진술-1〉 등과 같이 안용복이 말한 것을 전체적으로 기록한 형태가 있는가 하면 부분적으로만 기록한 형태도 있다. 『숙종실록』 27권, 숙종 20년(1694) 8월 14일 기사에 기록된 진술〈사료-13〉 등이다. 일본 측 사료로는 쓰시마번의 울릉도쟁계 관련 기록인 『죽도기사』 1695년 6월 항목에 기록된 진술 등이 있다. 이 항목은 3차 봉행차왜 파견에 앞서 쓰시마번 관료들이 소 요시자네에게 제출한 의견서가 기록되어 있는데 이 의견서 여러 곳에서 안용복의 진술이 인용되고 있다.[80] 이 사료들을 통해 본 안용복 진술의

79 『竹島紀事』 卷三, 元祿 八年(1695) 六月 綱(『죽도기사 Ⅱ』, 위의 책, 11~14쪽).

80 『竹島紀事』 卷三, 元祿 八年(1695) 六月 綱(『죽도기사 Ⅱ』, 위의 책, 18~50쪽).

요지는 다음과 같다.

<사료 15>

1. 우리들은 죽도에서 붙잡혀서 죄인처럼 밧줄에 묶였고 7일째 되는 날에 에도로 보내졌다.
2. 에도에서는 태도가 바뀌어 우리를 잡아간 사람들을 불법 행위를 저질렀다며 처벌하라는 명령을 했다.
3. 에도에서 우리에게 의복 등을 내려주고 매우 정중하게 대해주었다.
4. 에도에서 나가사키로 보내질 때는 가마에 태우고 좌우에서 부채질을 해주고 혹은 금은을 주는 등 잘 대해주었다.
5. 그런데 나가사키에서 우리를 인수한 쓰시마 관리들이 우리가 받은 금은을 빼앗고 심하게 대했다.
6. 쓰시마에 도착해서도 또 다시 죄인처럼 대했다.
7. 이로서 보면 우리들을 죄인처럼 취급하여 다시 그 섬에 왕래하지 못하도록 한 것은 에도 막부의 생각이 아니라 쓰시마의 생각이다.[81]

안용복의 1차 진술은 자신들의 일본 경험을 근거로 울릉도쟁계의 발생 이유를 쓰시마번에서 찾았다. 즉, "에도 막부는 쓰시마에 두 사람의 어민을 조선으로 돌려보내라는 지시를 했을 뿐이다, 그런데 에도 막부에 잘 보이려고 쓰시마번이 죽도를 일본의 속도로 만들었다. 그래서 서신에 '우리나라 죽도' 와 같이 쓰고 조선인 왕래를 금지한 것"이라고 진술을 한 것이다.

이 외에도 안용복의 진술을 다른 사람이 인용한 진술들이 더 있다. 또는 안용복이 1696년에 돗토리 도일 사건을 감행(이하 2차 도일)한 후 비변사의 취조에

81 『숙종실록』 권27, 숙종 20년(1694) 8월 14일 기사; 『竹島紀事』 卷三, 元祿 八年(1695) 六月 綱(『죽도기사 II』, 위의 책, 11~50쪽)

서 한 진술(이하 비변사 진술)에서 알 수 있는 1차 진술 내용이다. 그 진술들은 다음과 같다.

<사료 16>

안용복이 왜인에게 붙잡혀 돗토리번에 들어가니 본주(本州: 에도)에서 울릉도가 영원히 조선에 속한다는 공문을 만들어 주었고 많은 물건을 주었다. 돌아올 때 대마도를 경유하게 되어 공문과 준 물건들을 대마도 사람들에게 빼앗겼다.[영의정 남구만, 좌부승지 유집일 言][82]

<사료 17>

(안)용복을 추문하니, 돗토리번에서 준 은화와 문서를 대마도 사람이 겁을 주어 빼앗았다고 하였다. 또 대마도 사람이 2천금(金)으로 나를 속하여 본국에 내보낸다고 거짓말을 하고 그 은은 본국에서 받겠다고 하였다는 말을 했다.[좌부승지 유집일 言][83]
근년에 내가 이곳[오키섬]에 들어와서 울릉도·자산도[우산도] 등을 조선의 지경으로 정하고 관백[에도 장군]의 서계까지 있는데, 이 나라에서는 정식이 없어서 이제 또 우리 지경을 침범하였으니 이것이 무슨 도리인가?[안용복 言〈사료-진술 5〉]

이와 같은 안용복이 1693년 납치사건 후에 한 1차 진술은 크게 두 가지로 나누어 볼 수 있다. 그 하나는 돗토리번에서는 좋은 대접을 받았는데 쓰시마번에서는 부당한 대우를 받았다는 것이다. 즉 "금은" 또는 "물건[선물]" 또는 "은화"나 "문서" 또는 "공문" 등 돗토리번에서 받았다고 하는 재화나 문서를 쓰시마번에서 빼앗겼다는 것이 그 구체적 내용이다. 또 하나는 울릉도·우산도 영토문제와 관련된 것인데 이에 대해서는 조금 자세히 살펴볼 필요가 있다.

82 『승정원일기』 367책, 숙종 22년(1696) 10월 13일; 『숙종실록』 권30, 숙종 22년(1696) 10월 13일; 남구만, 『약천집』 권31, 서, 답육상국, 숙종 22년(1696) 10월 5일 기사.

83 『승정원일기』 368책, 숙종 22년(1696) 10월 23일; 『숙종실록』 권30, 숙종 22년(1696) 10월 23일 기사.

울릉도·우산도 영토문제와 관련한 진술은 〈사료 16〉과 〈사료 17〉에서 보인다. 전자는 2차 봉행차왜의 접위관이었던 유집일과 남구만이 안용복으로부터 들은 말이고, 후자는 안용복 자신이 한 말이다. 양자는 같은 말이기는 하나 사실관계에서 일부 차이가 있다. 전자는 '본주' 즉 돗토리번에서 돗토리 번주로부터 '울릉도'가 조선의 영토라고 인정한 '공문'을 받았다는 것이고, 후자는 '관백' 즉 에도 또는 에도 막부 장군에게 '울릉도·우산도'가 조선의 영토라고 인정한 '서계'를 받았다는 것이다. 여기에서 '공문'이나 '서계'는 모두 공적 문서라는 의미니 차이가 없다. 그러나 어디에서 누구에게 받았는지가 다르다. 무엇보다 돗토리 번주 또는 막부 장군이 조선의 영토라고 인정한 섬이 울릉도 한 섬인지 울릉도·우산도 두 섬인지가 다른 것이다.

남구만과 유집일이 언급한 안용복 1차 진술과 안용복 자신이 언급한 1차 진술의 내용은 본질적인 면에서 큰 차이가 있는 것인데 이는 '울릉도쟁계의 이중 구조'로서 설명될 수 있다. '울릉도쟁계의 이중 구조'란 당시 공간과 주체를 달리는 두 개의 논쟁이 있었는데 하나는 조선의 동래와 왜관에서 조선 조정과 쓰시마번을 대리로 한 에도 막부의 울릉도 영유권 논쟁이고, 또 하나는 돗토리에서 안용복을 대표로 하는 조선 어민과 오야·무라카와 가가 돗토리 번주를 끼고 벌인 논쟁이다. 그런데 후자는 오직 안용복의 진술을 통해서만 확인될 수 있는 성격의 것이었기 때문에 조선 조정의 입장에서 이 논쟁을 공식화할 수 없었다. 이에 조선 조정은 이 논쟁에 대해서는 방치해 둔 경향이 있는데 이 점이 남구만·유집일이 안용복 1차 진술에서 우산도는 빼고 말한 이유가 되었을 것이다. '울릉도쟁계의 이중 구조'에 대해서는 다음 장에서 상술하겠다.

본론으로 돌아와 이와 같은 안용복의 1차 진술은 3차 봉행차왜의 파견이 보류된 이유가 되었다. 안용복의 진술 때문에 조선 조정이 쓰시마번에 대해 의심을 하게 되었고 그 결과 예조 2차 서신 내용과 같이 강경태도로 전환되었다는 해석에 근거하여 쓰시마번 제관료는 신중론을 제기했다. 즉 "조선 조정의 의심을 푸는 것이 선행되어야 한다, 그 후에 서신을 작성하여 봉행차왜를 파견해야 한다. 현재의 경과를 에도 막부에도 알려야 한다"라는 의견을 소 요시자네에게 제출한 것이다. 이 의견이 받아들여졌고 3차 봉행차왜 파견은 중지되었다.

그리고 1695년 8월, 근무를 위해 에도에 간 소 요시자네는 에도 막부 로주[최고위 가신]에게 예조 2차 서신 사본을 보여주고 지시를 구했다. 이후 에도 막부 로주들과 소 요시자네 사이에 관련 논의가 오갔다. 그리고 에도 막부가 돗토리번에 묻는 등 자체 조사를 실시한 후인 1696년 1월 28일, 로주 네 명이 동석한 자리에서 소 요시자네에게 오야·무라카와 가의 "죽도 도해"를 금지한다고 쓴 봉서[문서]가 건네졌다.[84] 이것이 흔히 "죽도 도해 금지령"이라 불리는 것이다.

에도 막부가 "죽도 도해 금지령"을 내린 것은 첫째 울릉도가 돗토리번에 속한 섬이라고 할 수 없고, 둘째 빈 섬이기 때문에 돗토리번 요나고 주민들이 고기잡이를 위해 건너가는 것일 뿐이고, 셋째 일본이 취한 섬이라는 근거가 없고, 넷째 울릉도가 일본에서보다 조선에 가깝다는 이유에서였다.[85] "죽도 도해 금지령"의 내용은 다음과 같다.

<사료 18>

이전에 마쓰다이라 신타로가 이나바와 호키를 다스리고 있었을 때, 호키국 요나고의 주민 무라카와 이치베와 오야 진키치가 죽도로 도해하여 지금까지 어로를 해왔습니다. 향후 죽도 도해를 금지한다는 [쇼군] 명이 있으셨으니 그 뜻에 따라 주십시오.

1월 28일

84 『竹島紀事』 卷三, 元祿 八年(1695) 十月 /元祿 九年(1696) 正月 廿八日 綱(『죽도기사 Ⅱ』, 앞의 책, 50~97쪽).

85 『竹島紀事』 卷三, 元祿 九年(1696) 正月 廿八日 綱(『죽도기사 Ⅱ』, 위의 책, 82~97쪽).

마쓰다이라 호키카미님[돗토리번 번주]

(로주 4명 날인)[86]

이 문서는 즉시 조선에 전달해야 했으나 쓰시마번 측은 그렇게 하고 싶어 하지 않았다. 이에 쓰시마번은 도해역관이 쓰시마로 오는 가을이나 겨울쯤 "죽도 도해 금지령"의 취지에 대해 기술한 구술서[간략 문서]를 전달하겠다고 막부 로주에게 말했다. 그리고 돗토리번에 "죽도 도해 금지령"을 알리는 것도 도해역관에게 구술서를 전달한 후에 해달라고 요구했다. 돗토리번에 "죽도 도해 금지령"이 전달되면 바로 조선에 알려질 것이다. 그 후에 조선에 구술서를 전달하면 체면이 안 선다는 것이 이유였다.[87]

에도 막부도 이 건의에 동의했다. 에도 막부는 돗토리로 돌아가는 돗토리 번주(7월 귀향)에게 다음과 같이 지시했다. 즉 "쓰시마 번주가 "죽도 도해 금지령"에 대해 조선에 알리기 전에 돗토리번 주민에게 알려지면 안 된다. 쓰시마 번주가 조선에 알리는 시기를 고려하여 죽도에 다니던 조닌[오야·무라카와 가]에게 "죽도 도해 금지령"을 내리라"는 것이었다.[88] 돗토리 번주는 에도 막부의 지시대로 실행했는데 이에 대해서는 뒤에서 상술하겠다.

그런데 그 이후 1696년 5월에 안용복과 뇌헌 등 11명이 울릉도에 갔다가 오키섬을 거쳐 돗토리번에 간 안용복의 2차 도일 사건이 벌어졌다. 이 사건은 같은 해 8월 이들이 조선으로 추방되는 것으로 종료되는데 조선과 쓰시마번과의 울릉도쟁계는 이 사건까지 포함한 형태로 전개되었다.

---

86 鳥取縣編, 昭和四十六年, 「竹島渡海禁止并渡海沿革」, 『鳥取藩史』 第六卷, 殖産商工志·事變志, 鳥取縣立圖書館, 466頁.

87 『竹島紀事』 卷三, 元祿 九年(1696) 正月 廿八日 綱(『죽도기사 Ⅱ』, 앞의 책, 82~97쪽).

88 『竹島紀事』 卷四, 元祿 九年(1696) 十月 綱(『죽도기사 Ⅱ』, 위의 책, 156~174쪽).

(3) 울릉도쟁계의 종결과 안용복의 비변사 진술

안용복의 2차 도일과 관련한 한국 측 기록은 많지 않다. 다음에서 인용한 〈사료 19〉를 초출 기록으로 하여, 안용복이 비변사에서 증언한 내용〈사료 - 진술 5〉 및 그들을 어떻게 처벌할 것인지에 대해 조정에서 논의한 내용 약간이 남아 있을 뿐이다.[89]

> <사료 19>
>
> 동래(東萊) 사람 안용복(安龍福)·흥해(興海) 사람 유일부(劉日夫)·영해(寧海) 사람 유봉석(劉奉石)·평산포(平山浦) 사람 이인성(李仁成)·낙안(樂安) 사람 김성길(金成吉)과 순천(順天) 중[僧] 뇌헌(雷憲)·승담(勝淡)·연습(連習)·영률(靈律)·단책(丹責)과 연안(延安) 사람 김순립(金順立) 등과 함께 배를 타고 울릉도(鬱陵島)에 가서 일본국(日本國) 백기주(伯耆州)로 들어가 왜인(倭人)과 서로 송사한 뒤에 양양현(襄陽縣) 지경으로 돌아왔으므로, 강원감사(江原監司) 심평(沈枰)이 그 사람들을 잡아 가두고 치계(馳啓)하였는데, 비변사(備邊司)에 내렸다.[90]

안용복 일행이 돗토리번에서 돌아와 강원도 양양에 도착한 것은 8월 29일, 그날 바로 강원감사 심평에게 붙잡혔다. 심평은 장계로서 조정에 알렸다. 이에 따라 비변사는 9월 2일 안용복 일행의 구속 수사에 대한 허가를 받고[91] 변방의 정세에 관련된 사건이라 하여 비변사와 형조의 고위 관료 한 명씩이 직접

---

89 『승정원일기』 367책, 숙종 22년(1696) 9월 12일, 9월 27일, 10월 13일, 10월 23일; 370책, 숙종 23년(1697) 3월 27일, 윤 3월 3일, 4월 10일, 4월 11일, 4월 12일, 4월 13일, 4월 16일; 『숙종실록』 권30, 숙종 22년(1696) 8월 29일, 9월 2일, 22일, 25일, 27일, 10월 13일; 권31, 숙종 23년(1697) 3월 27일; 『표인영래등록』 숙종 22년 9월 30일, 10월 13일; 남구만 『약천집』 권31, 서, 답유상국, 숙종 22년(1696) 10월 5일 기사.

90 『숙종실록』 권30, 숙종 22년(1696) 8월 29일 기사.

91 『숙종실록』 권30, 숙종 22년(1696) 9월 2일 기사.

참여하는 조사에 착수했다.[92] 조사는 9월 25일에 이루어졌다. 이 때 안용복이 진술한 내용이 『숙종실록』 1696년 9월 25일 기사에 실려 있는데 이 책에서는 비변사 진술〈사료 – 진술 5〉로서 다루고 있다.

비변사에서 안용복은 자신이 울릉도와 자산도[우산도/송도]를 일본인의 침범으로부터 지켰고 쓰시마 번주의 죄상을 에도 막부에 상소하려했다는 취지의 진술을 했다. 즉, '울릉도와 자산도에 와 있던 일본인을 쫓아냈다, 그 끝에 오키섬에 가서 1693년에 받은 "관백[에도 막부 장군]의 서계"를 근거로 일본인의 울릉도·우산도 침범에 항의'했다고 한다. 그리고 '돗토리에 가서 돗토리 번주와 대면하고 역시 이 서계를 근거로 울릉도쟁계를 일으킨 쓰시마번의 죄상을 에도 막부에 소송하려고 했다'는 취지의 진술을 한 것이다.

그런데 안용복 일행이 2차 도일을 감행했던 때는 1696년 5월로, 이때는 이미 에도 막부가 "죽도 도해 금지령"을 소 요시자네와 돗토리 번주에게 내린 후(1696. 1. 28)였다. 이로써 보면 안용복의 2차 도일과 울릉도·우산도 영유권 주장은 아무런 효과가 없었던 것이 된다. 그리고 이 사건에 대한 조선 조정의 처리 과정에서 문제시된 것도 이 두 섬의 영유권이 아니라 안용복 일행이 관료를 사칭하여 돗토리번과 직접 교섭을 하려고 했다는 점이었다.

이 문제는 당초 쓰시마번이 제기한 것이다. 즉 조선인이 오키섬에 가서 '돗토리번에 소송할 것이 있어 왔다'라고 했는데 이는 조선과 일본과의 모든 교류는 쓰시마번을 통해 이루어진다는 협약에 대한 위반이라는 것이다. 쓰시마번은 안용복 일행을 조선 조정에서 파견한 것인지에 대해 추궁했고 안용복의 처벌을 요구했다. 이에 이 사건 관련 모든 기록이 안용복을 쓰시마의 요구대로 처벌할 것인지 말 것인지에 집중되어 있는 것을 알 수 있다.

---

92 『숙종실록』 권30, 숙종 22년(1696) 9월 22일 기사.

쓰시마번은 1696년 6월 23일경 에도 막부 로주로부터 안용복 일행이 돗토리번에 왔다는 말을 들었고 7월 7일에는 쓰시마번의 통역을 돗토리로 보내라는 지시를 받았다. '일상적인 표류민이라면 쓰시마번의 통역이 상주하고 있는 나가사키로 보낸다. 그러나 이들이 소송할 것이 있어서 돗토리번에 왔다고 하니 동일한 취급은 불가능하다. 그러니 쓰시마번에서 통역을 보내 그들의 말을 듣게 하라. 그리고 그들에게 소송할 것이 있으면 나가사키로 가서 하고, 만일 가고 싶지 않으면 조선으로 돌아가라고 말하게 하라'는 지시였다.[93]

이 지시를 받은 요시자네는 안용복 일행이 울릉도쟁계와 관련하여 왔을 것이라고 추측했다. 앞서 언급했듯이 요시자네는 조선에 "죽도 도해 금지령"을 전하지 않고 있었기 때문이다. 그 전에 조선에 나돌았던 풍문도 상기되었다. 2차 봉행차왜와의 교섭이 교착 상태였을 때인 1694년, 남구만이 돗토리번을 통해 에도 막부와 직접 교섭하고자 장한상을 파견하여 울릉도를 조사하겠다는 풍문이 돌았다는 것은 앞서 언급했다. 쓰시마번은 이 풍문이 실현된 것이 아닌가라는 생각을 했던 것이다. 특히 남구만이 울릉도쟁계에 있어 쓰시마번을 의심하는 원인을 제공한 안용복이 왔다는 점에서 더 그렇게 생각했던 것 같다.[94]

이에 요시자네는 지시대로 돗토리번으로 통역과 호송원을 보내는 한편 에도에서 근무하는 쓰시마번 관료들에게 서신을 보낸다. 에도에 있는 소 요시미치(5대 번주)를 앞세워 조선인의 소송을 받아들이지 말고 그냥 돌려보내도록 에도 막부에 건의하라는 지시가 담긴 서신이었다. 소 요시자네는 "죽도 도해 금지령"을 조선에 전하지 않은 상태에서 조선인의 소송을 받아들인다면 조선 조정

---

93 『竹島紀事』 卷三, 元祿 九年(1696) 六月 廿三日 綱(『죽도기사 Ⅱ』, 앞의 책, 97~109쪽).

94 『竹島紀事』 卷三, 元祿 九年(1696) 七月 七日 綱(『죽도기사 Ⅱ』, 위의 책 ,109~118쪽).

이 이번 소송 때문에 “죽도 도해 금지령”이 내려졌다고 오해를 할 것이라고 판단했다. 또한 만일 이번 소송을 받아들인다면 앞으로 조선 조정이 사소한 일에도 에도 막부와 직접 교섭을 하려고 들 것이라고 판단했기 때문이었다.[95]

요시자네로서는 돗토리번을 통한 조선 조정과 에도 막부의 직접 교섭은 절대 있어서는 안 될 일이었다. 조·일 교역의 공식 중개자는 쓰시마번이었기 때문이다. 그래서 조선인의 송사를 듣지 않고 돗토리번에서 바로 귀국시키던가, 별 수 없이 나가사키로 보낸다고 해도 나가사키에서 소송 자체의 접수를 거부하여 돌려보내던가, 소송에 대해 반드시 들어야 한다면 나가사키 봉행소에서 쓰시마번으로 보내 쓰시마에서 듣게 해야 한다는 것이 요시자네의 생각이었다.[96] 요시자네는 이러한 생각을 서신으로 에도 막부 로주들에게 알렸다. 에도 막부 로주들은 요시자네의 이 생각에 찬성하고 돗토리 번주에게 조선인의 송사를 받아들이지 말고 돗토리번에서 바로 조선으로 추방하라고 지시한다. 그리고 돗토리번에 파견되었던 쓰시마번의 통역도 도중 소환되었다.[97]

또한 쓰시마번은 안용복 처단을 조선 조정에 요구했다. 쓰시마번을 중계자로 한 조선과 일본의 교역 체계를 무너트렸다는 것이 이유였다. 『숙종실록』 등 다수의 한국 측 사료에서 보이는 안용복 일행에 대한 처리 관련 논의는 이들을 쓰시마번의 요구대로 처리할 것인지 말 것인지에 주안점을 두고 전개되었다는 것을 알려주고 있다.

조정의 논의는 대체적으로 두 가지로 나뉘었다. 쓰시마번의 입장을 고려하여 안용복 일행을 처단해야 한다는 입장과 이에 반대하는 입장이었다. 전자는

---

95 『竹島紀事』 卷三, 元祿 九年(1696) 七月 七日 綱(『죽도기사 II』, 위의 책, 109~118쪽).

96 『竹島紀事』 卷三, 元祿 九年(1696) 七月 七日 綱(『죽도기사 II』, 위의 책, 109~118쪽).

97 『竹島紀事』 卷四, 元祿 九年(1696) 七月 廿四日, 八月 六日, 八月 十八日 綱(『죽도기사 II』, 위의 책, 121~156쪽).

당시의 영의정이었던 유상운과 좌의정이었던 윤지선을 필두로 한 여러 신하들의 의견이었다. 이들은 안용복이 의도적으로 다른 나라에 가서 관직을 사칭하고 소송을 일으킨 점, 상소를 올려 쓰시마 번주를 비방한 점 등을 들어 그를 사형에 처하고 그 사실을 쓰시마번에 알리자고 주장했다.[98] 후자는 당시 영부사였던 남구만과 영돈녕이었던 윤지완의 의견으로, 안용복의 공을 인정하여 그의 처단 문제는 천천히 의논하여 처리하자는 것이었다.[99]

이들이 말한 안용복의 공이란 조선 조정이 에도 막부와 직접 교섭할 수 있는 길을 열었다는 점이었다. 남구만과 윤지완은 '그동안 울릉도 건이나 그 밖의 교역에서 쓰시마가 거짓 중계로 조선 조정을 속일 수 있었던 것은 조선 조정이 에도 막부와 직접 교섭할 수 있는 방법이 없었기 때문이다. 그런데 안용복이 그 길을 열었다. 따라서 쓰시마번이 매우 두려워하고 있을 것이다. 그런데 만일 안용복을 처단하면 쓰시마번이 그 길이 막혔음을 알고 기뻐할 것이다'라고 하며 안용복을 비호했다.

특히 남구만은 안용복 처단 문제에 대해 다음과 같이 상중하책으로서 자기 의견을 제시했다. 상책은, 쓰시마가 자기주장을 굽히지 않는다면 조정에서 따로 사신을 에도 막부에 보내 직접 교섭하겠다는 의사를 밝히는 것이라고 했다. 그러면 그들이 두려워하여 다시는 울릉도에 대해 딴 말을 하지 않을 것이라고 했다. 중책은, 쓰시마번에 서신을 보내 안용복이 돗토리에서 무슨 일을 했는지 자세히 조사한 후에 처단하는 것이라고 했다. 그리고 하책은, 쓰시마번의 요구대로 안용복을 처단하는 것이라 했다. 그런데 하책을 쓰면 앞으로도 쓰시

---

98 『숙종실록』 권30, 숙종 22년(1696) 9월 27일, 10월 13일 기사; 『승정원일기』 367책, 숙종 22년 9월 27일; 『표인영래등록』 숙종 22년(1696) 9월 30일 기사.

99 『숙종실록』 권30, 숙종 22년(1696) 10월 13일; 『승정원일기』 367책, 숙종 22년 10월 13일 기사; 『표인영래등록』 숙종 22년(1696) 10월 13일 기사; 남구만, 『약천집』, 제31, 서, 답유상국, 숙종 22년(1696) 10월 5일 기사.

마번이 울릉도 소속에 대해 트집을 잡을 여지를 남겨두는 것이니 안용복의 처단을 미루어야 된다는 것이었다. 그 위에 안용복을 죄를 묻지 말고 쓰시마를 문책하자, 그러면 그의 도일이 마치 국가의 지시였던 것처럼 될 것이라는 의견도 제시했다.

조선 조정은 해를 넘겨가며 안용복 처단 문제에 대해 논의했다. 안용복을 재조사하여 최종적으로는 그를 유배 보내는 것으로 결론지었다. 사형을 면제해 준 것이다.[100] 이인성, 뇌헌 등은 안용복의 사주와 협박에 의해 범죄를 저지른 종범으로 간주하여 이렇다 할 죄를 묻지 않고 넘어갔다.[101]

이후 울릉도쟁계도 종료되었다. 1696년 10월 16일에 소 요시자네의 섭정 취임에 대한 축하 및 그의 아들 소 요시쓰구의 죽음에 대한 조문차 도해한 조선인 도해역관 변동지와 송판사에게 에도 막부의 "죽도 도해 금지령"의 취지를 쓴 구술서가 전달됨으로써 일단락된 것이다. 이때 안용복이 쓰시마를 거치지 않고 돗토리번에 직접 도해하여 송사를 꾀한 것에 대한 항의 서신도 전달되었다.[102]

변동지, 송판사가 조선에 도착한 것은 1697년 1월 10일,[103] 3개월 후인 4월 28일에 쓰시마의 서신에 대한 예조의 답변이 동래부사를 통해 왜관에 전해졌다. 그런데 이 서신에서 "귀 주(쓰시마번)의 여러 관료[제봉행(諸奉行)]가 보낸 서신을 접하니", "울릉도가 우리나라 땅[울도지위아지(鬱島之爲我地)]이라는 것은", "비록 처음에는 귀주가 잘못 알았으나[귀주시착(貴州始錯)]" 등의 문구가 다시 문제

---

100 『숙종실록』 권30, 숙종 22년(1696) 10월 23일; 권31, 숙종 23년(1697) 3월 27일; 『승정원일기』 368책, 숙종 22년 10월 23일, 숙종 23년(1697) 3월 27일, 윤 3월 3일, 4월 10일, 4월 11일, 4월 12일, 4월 13일, 4월 16일 기사.

101 『숙종실록』 권30, 숙종 22년(1696) 10월 23일; 『표인영래등록』 숙종 22년(1696) 9월 30일 기사.

102 『竹島紀事』 巻四, 元祿 九年(1696) 十月 綱(『죽도기사 Ⅱ』, 앞의 책, 156~174쪽); 日本外務省 記錄, 北澤正誠, 1881, 『竹島考證 中』(『독도자료집 Ⅱ - 죽도고증 -』, 앞의 책, 163~185쪽).

103 『竹島紀事』 巻四, 元祿 十年(1697) 綱(『죽도기사 Ⅱ』, 위의 책, 174~177쪽).

시되었다. 쓰시마번은 이 세 문장의 수정을 요구하는 교섭을 재개했다.[104]

결국 7월 21일, 예조로부터 수정된 서신이 쓰시마번에 전달되었다. 그러나 쓰시마의 요구대로 수정된 것은 아니었다.[105] 이에 교섭이 지속되어 1698년 4월, 쓰시마번이 수정을 요구했던 세 문구 중 '제봉행'과 '귀주시착'의 두 문구를 삭제한 3월자 예조 문서가 다시 쓰시마번에 전달되었다. 이 문서는 5월에에도 막부 로주에게 제출되었다. 그리고 예조의 서신에 대한 1699년 1월자 답례 서신과 울릉도쟁계에 있어서 조선에 귀책 사항이 있음을 기술한 구술서가 3월 21일 조선인 역관들에게 전달됨으로써 조·일 울릉도 영유권 논쟁은 최종 종결되었다.[106]

104『竹島紀事』卷四, 元祿 十年(1697) 四月 廿七日 綱(『죽도기사Ⅱ』, 위의 책, 177~191쪽); 日本 外務省 記錄, 北澤正誠, 1881,『竹島考證 中』(『독도자료집Ⅱ－죽도고증－』, 앞의 책, 193~201쪽).

105 쓰시마가 요구한 세 문구 중 '비록 처음에는 귀주가 잘못 알았으나[貴州始錯]'라는 문구를 삭제하고 '귀주의 여러 관료가 보낸 서신을 접하니'의 표현 일부를 바꾸어 주었으나 '울릉도가 우리나라 땅[鬱島之爲我地]이라는 것은' 그대로 둔 채였다.(『竹島紀事』卷五, 元祿 十年(1697) 七月 廿一日 綱 (『죽도기사Ⅱ』, 위의 책, 195~202쪽); 日本 外務省 記錄, 北澤正誠, 1881,『竹島考證 中』(『독도자료집Ⅱ－죽도고증－』, 위의 책, 203~209쪽).

106『竹島紀事』卷五, 元祿 十年(1697) 九月 十六, 九月, 元祿 十一年(1698) 正月, 元祿 十一年, 四月, 五月, 元祿 十二年(1699) 正月, 十月 十九日 綱(『죽도기사Ⅱ』, 위의 책, 202~256쪽); 日本外務省 記錄, 北澤正誠, 1881,『竹島考證 中』(『독도자료집Ⅱ－죽도고증－』, 위의 책, 211~239쪽).

제2부

안용복 진술에 대한 새로운 검증

1. 안용복 진술과 독도

(1) 안용복의 진술들

안용복의 1차 진술은 앞서 본 〈사료 15〉 〈사료 16〉, 〈사료 17〉과 같이 부분적이거나 다른 사람에게 인용된 내용이 대부분이지만 전체 문장으로 남아 있는 것들도 있다. 이 책에서 〈사료-진술 1〉~〈사료-진술 5〉로 제시하는 것들이다. 〈사료-진술 1〉~〈사료-진술 3〉은 1693년 조선인 납치사건 때의 진술이고(이하 1차 도일) 〈사료-진술 4〉~〈사료-진술 5〉는 1696년 안용복의 2차 도일 때의 진술이다.

〈사료-진술 1〉은 1694년 1월 접위관 홍중하의 조사에 대해 안용복·박어둔이 답변한 진술이다. 이 조사는 '죽도에서 백기주[돗토리]까지의 거리가 얼마쯤인지 문목[질문 항목]을 만들어 이들을 문초[취조]하라'는 조정 조정의 지시에 따른 것이다. 앞서 언급한 것과 같이 접위관은 안용복과 박어둔을 따로 조사했다. 그리고 그 내용을 대조하여 같은 점과 다른 점을 파악한 후 조선 조정의 관심사에 맞추어 정리하여 보고했다. 〈사료-진술 1〉은 그 보고 내용을 발췌한 것으로 『변례집요』에 기록되어 있다.

진술에는 이들이 "죽도"라는 곳에 가게 된 경위와 일본인에게 붙잡혀 돗토리으로 가게 된 경위가 간단히 언급되어 있다. 이 외 대부분은 울릉도의 크기, 지형, 산물 등에 대한 설명이다. 그리고 돗토리까지의 거리, 울릉도 외 다른 섬의 존재 여부에 대한 답변이 있다. 이 답변에서 박어둔은 수질에 걸려 배 안에 누워 있었기 때문에 거리가 어느 정도 되었는지, 중간에 다른 섬이 있었는지 모르겠다는 답변을 했다. 반면 안용복은 "제가 붙잡힌 사람으로 들어갔을 때, 하룻밤을 지내고 다음날 늦게 식사를 한 뒤에 바다 가운데 하나의 섬이 있음을 보았고, 죽도에 견주어 자못 크다고 생각했습니다"라는 답변을 했다. 이 답변으로 보면 조선 조정의 관심은 이른바 죽도라는 곳이 어떤 섬이고 어디에 있는 섬인지를 파악하는 것에 있었던 것 같다.

〈사료 - 진술 2〉와 〈사료 - 진술 3〉은 안용복과 박어둔이 돗토리에서 나가사키와 쓰시마를 거쳐 조선으로 귀환하는 과정에서 진술한 것이다. 〈사료 - 진술 2〉는 나가사키 봉행에서 한 진술이고 〈사료 - 진술 3〉은 쓰시마번에서 한 것이다. 모두 『죽도기사』에 인용되어 있다. 덧붙여 이들이 울릉도에서 잡혀 일본에 갔다가 조선으로 귀환하기까지의 여정을 울릉도에서 요나고, 요나고에서 왜관 일정으로 나누어 각각 〈표 1〉, 〈표 2〉로 정리했다.(부록 〈표 1〉, 〈표 2〉 참조)

나가사키와 쓰시마에서의 조사는 공통적으로 어떤 사람들이 언제 어떻게 왜 죽도에 간 것인지를 파악하는 것과 이들이 죽도를 어느 나라의 어떤 명칭으로 인지하고 있는지를 파악하는 데 맞추어져 있었던 것 같다. 즉, 나가사키에서는 "이번에 우리들이 전복을 따러 간 섬은 조선국에서는 모두 무루구세무(무릉섬)라고 합니다. 일본에서 죽도라고 한다는 것은 이번에 들었습니다"라고 하고, 쓰시마에서는 "그 섬의 이름을 조선에서는 무루구세무(무릉섬)라고 합니다. 그 섬이 일본 땅인지 조선 땅인지는 전혀 모릅니다. 일본에 와서 처음 일본 땅이라는 말을 들었습니다"라고 진술한 것에서 알 수 있다. 이 외 돗토리에서 나가사키까지 안용복과 박어둔이 어떤 상태로 호송되었는지에 대한 것과 두 사람의 나이, 종교 등 개인 신상에 대한 질문으로 구성되어 있다.

〈사료 - 진술 4〉와 〈사료 - 진술 5〉는 안용복이 2차 도일을 감행한 후 일본과 한국에서 각각 진술한 것이다. 〈사료 - 진술 4〉는 오키 대관[오키 주재 마쓰에번 관료]이 안용복 일행에 대해 1696년 5월 20일에 작성하여 5월 23일자로 돗토리번에 송부한 조사보고서인 「원록구병자년조선주착안일권지각서」다(이하

「원록각서」). 「1696년 병자년에 조선 배가 오키 해안에 접안한 사건에 대한 보고서」라는 의미다.

「원록각서」는 표지 포함 8장으로 된 문서로 내용은 크게 세 부분으로 나뉜다. 도해 선박의 크기, 설치물 내역 및 도해자 신상을 기록한 부분, 이들이 도해한 이유 등에 대해 오키 대관이 묻고 안용복이 대답한 내용 및 이들이 오키에 도착한 이후 머물면서 벌어진 일을 기록한 부분, 문서 말미에 선적물 목록 및 안용복 일행이 지참하고 간 조선 지도의 내용을 부기한 부분이다. 오키 대관의 질문에 대해 안용복이 통역으로서 답변한 내용이 주를 이루기 때문에 안용복의 진술로 간주하였다.(부록 〈사료 - 진술 4〉 참조)

덧붙여 이 문서는 2005년에 시마네현 오키군 아마초에 거주하는 무라카미 스케쿠로[村上助九郎]씨 자택의 문서고에서 발견된 것임을 밝혀둔다. 이 사실이 『산인추오신보[山陰中央新報]』 5월 17일자로 보도되었고, 일본 독도전문가 고(故) 나이토 세이추[内藤正中] 교수의 주선으로 10월에 필자가 무라카미씨의 자택을 방문하여 문서 전체를 사진을 찍어온 일이 있다.

〈사료 - 진술 5〉는 1696년 8월 29일 양양으로 귀국한 안용복 일행이 강원감사 심평에게 잡힌 후 한양으로 이송되어 9월 25일 비변사에서 취조를 받을 때 한 진술이다. 『숙종실록』 1696년 9월 25일 기사로 실려 있다.(부록 〈사료 - 진술 5〉 참조) 참고로 안용복 일행이 오키섬을 경유하여 돗토리로 갔다가 양양으로 돌아오게 된 과정과 일본에서 있었던 일을 〈표 3〉으로 정리하여 제시하였다.(부록 〈표 3〉 참조)

비변사 진술은 안용복이 울릉도에 간 이유와 과정, 울릉도에서 돗토리번으로 가게 된 이유와 과정을 설명하고 오키와 돗토리에 가서 무슨 말을 하고 행동했는지를 말한 것이다. 즉 이들은 울릉도 산물 획득을 목적으로 울릉도에 갔고, 울릉도와 자산도[우산도]에 있던 왜인들을 쫓아내다가 오키로 표류했다. 그리고 오키와 돗토리에서 자신이 이전(1693년)에 받았던 관백[에도 막부 장군]의 서계를 근거로 이번 왜인의 울릉도·우산도 침범을 질책했다. 이 서계는 울릉도와 우산도가 조선의 영토임을 인정한 내용의 것이다. 그리고 울릉도쟁계에 대한 쓰시마번의 잘못을 돗토리 번주를 통해 에도 막부에 상소하려 했다는 것이다.(부록 〈사료 – 진술 5〉 참조)

(2) 안용복의 비변사 진술과 독도

안용복의 진술들 중 〈사료 – 진술 5〉의 숙종 22년 9월 25일 기사는 독도와 관련하여 가장 오래 전부터, 가장 많이 알려진 진술이다. 1950~1960년대 한·일 독도 영유권 논쟁에서 독도 영유권 근거 중 하나로 이 기사가 제시되었기 때문이다.

한일 독도 영유권 논쟁은 1952년 1월 18일 이승만 대통령이 독도를 포함한 평화선을 선포한 것에 대해 일본 외무성이 '대통령 선언이 상정하고 있는 독도 영유권을 인정하지 않는다'라는 취지의 각서를 보내온 것에서 시작한다. 이후 1965년 6월 22일 한일 협정이 체결될 때까지 외교문서 교환을 통한 독도 영유권 논쟁이 지속되었다.[107]

---

107 이때 오고간 문서들은 다음의 문서집에 수록되어 있다.
외교통상부 문서, 독도문제, 1952 – 53, 분류번호 743.11JA, 등록번호 4565.
외교통상부 문서, 독도문제, 1954, 분류번호 743.11JA, 등록번호 4566.
외교통상부 문서, 독도문제, 1955 – 59, 분류번호 743.11JA, 등록번호 4567.
외교통상부 문서, 독도문제, 1960 – 64, 분류번호 743.11JA, 등록번호 4568.
외교통상부 문서, 독도문제, 1965 – 71, 분류번호 743.11JA.
또한 위 내용은 외무부 정무국 편, 1955, 『독도문제개론』, 외무부; 외교통상부 국제법률국(편), 『(2012년 전면 개정판)독도 문제 개론』, 외교통상부로 정리되어 있다.
동 문서 중 한일 간 왕복 구술서는 신용하의 책에 해제와 함께 정리되어 있다(신용하, 2000, 『독도연구총서 7: 독도영유권 자료의 탐구』 제3권, 독도연구보전협회; 2001, 『독도연구총서 8 독도

이때 양국 정부는 각각 근거 자료를 제시하며 독도가 왜 자국 영토인지를 논증한 「한국 정부 견해」 ①~③ 및 「일본 정부 견해」 ①~④를 교환했다.[108] 일본 정부가 「일본 정부 견해」 ①을 한국 정부에 송부하면서 시작된 정부 견해의 교환은 그 안에 포함된 독도 영유권 주장, 논리, 근거의 정립과 체계화를 이루어 내며 전개되었다. 반론, 재반론이 반복되는 가운데 상대국의 반론을 의식해 논리가 재정립되고, 새로운 근거가 추가되어 갔기 때문이다.

이때 「한국 정부 견해」 ①에서 '독도는 한국 영토'임을 입증하는 한국 사료 중 하나로 안용복의 비변사 진술이 제시되었다. 즉 '『숙종실록』에 의하면 1696년에 안용복이 울릉도와 독도에 가서 두 섬이 한국 영토이니 일본배가 울릉도 독도에 접근해서는 안 된다고 경고했다'는 기술이 제시된 것이다. 구체적으로는 다음과 같다.

<사료 - 진술 5> (발췌문)

비변사(備邊司)에서 안용복 등을 추문(推問)하였는데, 안용복이 말하기를 "(중략) 드디어 같이 배를 타고 영해(寧海) 사는 뱃사공 유일부(劉日夫) 등과 함께 떠나 그 섬에 이르렀는데, (중략) ①왜선(倭船)도 많이 와서 정박하여 있으므로 뱃사람들이 다 두려워하였습니다. 제가 앞장서서 말하기를, "울릉도는 본디 우리 지경인데, 왜인이 어찌하여 감히 지경을 넘어 침범하였는가? 너희들을 모두 포박하여야 하겠다" 하고, 이어서 뱃머리에 나아가 큰소리로 꾸짖었더니, 왜인이 말하기를 "우리들은 본디 송도(松島)에 사는데 우연히 고기잡이 하러 나왔다. 이제 본소(本所)로 돌아갈 것이다."

영유권 자료의 탐구』 제4권, 독도연구보전협회).
1950~1960년대의 한일 독도 영유권 논쟁에 대해서는 필자의 책을 참조할 수 있다(정영미, 2015, 『일본은 어떻게 독도를 인식해 왔는가』, 한국학술정보, 215~216쪽 및 부록 「한일 독도 영유권 논쟁기 사건과 왕복 각서 목록」, 370~387쪽).

108 「한국 정부 견해 ①」(1953. 9. 9); 「한국 정부 견해 ②」(1954. 9. 25) ; 「한국 정부 견해 ③」(1959. 1. 7); 「일본 정부 견해 ①」(1953. 7. 13); 「일본 정부 견해 ②」(1954. 2. 10); 「일본 정부 견해 ③」(1956. 9. 20); 「일본 정부 견해 ④」(1962. 7. 13)

하므로 "송도는 자산도(子山島)로서 그것도 우리나라 땅인데 너희들이 감히 거기에 사는가?" 하였습니다. 드디어 이튿날 새벽에 배를 몰아 자산도에 갔는데, 왜인들이 막 가마솥을 벌여 놓고 고기 기름을 다리고 있었습니다. 제가 막대기로 쳐서 깨뜨리고 큰 소리로 꾸짖었더니, 왜인들이 거두어 배에 싣고서 돛을 올리고 돌아가므로 제가 곧 배를 타고 뒤쫓았습니다. 그런데 갑자기 광풍을 만나 표류하여 옥기도(玉岐島)에 이르렀는데, 도주(島主)가 들어온 까닭을 물으므로 제가 말하기를, ②③"근년에 내가 이곳에 들어와서 울릉도·자산도 등을 조선(朝鮮)의 지경으로 정하고, 관백(關白)의 서계(書契)까지 있는데, 이 나라에서는 정식(定式)이 없어서 이제 또 우리 지경을 침범하였으니, 이것이 무슨 도리인가?" 하자, 마땅히 백기주(伯耆州)에 전보(轉報)하겠다고 하였으나, 오랫동안 소식이 없었습니다. 제가 분완(憤惋)을 금하지 못하여 배를 타고 곧장 ⑥백기주로 가서 울릉자산양도감세(鬱陵子山兩島監稅)라 가칭하고 장차 사람을 시켜 본도에 통고하려 하는데, 그 섬에서 사람과 말을 보내어 맞이하므로, 저는 푸른 철릭[帖裏]를 입고 검은 포립(布笠)을 쓰고 가죽신을 신고 교자(轎子)를 타고 다른 사람들도 모두 말을 타고서 그 고을로 갔습니다. 저는 ④도주와 청(廳) 위에 마주 앉고 다른 사람들은 모두 중계(中階)에 앉았는데, 도주가 묻기를, "어찌하여 들어왔는가?" 하므로, 답하기를 ③"전일 두 섬의 일로 서계를 받아낸 것이 명백할 뿐만이 아닌데, 대마 도주(對馬島主)가 서계를 빼앗고는 중간에서 위조하여 두세 번 차왜(差倭)를 보내는 법을 어겨 함부로 침범하였으니, 내가 장차 관백에게 상소하여 죄상을 두루 말하려 한다." 하였더니, 도주가 허락하였습니다. 드디어 이인성(李仁成)으로 하여금 소(疏)를 지어 바치게 하자, 도주의 아비가 백기주에 간청하여 오기를, "이 소를 올리면 내 아들이 반드시 중한 죄를 얻어 죽게 될 것이니 바치지 말기 바란다." 하였으므로, 관백에게 품정(稟定)하지는 못하였으나, ⑤전일 지경을 침범한 왜인 15인을 적발하여 처벌하였습니다. 이어서 저에게 말하기를 "두 섬은 이미 너희 나라에 속하였으니, 뒤에 혹 다시 침범하여 넘어가는 자가 있거나 도주가 혹 함부로 침범하거든 모두 국서(國書)를 만들어 역관(譯官)을 정하여 들여보내면 엄중히 처벌할 것이다" 하고, 이어서 양식을 주고 차왜를 정하여 호송하려 하였으나, 제가 데려가는 것은 폐단이 있다고 사양하였습니다."(후략)

안용복의 이 진술은 바로 일본 측의 비판에 직면했다. 일본 정부는 견해를 통해 '비변사에서의 모진 취조를 받으며 한 말'이므로 '거짓'과 '허위'에 차 있다, 안용복의 '일방적 진술'로서 '과장'되어 있다, 안용복의 행동은 '일개 사인의 행동'으로 독도 영유권과 관련이 없다, 안용복은 '범법자'로서 '귀국 후 처형 당했다' 등과 같이 평가했다.(「일본정부견해」①~④)

그리고 일본 외무성 서기관으로서 한일 영유권 논쟁에 참여했던 가와카미 겐조[川上健三]는 그의 책 『죽도의 역사지리학적 연구』에서 다음과 같이 안용복의 비변사 진술을 검토하고 그의 진술을 '허구' 또는 '허언', '과장'으로 평가했다.[109] 『죽도의 역사지리학적 연구』는 가와카미가 한일협정 체결 후 논쟁기에 제시된 한일 독도 영유권 주장 논리, 근거 등을 체계적으로 정리하여 1966년에 출간한 책이다.

① 안용복이 울릉도에 갔을 때 울릉도에 왜선이 많이 와서 정박해 있었다고 한다.
⇒ 이 때 오야 무라카와 두 집은 물론이고 다른 어민도 결코 울릉도에 출어하지 않았다. 1696년 1월 28일 에도 막부가 울릉도 도해 금지령을 내렸고 바로 돗토리번 번주에게 전달되었기 때문이다.

② 오키 대관에게 "근년에 내가 이곳에 들어와서 울릉도·자산도 등을 조선의 지경으로 정하고, 관백의 서계까지 받았다"고 했다
⇒ 돗토리번의 업무 기록인 『어재부일기』에 따르면 안용복은 이때 "원하는 것이 있어서 호키에 간다", "죽도에는 조선 배 32척이 왔다"는 말만 했을 뿐 울릉도와 우산도의 소속이나 관백의 서계와 같은 말은 하지 않았다. 그런 중요한 말을 했다면 당연히 『어재부일기』에 기록되었을 것이다.

③ 안용복이 장군의 서계 운운했는데 있을 수 없는 일이다.
⇒ 1693년에 에도 막부 장군이 울릉도와 우산도를 조선의 경계로 정하는 서계를 주었다면 안용복과 박어둔을 귀환시키면서 쓰시마번을 통해 조선 어민의 죽

---

109 川上健三, 1966, 『竹島の歴史地理学的研究』, 古今書院, 162~175쪽.

도 왕래를 금지시키라는 요구를 조선 조정에 했을 리가 없다.

④ 안용복이 돗토리 번주와 대좌하여 대담을 했다고 한다.

⇒ 안용복은 돗토리 번주와 대면한 사실이 없다. 안용복이 돗토리번에 체류하고 있던 기간 중에 번주는 에도에 있었다. 그가 귀성한 것은 7월 19일이다.

⑤ 돗토리 번주는 전일 울릉도와 우산도를 침범한 왜인 15인을 적발하여 처벌했다고 한다.

⇒ 울릉도에서 안용복을 납치한 것은 오야가의 뱃사람인데 그들이 처벌되었다는 기록은 없다.

⑥ 안용복이 '울릉·자산[우산] 양도 감세'를 칭했다고 한다.

⇒ 한국 측 사료인 『증보문헌비고』에는 '울릉감세관'으로 되어 있다. 일본 측 사료인 『죽도고』에 '조울양도감세장 안동지기'라는 표현이 있으나 '조울양도'의 의미가 애매하다. '조선울릉우산양도'라는 의미이면 『숙종실록』에 근접한 표현이며 '조선 울릉도'라는 의미의 오기이면 『증보문헌비고』에 근접한 표현인데 어느 쪽이든 조선에는 없는 관명이다. 또한 『죽도고』에는 「상품당상신 안동지」란 표현이 있는데 동지는 종이품의 관명이며 당상관은 삼품 이상의 관명을 말한다.

가와카미는 안용복의 진술을 일본 측 사료와 대조·검토하고 두 가지 점 외에는 모두 다 사실이 아니라고 했다. 즉 그가 울릉도에서 오키섬을 경유하여 돗토리번으로 간 것, 그리고 돗토리번 가로 항구에 도착하여 돗토리 성하[돗토리번청이 있는 중심지]로 갈 때 자신은 가마를 타고 일행은 말을 타고 갔다고 한 것만 일본 측 기록에 부합한다고 인정한 것이다. 그래서 안용복 진술은 '허구'나 '허언' 또는 '과장'이며 그가 "일본 측이 사정을 잘 모른다는 것을 빌미삼아 어쭙잖은 지식을 사용하여 허세를 부리고 적당히 관명을 참칭한 것으로 조선 정부로부터 어떤 위임을 받아 도일한 것이 아님이 명백하다"라고 평가했다.[110]

110 川上健三, 1966, 『竹島の歴史地理学的研究』, 古今書院, 173쪽.

한편 지금으로부터 약 50여 년 전에 제시된 가와카미의 검토 내용과 이를 통해 형성된 부정적인 안용복 상(像)은 그동안 이렇다 할 재검토 없이 공유되고 계승되어 왔다. 예를 들면 일본 외무성 홈페이지 독도 사이트 '울릉도 도해 금지' 코너에는 「안용복의 공술과 그 의문점」 및 「Q&A 안용복이란 어떤 인물이었습니까?」란 제목으로 가와카미가 제시한 검토와 안용복 상을 그대로 전재하고 있다. 그 위에 안용복이 조선 조정에서 파견한 사람이 아니라는 설명을 부기하고 있는데, 안용복의 진술을 그대로 인정한다고 해도 사인(私人)의 언동이었기 때문에 독도 영유권 근거가 될 수 없다는 의미일 것이다.[111] 이와 관련해서는 다음 장에서 상술하겠다.

(3) 일본 사료의 기록은 정확한가?

가와카미의 검토는 안용복의 비변사 진술을 일본 사료와 대조하여 어느 것은 맞고 어느 것은 틀리다고 하였다. 다시 말해 일본 사료에 기술된 내용만으로 안용복 진술의 진위를 판단한 것이다. 그리고 다른 점을 근거로 '허구', '허언' 또는 '과장' 등의 부정적인 표현으로 일반화시켰다.

그런데 일본 사료는 정말 100% 신뢰할 수 있는 것일까. 그렇지 않은 예를 제시해 보겠다. 앞서 1693년 안용복·박어둔이 울릉도에서 왜관으로 돌아오는 일정을 울릉도에서 요나고, 요나고에서 왜관 일정으로 정리한 〈표 1〉과 〈표 2〉를 제시했다.(부록 〈표 1〉, 〈표 2〉 참조) 같은 사건의 일정을 이렇게 나누어 정리한 것에는 이유가 있다.

이들의 전체 일정은 나가사키와 쓰시마에서의 안용복 진술〈사료 - 진술 2〉, 〈사

---

111 www.mofa.go.jp(2019. 5. 22. 방문)

료-진술 3〉[112] 및 1693년에 안용복과 박어둔을 잡아간 오야·무라카와 가 배의 선장인 구로베·히라베의 진술〈사료-진술 7(일본2)〉[113]을 통해 알 수 있다. 그 외 1692년 울릉도에 도해했던 오야·무라카와 가 배의 선장의 진술〈사료-진술 6(일본1)〉이 참고가 된다.

그런데 안용복·박어둔과 구로베·히라베 진술은 〈표 1〉과 〈표 2〉에서 보듯이 울릉도~요나고 일정에 대한 양자의 진술이 다르고 요나고~조선 일정에 대한 진술은 같음을 알 수 있다.

〈표 1〉에서 보듯이, 납치사건 당사자인 안용복과 박어둔이 말한 울릉도 출선일은 1693년 4월 17일이다. 그리고 4월 22일 오키섬 착선, 4월 28일 오키섬을 출선 및 5월 1일 돗토리 요나고 입항을 언급했다. 한편 구로베·히라베에 의하면 울릉도 출선일은 4월 18일이다. 그리고 4월 20일 오키섬 착선, 4월 23일 오키섬 출선, 4월 27일 요나고 입항을 언급했다.(〈표 1〉 비고 참조) 양자 간 울릉도 출선일에 하루, 오키섬 착선일에는 이틀, 오키섬 출선일에는 5일이라는 오차가 있고, 요나고 입항일에는 3일의 오차가 있다. 반면 〈표 2〉에서 보듯이 5월 29일 요나고를 출발한 이후 조선으로 돌아오는 일정에 대한 언급은 양자가 일치한다.

지금으로부터 300여 년 전의 기록들이기 때문에 이와 같은 차이점이 별 문제가 안 된다고 생각할 수도 있을 것이다. 그러나 안용복·박어둔 진술과 구로베·히로베 진술은 모두 1차 사료다. 즉 사건이 벌어진 당시에 사건의 당사자들이 한 말이 기록된 것이다. 더구나 안용복·박어둔의 진술은 에도 막부에 보고를 전제로 돗토리번이나 나가사키 봉행소 또는 쓰시마번 통치자의 엄한 취

112 『竹島紀事』 巻一, 癸酉, 元禄 六年(1693) 五月 十三日 綱(『죽도기사 I』, 앞의 책, 21~27쪽)

113 「元禄六年竹島より伯州に朝鮮人連帰候趣大谷九右衛門船頭口上覚」, 大谷家文書; 鳥取縣編 昭和四十六年, 「竹島渡海禁止并渡海沿革」, 『鳥取藩史』 第六卷, 殖産商工志·事變志, 鳥取縣立圖書館, 468~470頁.

조를 거쳐 나온 공식 진술서다. 구로베·히라베의 진술 역시 요나고 마을의 촌장들이 입회한 가운데 조사한 것이기 때문에 공식 진술서로 보아야 한다. 따라서 이들이 진술한 일정은 서로 일치해야 한다.

한편 안용복·박어둔 진술에는 오류가 없다. 돗토리번에서 한 진술은 나가사키 봉행소 취조에서 검증되었고, 이 진술들은 쓰시마에서의 취조를 통해 다시 검증되었다. 나가사키 봉행이 "조선인의 구두 진술이 이나바[돗토리번 통치 지역]에서 작성한 구술서와 다름없으므로"[114] 쓰시마번에서 파견된 호송원에게 두 사람을 인도했기 때문이다.

단 돗토리와 나가사키에서의 진술 중 다른 부분이 있었는데 안용복의 나이다. 돗토리에서는 43세라고 했는데 나가사키에서는 40세라고 한 것이다. 그러나 이 점에 대해서는 "이는 언어가 확실하게 통하지 않았기 때문에 잘못 알아들었을 수도 있었을 것"으로 양해되었다.[115] 즉 〈사료 - 진술 2〉와 〈사료 - 진술 3〉으로 제시한 안용복의 진술은 오류가 없는 것으로 보아도 좋다.

그렇다면 구로베·히라베의 진술이 안용복·박어둔의 진술과 다른 점은 무엇일까? 두 진술의 다른 점은 울릉도에서 오키섬까지 걸린 기간, 오키섬에서의 체류기간이다. 즉, 안용복 등의 진술에서는 울릉도에서 5일 걸려 오키섬에 도착했고, 오키섬에서 6일 머물다가 3일 걸려 요나고에 도착한 것으로 되어 있다. 반면 구로베 등은 울릉도에서 오키섬 착선에 2일이 걸렸고, 오키섬 체류일은 3일, 오키섬 출선에서 요나고 입항까지는 4일 걸렸다. 이중 오키섬에서 요나고까지 가는 데 걸린 시간은 3일과 4일로 두 진술이 비슷하다. 그렇다면 두 진술에는 울릉도 출선에서 오키섬 출선 기간에 차이가 있는 것이다.

---

114 『竹島紀事』 卷一, 元禄 六年(1693) 六月 六日, 七月 綱(『죽도기사 I』, 앞의 책, 23, 27쪽).

115 『竹島紀事』 卷一, 元禄 六年(1693) 六月 六日(『죽도기사 I』, 위의 책, 24~25쪽).

안용복·박어둔의 진술에 오류가 없다면, 이 기간의 왜곡은 구로베·히라베에 의해 일어난 것이다. 그런데 지금으로서는 이들이 왜 이 기간을 왜곡했는지 파악하는 것은 불가능하다. 단 구로베·히라베가 자신들의 진술한 내용을 적은 진술서에 서명하는 것을 거부했다는 말이 있는데 이를 통해 구로베·히라베의 진술에 문제가 있었음을 추측해 볼 수 있다.[116]

우리는 지금 긴 역사 과정을 통해 살아남은 소수의 사료를 통해서만 역사적 사건을 바라볼 수 있다. 한편 현존하는 사료는 해당 사건에 대한 극히 단편적이고 지엽적인 사실(事實)만을 제공할 뿐이다. 그래서 관련 사료를 모두 모은다고 하더라도 사건의 전모를 파악하기 어렵다. 불완전한 이해만 얻을 수 있을 뿐이다. 그래서 지속적인 신규 사료의 발굴을 통해 이해를 넓혀가야 한다.

그런데 일본은 현재에도 50여 년 전 가와카미가 발표한 안용복 진술에 대한 검토 내용을 그대로 수용하고 있다. 가와카미는 안용복 진술을 일본 사료라는 맥락에서 부분적으로 파악한 것일 뿐이다. 또는 일본 측 사료에 대한 무한 신뢰를 바탕으로 안용복 진술을 단죄한 경향이 있다. 이러한 평가가 박제된 상태로 현재에 이르러 있는 것은 문제가 있으므로 보완이 필요하다.

그 방법으로 필자는 두 가지 점에 주목했다. 먼저는 울릉도쟁계라는 맥락에서 안용복 진술을 보아야 한다는 점이다. 그동안 독도영유권과 관련하여 안용복 사건에 뜨거운 관심이 집중되면서 울릉도쟁계에 대한 연구도 진행되었지만 사건에 대한 부분적 서술에 머문 것이 대부분이다. 이에 이 책에서는 먼저 제1부에서 한국과 일본의 울릉도쟁계 관련 사료를 사용하여 해당 사건 전말을 상세히 기술하고 그 안에서 안용복 진술의 의미를 살펴보았다.

다음으로 안용복 진술은 그의 전체 진술이라는 맥락에서 보아야 한다는 점

116 内藤正中, 2000,『竹島<鬱陵島>をめぐる日朝関係史』, 多賀出版, 69頁.

이다. 안용복 진술은 비변사 진술만 있는 것이 아니다. 그가 직접 말한 형태 또는 다른 사람의 말에 인용된 형태의 진술이 여럿 남아있는 것이다. 그런데 지금까지는 비변사 진술만 문제시 되었다. 이에 이 책에서는 제2부 제1장에서 안용복의 여러 진술들에 대해 상세히 소개했다. 그리고 이를 위해 다음 장에서는 새로운 시각을 가지고 그동안 안용복 진술에 대해 제기되었던 주요 비판에 대해 다시 살펴보고자 한다.

2. 안용복은 “에도”에 가서 “관백의 서계”를 받았는가?

(1) 안용복의 진술을 보는 새로운 시각

그전에 안용복 진술들을 ‘아울러, 그 위에 새롭게’ 보는 시각에 대해 조금 더 기술하고자 한다. 먼저 ‘아울러’ 보는 시각에 대해 보겠다.

앞서 보아온 바와 같이 안용복 진술은 1693년 조선인 납치사건 이후와 1696년 2차 도일을 감행한 후에 대한 것들이 있다. 그런데 이 진술들은 각각 특정한 조사에 대해 답변한 것이기 때문에 내용이 부분적이고 따라서 각각의 내용에 일관성이 없다. 예를 들면 전자는 울릉도쟁계에 있어서의 쓰시마 계책을 폭로하는 데 초점이 맞추어져 있고, 후자는 오키섬과 돗토리에서 울릉도와 우산도 영유권을 재확인한 것에 초점이 맞추어져 있다. 이로써 보면 안용복 진술은 일관성이 없다. 전자에서는 울릉도만 언급되어 있는데 후자는 울릉도와 우산도를 언급했기 때문이다.

그러나 전체 진술이라는 맥락에서 보면 그렇지 않다. 안용복의 전체 진술에서 1693년에 한 진술을 발췌하여 정리해 보면 다음과 같다. 즉 1693년 안용복이 일본 오키와 돗토리에서 울릉도·우산도 영유권을 주장했다. 그리고 “에도”

에 가서 울릉도·우산도가 조선의 경계임을 인정한 "관백의 서계"를 받았다. 그런데 이 문서를 나가사키 봉행소에서 빼앗겼다. 그리고 쓰시마번을 통해 다시 문서를 받았으나 이는 쓰시마번에 빼앗겼다. 이로써 보면 울릉도쟁계는 에도 막부가 아니라 쓰시마번이 일으킨 것이다.〈사료 – 15〉

이 진술대로라면 2차 도일 시 울릉도·우산도 영유권 재확인에 대한 언급은 1693년의 "관백의 서계"에서 확인한 것을 바탕으로 한 것이다. 그러니 2차 진술에서 1차 진술에는 없는 우산도가 언급된 것이 문제가 되지 않는다. 또 돗토리 번주를 통해 쓰시마 번주의 죄상을 에도 막부에 알리려 한 것도 납득이 된다. 그 전부터 그가 울릉도쟁계에서 쓰시마번의 문제점을 제기하고 있었기 때문이다. 즉 안용복의 1차 진술과 2차 진술 간 일관성이 인정된다.

그리고 '새로운 시각'이란 안용복 진술을 '언어적 경험의 문제점'이라는 측면에서 이해하는 시각이다. 안용복 전체 진술은 그가 오키와 돗토리에서 어떤 말을 했는지에 대해 진술한 부분과 역시 오키와 돗토리에서 어떤 일이 있었는지에 대해 말한 부분으로 나누어 볼 수 있다. 울릉도·우산도 영유권을 주장한 것, 일본인의 울릉도·우산도 침범을 질책한 것 등이 전자에 속하고 1693년에 "에도"에 가서 "관백의 서계"를 받았다는 것, 1696년에 일본 배를 쫓아 먼 바다로 나갔다는 것, 돗토리에서 좋은 대우를 받았다는 것 등이 후자에 속한다. 다시 말해 안용복이 직접 한 말과 일본인들 사이에서 경험한 것으로 나누어 볼 수 있는 것이다.

그런데 이 중 전자는 다른 기록과의 대조를 통해 그 진위 여부를 검증할 수 있다. 다시 말해 그런 말을 했는지 아닌지는 관련 사료를 통해 검증 가능한 것이다. 그런 의미에서 전자는 일반적인 사실관계로 간주할 수 있다. 반면 후자는 '언어적 경험'을 바탕으로 한 조금 특수한 사실관계로 직접적으로 다른 기록과의 대조를 통해 그 진위 여부를 가릴 수 있는 것이 아니다.

안용복은 주변 일본인으로부터 들은 말을 통해 자신이 처한 상황을 이해할 수밖에 없었다. 일본에서 안용복은 어딘가로 갔고 누군가를 만나는 등의 경험을 했을 것이다. 그러나 그 곳의 지명이 무엇인지, 만난 사람의 직위나 이름이 무엇인지에 대해 알 리가 없었다.

그는 조선의 미천한 신분을 가진 백성으로 일상생활을 영위하던 중 부지불식간에 가본 적 없는 외국으로 끌려간 것이다. 어느 날 갑자기 자기가 살던 세상에서 정신적으로나 신체적으로 경험한 적 없는 낯선 세상으로 옮겨진 것이다. 그러니 그에게는 일본에서의 모든 것이 생소했을 것이다.

그럼에도 그가 "에도"에 갔다고 진술할 수 있었던 것은 누군가 그를 "에도"로 보낸다는 말을 했음을 의미한다. 그 말을 통해 안용복은 자신이 "에도"에 갔다는 이해를 했고 그래서 "에도"에 갔다는 진술을 할 수 있었던 것이다. "관백의 서계"를 받았다는 말도 마찬가지다. 역시 누군가 그에게 "관백의 서계"를 준다는 말을 했고 그 말을 통해 자신이 "관백의 서계"를 받았다는 이해를 했기 때문에 "관백의 서계"를 받았다는 진술을 할 수 있었던 것이다.

비변사 진술에 언급된 일본에서의 안용복의 경험은 그의 어떤 '신체적 경험'과 이에 관련하여 누군가 설명해 준 경험 즉 '언어적 경험'이 섞여 있는 것이다. 따라서 일반적 사실관계와 같이 다른 사료와의 일대일 대조를 통해 그 진위 여부를 검증할 수 있는 성격의 것이 아니다. 이 점이 비변사 진술을 포함한 안용복의 모든 진술에 대한 분석에서 고려되어야 한다.

한편 그의 '언어적 경험'은 자기가 처한 상황에 대해 충분히 이해하기는 어려웠을 것으로 본다. 예를 들면 안용복은 "에도"에 갔다고 했는데 다음 장에서 기술하듯이 그가 간 곳은 돗토리번이다. 즉 그가 "에도"에 갔다는 말은 그가 다른 사람으로부터 들은 말을 잘못 이해했거나 또는 잘못 들은 것에서 나온 말일 것이다.

안용복의 '언어적 경험'은 일본 사료에 "통사[통역]"로 기록될 정도로 일본어 소통 능력을 가지고 있었기 때문에 가능했다. 조선 후기의 실학자 이익(1681~1763)이 쓴 『성호사설』에 따르면 그가 "왜관에 출입하여 왜어에 능숙하였다"라고 했다.[117] 한편 원중거의 『화국지』에 의하면 그가 "글을 알고 왜어(倭語)를 익혔으며"라고 했다.[118] 이로써 보면 안용복은 글도 알고 일본어도 잘하는 사람이었다. 그렇다고 해서 일본에서 자기가 들을 말, 본 문서의 내용을 모두 완벽하게 이해하기는 어려웠을 것이다. 이와 같은 점은 그의 사회적 신분을 통해 유추해 볼 수 있다.

안용복은 소위 천한 신분을 가진 사람이었다. 동래의 능로군이었다는 기록이 있는 한편 경성에 사는 오충추라는 사람의 사노(私奴)였다는 기록도 있다. 전자는 『성호사설』「울릉도」에서 언급한 것이고,[119] 후자는 19세기 초에 돗토리번의 가신이었던 오카지마 마사요시가 편찬한 『죽도고』(1828)에 언급되어 있는 것이다.[120] 오카지마는 1693년 돗토리에 갔을 때 안용복이 차고 있던 호패의 내용으로서 그를 사노로 소개하고 있다.

안용복이 천한 신분이었다는 것은 조선 조정의 취급에서도 알 수 있다. 〈사료-진술 1〉의 "박어둔·안용복"과 같이 한국 측의 조선인 납치사건 기록에서는 안용복 보다 박어둔이라는 이름이 먼저 기술된다. 『죽도고』에 따르면 박어둔은 '염한', 즉 소금 만드는 사람이었다. 최근의 연구에 의하면 그가 염한이었

117 이익, 『성호사설』 권3, 「天地門」 鬱陵島. 성호사설의 「안용복전」을 전재한 다른 문헌도 같은 이해를 보이고 있다.

118 원중거, 『화국지』, 「안용복전」.

119 이익, 『성호사설』, 위의 책: 능노군은 수군의 직책 중의 하나라 배의 하단에서 노를 젓는 직책을 말한다.

120 岡嶋正義, 文政 十一年(1828), 『竹島考 下』「大谷之船人拿帰朝鮮人」(정영미 역, 2010, 『죽도고 상·하』, 경상북도사료연구회, 229쪽).

다는 것은 사실이다.[121] 그러나 그는 평민이었다. 안용복이 정말 사노였다고 하면 조선 조정의 관련 기록이 박어둔·안용복 순으로 되어 있는 것도 무리가 아니다. 안용복이라는 이름이 단독 표기되기 시작한 것은 남구만이 접위관 유집일을 통해 재조사를 한 이후다.

이와 같이 안용복은 천한 신분이었고 따라서 예조 사역원 역관과 같이 정식 일본어 교육을 받지는 못했을 것이다. 따라서 높은 수준의 일본어를 구사하지는 못했을 것이다. 또한 일상적인 대화를 할 수 있다고 하여 초서체 한문으로 되어 있는 일본문서를 읽고 이해하기는 어려웠을 것이다. 즉 안용복이 오키와 돗토리에서 듣고 본 것을 충분히 이해하지 못했을 것으로 보아야 한다. 이와 같은 점이 "에도"에 갔다, "관백의 서계"를 받았다는 이해로 이어졌을 것이다.

안용복의 이와 같은 진술을 거짓말로 보는 사람도 있을 것이다. 그러나 그것은 불가능하다. 그는 자신이 전혀 경험하지 못한 것을 창작해 낼 수 있을 만한 능력이 없는 사람이다. 그가 무엇을 알아서 어디에 갔고 누구를 만났는지 등을 꾸며낼 수 있었을까?

다음으로 그는 혼자가 아니었다. 1차 도일 때는 박어둔과 함께였고 2차 도일 때는 뇌헌 등 10명의 동행인이 있었다. 울릉도쟁계 관련 사료에서 이들이 자신의 이름으로 한 진술은 보이지 않는데 이것은 이들이 '언어적 경험'을 할 수 없는 사람들이었기 때문이었을 것이다. 즉 일본어를 모르는 사람이기 때문에 일본에서 있었던 일을 제대로 말할 수 없었을 것이고 따라서 진술 기록이라는 것도 만들어지지 않았을 것이다. 오직 '언어적 경험'이 가능했던 안용복의 진술 기록만 있는 것이다. 그렇다고 해도 이들 역시 조사를 받았고 안용복이 한

121 이준구, 2005, 「17세기 말, 호패·호적이 말하는 울릉도 독도 파수꾼 안용복과 박어둔」, 『조선사연구』 14집.

말은 이들이 한 말과 교차 검증되었을 것이므로 안용복이 있지도 않은 일들을 거짓으로 꾸며내어 말할 상황은 아니었을 것이다.

즉 안용복이 일본에서 경험했다고 한 일들은 '언어적 경험'이었기 때문에 사실관계가 부합하지 않는 점이 있으나 그로써 그와 같은 경험들을 창작된 거짓이라고 단정할 수는 없다. 이 점을 염두에 두고 다음에서는 안용복이 "에도"에 갔다는 말과 "관백의 서계"를 받았다는 말에 대해 검토해 보고자 한다.

(2) 안용복의 "에도"에 대하여

안용복의 비변사 진술이 독도 영유권 근거 자료로 제시된 이래 문제시되어 온 것 중 하나가 1693년에 안용복이 "에도"에 가서 "관백의 서계"를 받았다고 한 말이었다. 이 말은 앞서 안용복의 1차 진술을 정리하여 제시한 〈사료 15〉에서 확인할 수 있다.

<사료 15>(재인용문)

1. 우리들은 죽도에서 붙잡혀서 죄인처럼 밧줄에 묶였고 7일째 되는 날에 에도로 보내졌다.
2. 에도에서는 태도가 바뀌어 우리를 잡아 간 사람들을 불법행위를 저질렀다며 처벌하라는 명령을 했다.
3. 에도에서 우리에게 의복 등을 내려주고 매우 정중하게 대해주었다.
4. 에도에서 나가사키로 보내질 때는 가마에 태우고 좌우에서 부채질을 해주고 혹은 금은을 주는 등 잘 대해주었다.
5. 그런데 나가사키에서 우리를 인수한 쓰시마 관리들이 우리가 받은 금은을 빼앗고 심하게 대했다.
6. 쓰시마에 도착해서도 또 다시 죄인처럼 대했다.

7. 이로서 보면 우리들을 죄인처럼 취급하여 다시 그 섬에 왕래하지 못하도록 한 것은 에도 막부의 생각이 아니라 쓰시마의 생각이다.

그리고 이 말은 1696년의 비변사 진술에서 "근년에 내가 이곳에 들어와서 울릉도·자산도 등을 조선의 지경으로 정하고 관백의 서계까지 있는데"와 같이 반복된다.

<사료 - 진술 5> (발췌문)

"그 섬에 이르렀는데 (중략)왜인들이 거두어 배에 싣고서 돛을 올리고 돌아가므로, 제가 곧 배를 타고 뒤쫓았습니다. 그런데 갑자기 광풍을 만나 표류하여 옥기도(玉岐島)에 이르렀는데, 도주(島主)가 들어온 까닭을 물으므로, 제가 말하기를, '근년에 내가 이곳에 들어와서 울릉도·자산도 등을 조선(朝鮮)의 지경으로 정하고, 관백(關白)의 서계(書契)까지 있는데, 이 나라에서는 정식(定式)이 없어서 이제 또 우리 지경을 침범하였으니, 이것이 무슨 도리인가?' 하자, 마땅히 백기주(伯耆州)에 전보(轉報)하겠다고 하였으나, 오랫동안 소식이 없었습니다. 제가 분완(憤惋)을 금하지 못하여 배를 타고 곧장 백기주로 가서 (후략)"

사실 안용복이 "에도"에 갔다고 하는 것 그 자체는 문제가 안 된다. 가서 울릉도·우산도가 조선의 영토임을 인정한 "관백의 서계"를 받았다고 한 것이 문제였다. 여기에서 관백은 에도 막부 장군(정이대장군)을 가리킨다.[122] 즉 안용복이 에도에 갔다는 것은 에도 막부 장군으로부터 울릉도·우산도가 조선의 영토임을 인정한 서계를 받았다는 것의 전제가 되기 때문에 그동안 문제시되어 왔던 것이다.

122 관백이란 원래 도요토미 히데요시를 가리키는 관직명이다. 일왕을 보좌하는 관직으로서 1585년 7월 11일 소위 천하통일의 업적으로 히데요시에 수여되었다. 이후 히데요시는 통칭 관백으로 불렸다. 그런데 이 호칭이 안용복 당시에도 일본 최고 권력자의 의미로서 사용되었던 것 같다.

그러나 이 문제는 이미 1693년 조선인 납치사건이 벌어진 시점에서 제기되어 해결을 보았다. 다음부터는 이 과정을 잠시 살펴보겠다.

3차 봉행차왜 파견에 앞서 소 요시자네가 쓰시마번 관료들에게 의견을 물었을 때, 관료들은 안용복 1차 진술의 문제점들을 조선 조정에 알려 쓰시마번에 대한 조정의 의심을 푸는 것이 선행되어야 한다는 건의를 했다. 조선 조정의 의심이란 "우리나라 죽도"로의 조선 어민 왕래 금지 요구가 에도 막부가 아닌 쓰시마번에서 나온 것이라는 의심이다. 이 의심이 위 〈사료 15〉와 같은 안용복의 1차 진술에서 비롯되었기 때문에 그것이 신뢰할 수 없는 것임을 조선 조정에 알리자는 것이었다.

쓰시마번은 안용복 진술을 다음과 같이 해석했다.[123] 먼저 그들이 "에도"에 갔다고 한 것에 대해 "이나바성[돗토리성]"에 간 것을 오해한 것이라고 했다. "어민 두 사람이 이나바성으로 간 것을 에도로 갔다고 한 것이 가장 잘못 생각한 부분이다. 이나바성에서 에도까지는 매우 멀다. 죽도에서 에도까지 7일 안에 결코 도착하기 어려운 거리다"라는 것이다.

다음으로 "에도"에서 나가사키로 보내지는 도중에 좋은 대접을 받았다고 한 것에 대해서는 그들이 중죄인이었기 때문에 받은 대접으로 보았다. "일본의 국풍으로 매우 중요한 죄인일수록 그렇게 한다. 혹 식중독에 걸리거나 혹 상처를 입거나 혹 가책하여 자해 등을 하면 돗토리 번주가 막부로부터 문책을 당하기 때문이다. 그래서 잘 접대하여 죄인이 마음을 편하고 별탈이 없도록 할 생각"으로 그렇게 했다는 것이다.

그리고 선물로 받은 금은 등을 나가사키에서 쓰시마번 관리에게 빼앗겼다고 한 것에 대해서는 안용복·박어둔의 성품을 문제시했다. "어민들이 도중에 제

---

123 『竹島紀事』 卷三, 元祿 九年(1696) 六月 綱(『죽도기사 Ⅱ』, 앞의 책, 11~50쪽).

멋대로 말하고 오늘은 가지 않겠다고 거칠게 말해서 경호하는 일본인을 곤란하게 했다. 그래서 금은을 주고 여러 가지 뇌물을 주면 [이동하는 것에] 합의했다고 한다. 어쨌든 중요한 죄인이기 때문에 빨리 [나가사키에] 도착하고 싶어서 어민들의 마음에 들도록 해서 겨우 호송했다고 한다. 이 말을 들은 쓰시마번 관리가 안용복의 불법적 거동이 조선에는 수치스러운 일이기 때문에 조선을 위하는 마음으로 금은을 빼앗아 돌려준 것이다"라고 설명하였다.

이와 같이 안용복 등이 "에도"에 갔는지는 이미 사건 당시에 쓰시마번이 제기한 문제 중 하나였다. 쓰시마번 역시 안용복이 울릉도·우산도를 조선의 영토로 인정한 "관백의 서계"를 받았다는 말과 관련하여 안용복의 "에도" 언급을 문제시한 것이다. 그리고 울릉도에서 에도까지 7일 만에 갈 수 없다는 점을 들어 안용복이 "이나바성"에 간 것을 오해한 것이라고 지적한 것이다.

이 지적은 타당하다고 본다. 1693년의 안용복 등의 도해일정 〈표 1〉과 〈표 2〉를 보면 이들이 울릉도로 출발한 것은 4월 17일이나 18일이고 여기에서 7일째 되는 날에는 오키에 있었다. 그러면 오키를 에도로 착각한 것이 되는데 그렇지는 않을 것이다. 안용복 1차 진술에서 언급된 지명은 "오키(도주)"와 "에도" 두 곳이다. 오키는 시마네 연안에서 북쪽으로 약 60㎞ 떨어진 바다에 있는 섬이니 "에도"로 착각할 만한 주변 지역이 없다. 그러니 오키를 "에도"로 오해할 리가 없는 것이다.

아마 안용복은 오키섬 외에 자기가 경험한 지역을 "에도"로 오해했을 것이다. 일본 사료에 따르면 울릉도를 떠난 일본 배는 먼저 오키 도고 북단의 후쿠하라항에 착선하고, 여기서 다시 오키의 여러 섬들을 빠져나와 시마네의 이와미[하마다항 또는 나가하마항], 이즈모[구모쓰항] 등 항구에 착선한다. 그리고 연안을 따라 동북상하여 돗토리 요나고로 들어간다.[124] 안용복도 이 루트를 따라 요나고로 갔다. 그리고 거기서 다시 내륙 쪽에 위치한 돗토리 중심지로 옮겨진다. 이와 같이 보면 시마네에서 돗토리로 이어진 연안과 돗토리 시가지를 아우른 범위의 지역이 오키섬 외에 안용복이 실제 경험한 일본 땅이 된다. 그러니 "에도"는 이 범위의 지역을 가리키는 지명이었을 것이다.

그런데 이와 같은 해석은 울릉도에서 떠난 지 7일째 되는 날 오키섬에 있었다는 진술과 상충된다. 이것은 앞서 1693년의 전 일정 중 울릉도~요나고 도착 일정〈표 1〉이 불확실하다고 지적한 것과 관련이 있다고 본다. 이 일정은 안용복 등이 진술한 내용과 오야·무라카와 가 배의 선주들이 진술한 내용이 다르다. 그러니 안용복 등이 울릉도에서 7일째 되는 날에 오키가 아닌 시마네나 돗토리 요나고 등에 있었을 수도 있다.

적당한 바람이 불기를 기다리거나 도해를 위해 준비하는 시간을 빼면 울릉도에서 시마네나 돗토리 요나고까지 3~4일이면 갈 수 있다. 역시 일본 사료에 따르면 울릉도에서 독도까지 1일, 독도에서 오키섬까지 2일 걸리고 오키섬에서 시마네 항구에는 당일에 들어간다. 이로써 보면 안용복 등이 울릉도에서 7일째 되는 날에 시마네나 돗토리 요나고 등에 들어가 있을 수도 있는 것이다. 이와 같이 보면 안용복이 "이나바성"을 "에도"로 오해했다는 쓰시마번 관료들의 지적이 이해가 된다.

---

124 오야·무라카와 가의 1692년 1693년 항해 루트(川上健三, 1966, 『竹島の歴史地理学的研究』, 古今書院, 143~146頁; 内藤正中, 2000, 『竹島＜鬱陵島＞をめぐる日朝関係史』, 多賀出版, 62頁).

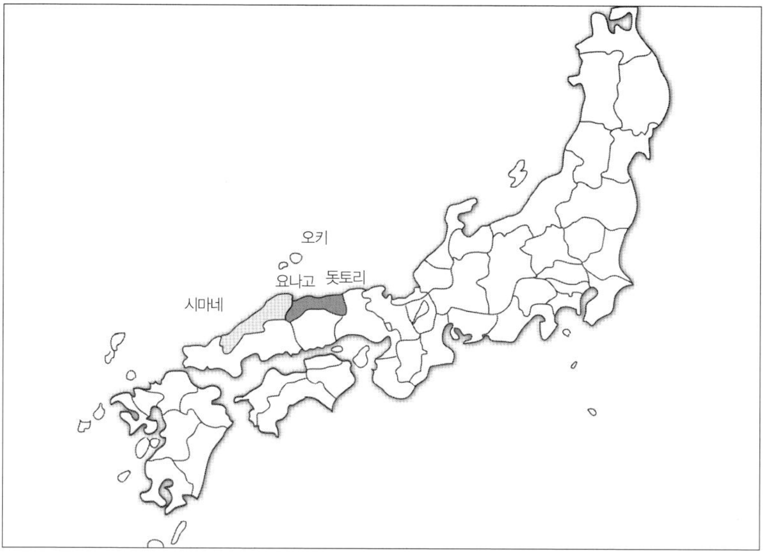

〈그림 9〉 오키·시마네·요나고·돗토리

덧붙여 "이나바성에서 에도까지는 정말 멀다"라는 지적에 대해서도 설명이 필요하다. 이는 안용복 등이 돗토리에 머물던 중이나 돗토리에서 나가사키로 옮겨지던 중 에도에 갔을 가능성에 대해 말하고 있는 것이다. 그러나 그럴 가능성은 없다. 안용복 등은 돗토리에서 약 7일간 머물다가 돗토리를 떠나고 약 1달 걸려 나가사키에 도착한다〈표 2〉. 이 기간 중 에도에 갔다 왔다고 하면 6월 30일에 나가사키에 도착하지 못했을 것이다.

돗토리번 『공장』[돗토리번 업무 기록]에 의하면 돗토리성에서 파발을 보내면 7일에서 10일 걸려 에도에 있는 돗토리번청에 도착한다.[125] 파발꾼이 말을 타고 7일에서 10일간 달려가는 거리라면 일반인들의 도보로는 아무리 빨리 가도 한 달 이상이 걸리는 거리일 것이다. 거기에 왕복으로 치자면 약 두 달 걸리는

125 鳥取藩池田家史料 『控帳』 元禄 6年(1693) 5月 26日; 元禄 6年(1693) 6月 7日; 享保 9年(1724) 閏4月 15日(鳥取県立博物館).

거리다. 만일 안용복 등이 돗토리에서 나가사키로 옮겨지던 중에 에도에 갔다면 나가사키에는 적어도 8월 이후에나 도착해야 한다. 그러나 지금까지 확인된 바 요나고 출발에서 조선으로 돌아오는 일정에는 오류가 없기 때문에 이동 과정 중 에도행은 없었다고 보는 것이 맞다. 덧붙여 『조선통교대기』(제8권)에는 조선 어민 두 사람이 나가사키를 에도로 잘못 알았음을 시인했다는 구절이 있다.

이와 같이 안용복이 "에도"에 갔다는 진술은 사건 당시 쓰시마번 관료들의 지적에 의해 오해임이 확인되었다. 이와 같은 사실은 안용복의 2차 진술에서도 확인된다. 안용복의 비변사 진술 등의 2차 진술에서는 1차 진술에서의 '오키(도주)'와 "에도"가 '오키(도주)'와 '호키도주[돗토리 번주]'로 수정되었다.

그러나 1차 진술 당시에는 안용복과 조선 조정 모두 안용복·박어둔이 "에도"에 갔다고 믿었을 것이다. 안용복이 "에도"에 갔다고 한 말은 다음과 같이 예조 2차 서신에 "도리어 귀국 사람들이 우리나라 사람 둘을 잡아 가두고 강호로 보내버렸습니다"와 같이 그대로 반영되어 있다. 중요한 국가 간의 외교 문서에 이렇게 썼다는 것은 조선 조정도 안용복·박어둔이 "에도"에 갔다고 믿었다는 의미다. 이는 안용복의 진술에 어떤 작위성도 없었다는 의미가 된다. 만일 그랬다면 조선 조정이 간파하지 못했을 리가 없기 때문이다.

<사료 8> (재인용)

1694년 9월자 예조참판 이여의 서신 [예조 2차 서신]

(전략) 우리나라 강원도 울진현에 속한 섬이 있는데 울릉도라고 부릅니다. (중략) 이번에 우리나라 바닷가 어민들이 그 섬에 갔는데 뜻밖에 귀국사람들이 멋대로 국경을 넘어와서 서로 맞부딪치게 되자, 도리어 귀국 사람들이 우리나라 사람 둘을 잡아 가두고 강호로 보내버렸습니다. 다행히도 귀국 대군[에도 막부 장군: 도쿠가와 쓰나요시]이 사정을 분명하게 살펴보고서 넉넉하게 노자를 주어서 돌려 보내주셨으니, 이

로써 귀국의 교린의 정이 심상치 않음을 알 수 있습니다." (후략)

덧붙여 안용복이 왜 강호, 즉 "에도"에 갔다고 믿었는지에 대해 생각해 보아야 한다. 이는 앞서 언급한 '언어적 경험'이라는 개념으로 설명할 수 있을 것 같다. 즉 일본에서 그가 들은 말로써 자신이 "에도"에 갔다고 오해한 것이다. 그가 들은 말이 구체적으로 어떤 것이었는지에 대해 확인할 길은 없다. 그러나 대체적으로 어떤 취지의 말을 들었을지는 추측이 가능하다.

1692년 2월 11일에 요나고를 출발하여 3월 26일에 울릉도에 도착한 무라카와가의 배는 27일에 "외국배 두 척"에 탄 조선인 30여 명 정도를 보고 그 중 "통사[통역]"로 기록된 사람을 포함한 두 사람을 잡아 배에 태운다. 그리고 그들이 온 섬이 "장군님이 주셔서 우리가 매년 오고 있는 섬"임을 주장하며 조선인의 울릉도 도해를 질책했다.

<사료 - 진술 6(일본1)> (발췌문)

「보고서」(「乍恐口上之覚」)

(전략) 남은 두 사람 중의 한 사람은 통역이며, 두 사람이 함께 배를 타고 우리 배 쪽으로 오기에 (우리 배에) 태웠습니다. 그리고 "어느 나라 사람인가"라고 물었더니 "조선 카와텐 카와지 마을 사람" 이라고 말하기에 이 섬은 장군님이 주셔서 (우리가) 매년 오고 있는 섬인데 (너희가) 어찌하여 왔느냐고 물었습니다.(후략)[126]

덧붙여 『죽도고』에도 당시의 일이 기록되어 있는데 여기에는 "원래 이 죽도는 대일본국의 장군님이 우리들에게 주신 것으로 옛날부터 우리가 도해하던

126 「元禄六年酉四月朝鮮人召つれ参候諸事控」(大谷家文書)の中にある船頭の口上(川上健三, 1966, 『竹島の歴史地理学的研究』, 古今書院, 145貢; 内藤正中, 2000, 『竹島<鬱陵島>をめぐる日朝関係史』, 多賀出版, 63~64貢)

섬이다. 그런데 감히 너희 같은 외국인이 도래하여 우리 일을 방해하였으니 전대미문의 괘씸하기 그지없는 일이다"라고 표현되어 있다.[127]

또 1693년에는 오야가 배 선원들은 다음과 같은 논의하에 안용복 등을 잡아갔다고 한다. 즉 "우리 배 사람들이 상의하길, 작년에 조선인들에게 다시 오면 안 된다고 단단히 일러두었는데 올 봄에 또 우리보다 앞서 와서 일을 방해하니 언어도단도 이만저만이 아니다. 이대로 내버려 두면 결국엔 반드시 그들에게 우리 영지를 약탈당할 것이다. 이 두 사람을 데리고 가서 이 일에 대해 위에 자세히 말씀드리고, 막부의 결정을 기다리자"라는 논의다.[128]

오야·무라카와 가 배 선원들은 "통사"나 안용복에게 울릉도가 '에도 막부 장군으로부터 자신들이 배령(拜領) 받은 영지'이고 '조선인들의 울릉도 도해 불법행위'이며 이 문제에 대해 '에도 막부에 상소'하겠다는 말을 했다. 지금의 언어로 표현하자면 "죽도" 영유권에 대한 것이다. 일본 사료를 보면 이들이 귀환하여 안용복과 박어둔을 잡아온 이유를 해명하는 과정에서 계속 이 말을 반복하는 것을 알 수 있다.

이 말을 들은 안용복은 당연히 "죽도" 영유권 문제로 자신들이 잡혀온 것이라고 이해했을 것이다. 그리고 자신들이 "에도"에 가서 "장군님" 앞에 설 것이라고 생각했을 것이다. 안용복의 "에도"가 어디에서 유래한 것인지는 이로써 짐작할 수 있다. 그는 그가 겪을 것이라고 들은 상황으로서 실제 겪은 상황을 이해했던 것이다. 안용복의 "에도" 운운은 그의 실제 경험이 아닌 '언어적 경험'을 바탕으로 한 진술로 보아야 한다.

덧붙여 그가 일본과 한국에서 울릉도·우산도 영유권을 주장한 것도 같은 맥

127 岡嶋正義, 文政11(1828), 『竹島考 下』, 「朝鮮人初渡來竹島」(『죽도고 상·하』, 앞의 책, 205쪽).
128 岡嶋正義, 文政11(1828), 『竹島考 下』, 「大谷之船人拿帰朝鮮人」(『죽도고 상·하』, 위의 책, 221쪽).

락에서 이해할 수 있다. 그의 이와 같은 주장은 일본인이 죽도·송도 즉 울릉도와 독도 영유권을 주장하는 말을 들었음을 의미한다. 그리고 자신이 잡혀온 이유가 일본인들의 그런 주장과 연계되어 있음을 이해했을 것이고 당연히 자신을 방어하는 차원에서 자신이 잡혀올 만한 이유가 없음을 주장했을 것이다. 그것이 울릉도와 우산도가 조선의 섬이라는 주장이었다고 본다.

조선 조정은 안용복에 대해 미천한 백성이 감히 국가의 대사 즉 영유권 문제에 관여했다고 보았다. 그러나 필자는 안용복이 자신의 일신상 문제로서 이 문제를 바라보았을 뿐이었다고 본다. 그가 범죄자로서 낯선 외국으로 잡혀간 것, 조선으로 귀환하여 다시 범죄자로서 구류 생활을 한 것 등이 모두 이 문제에서 비롯되었다. 이에 자신의 문제로서 울릉도·우산도 영유권 문제를 해결하려 했다고 보는 것이다.

(3) 안용복은 "관백의 서계"를 받았는가

안용복의 "에도"가 '언어적 경험'을 바탕으로 한 것이듯 "관백의 서계" 역시 언어적 경험이 바탕이 된 진술이다. 안용복이 '실제 경험'으로 만난 '관백[에도 막부 장군]'은 아마 돗토리번의 어느 높은 사람이었을 것이다. 물론 안용복은 실제로 돗토리번에서 누가 높고 누가 낮은 사람인지 모른다. 자기가 만난 사람 중 분위기로 보아 아마 제일 높은 사람일 것이라고 짐작한 사람을 "관백"으로 알았을 것이다.

필자는 이 "관백"이 요나고 성주 아라오 슈리였을 것이라 보고 있다. 안용복이 끌려간 곳은 오야·무라카와 가의 거주지였던 요나고였는데 이곳은 돗토리번주의 영지 중 일부였으나 '지분테 정치[自分手政治]'라고 하여 요나고 성주가 독자적으로 통치하던 곳이었다. 당시의 성주는 아라오 슈리였다. 안용복과 박어둔은 이곳으로 끌려와 돗토리성으로 보내지기 전까지 오야집에 구류되어 있었고 아라오 슈리의 조사를 받았다. 이와 같은 상황에서 안용복이 요나고 성주 아라오 슈리를 "관백"으로 오해했다고 추정된다.

"서계" 역시 '언어적 경험'에서 나온 진술로 보아야 한다. 원래 "서계"란 조·일 간에 주고받는 외교 문서를 말한다. 따라서 안용복이 "서계"의 존재를 알았을 리가 없다. 또한 이것은 한자로 표기된 조선어로 일본에서 이 "서계"라는 단어를 사용했을 리 없다. 그렇다면 안용복은 직간접적으로 누군가 "서계"에 준하는 의미가 있다고 해 준 말을 들은 것으로 보아야 한다. 그리고 조선 조정에 들은 대로 설명을 했고 그것이 한자를 사용하는 관료들에 의해 "서계"라는 단어로 표현되었을 것이다.

"서계"의 내용 역시 마찬가지다. 안용복은 누군가로부터 울릉도와 우산도를 조선의 지경으로 정한다는 내용이라는 말을 들었을 것이다. 안용복이 설사 대화가 가능할 정도의 일본어를 했다고 하지만 일본식 한문 문장을 읽을 수 있는 능력이 있었다고 보기 어렵다. 그러니 그가 어떤 문서를 받았다고 해도 그것을 읽고 내용을 이해했을 가능성이 없다. 누군가 그것이 "관백의 서계"이며 "울릉도와 우산도를 조선의 지경으로 정"한다는 내용이라고 알려주지 않은 한 그로부터 이런 진술이 나왔을 리가 없는 것이다.

그러나 "받았다"는 말만큼은 '언어적 경험'이라는 개념으로는 설명할 수 없다. "받았다"는 상황은 다른 사람의 설명 없이도 그의 신체적 경험만으로 이해할 수 있는 상황이기 때문이다. 그러면 정말 그가 받았는지가 검증되어야 하는데 그에게 그런 문서를 "주었다"고 명기된 일본 사료는 아직 보이지 않는다. 그러니 현재로서는 사료 대조를 통한 진위여부 확인은 불가능하다. 다만 "관백의 서계"라는 존재가 1696년 2차 도일 시 안용복의 언행에 전제가 되고 있는 것으로 보아 그가 그런 문서를 받았을 것이라는 추정은 해 볼 수 있다.

비변사 진술을 통해 안용복은 오키에서 "관백의 서계"를 전제로 일본인들의 울릉도·우산도 도해를 "침범"으로 규정하며 "오키 도주"를 질책했다고 한다. 즉 "근년에 내가 이곳에 들어와서 울릉도·자산도 등을 조선의 지경으로 정하고, 관백의 서계까지 있는데, 이 나라에서는 정식(定式)이 없어서 이제 또 우리 지경을 침범하였으니, 이것이 무슨 도리인가?"라고 질책했다는 것이다.

돗토리에서도 역시 "관백의 서계"를 전제로 울릉도쟁계에 대한 "대마 도주"[쓰시마 번주]의 위법성을 "백기(도)주"[돗토리 번주]에게 알리고 그를 통해 에도 막부에도 알리려 했다. 도주가 이들이 온 이유에 대해 묻자 "답하기를 '전일 두 섬의 일로 서계를 받아낸 것이 명백할 뿐만이 아닌데, 대마 도주(對馬島主)가 서계를 빼앗고는 중간에서 위조하여 두세 번 차왜(差倭)를 보내는 법을 어겨 함부로 침범하였으니, 내가 장차 관백에게 상소하여 죄상을 두루 말하려 한다' 하였더니 도주가 허락하였습니다"라고 한 것이다.

안용복은 오키와 돗토리에서 울릉도·우산도 영유권을 주장하는 말과 행동을 했는데 "관백의 서계"는 그와 같은 언행의 전제가 되고 있다. 다시 말해 안용복이 일본인의 울릉도와 우산도 도해를 "침범"으로 규정하여 질책하거나 쓰시마번의 거듭된 봉행차왜 파견을 위법 행위로서 에도 막부에 상소하려고 할 수 있었던 것은 모두 "관백의 서계"라는 존재가 있었기 때문이었을 것이다. 이로서 그가 1693년에 정말 "관백의 서계"를 받았음을 추정해 볼 수 있는 것이다. 물론 이것은 전 장에서 살펴보았듯이 실제의 에도 막부 장군의 서계가 아니었을 것이다. 안용복이 자기가 들은 말에 의해 "관백의 서계"라고 믿었던 문서였을 것이다.

그런데 이와 같은 추정은 안용복이 진술과 같이 울릉도·우산도 영유권을 주장한 것이 사실이라는 전제 위에서만 가능하다. 정말 그는 오키와 돗토리에서 울릉도·우산도 영유권을 주장했을까? 이에 대해서는 일본 사료「원록각서」를 통해 추정해 볼 수 있다.

「원록각서」는 1696년 안용복이 오키에 들어갔을 때 오키 대관[관료]이 파견한 나카세 단에몬과 야마모토 기요에몬이 이들을 조사하고 작성한 보고서다.〈사료 - 진술 4〉 이에 따르면 안용복은 일본에서 말하는 죽도[다케시마]와 송도[마쓰시마]가 강원도에 속한 울릉도와 자산도[우산도]라는 말을 했고 말한 대로 적혀 있는 『조선팔도지도』를 가지고 있었다고 한다.

“[안용복이] ‘다케시마를 대나무 섬(竹島)이라고 한다. 조선 강원도 동래부에 울릉도라는 섬이 있다. 이를 대나무 섬이라고 한다’라고 하였습니다. 말한 대로 적혀 있는 팔도지도를 지니고 있었습니다. [또] ‘마쓰시마[松嶋: 독도]는 앞서 말한 도(道)에 있는 자산(子山)이라고 하는 섬이다. 이를 마쓰시마라고 한다”라고 하였는데, 이 또한 팔도지도에 적혀 있었습니다”라고 한 것이다.

그리고 『조선팔도지도』를 필사해서 보고서 말미에 첨부하였는데 그것이 다음 〈그림 10〉이다.

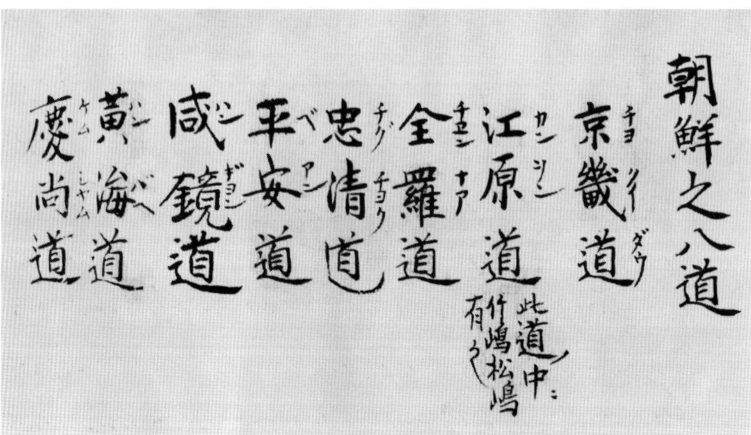

〈그림 10〉『조선팔도지도』(「원록각서」)(출처: 島根県隠岐郡村上家)
우측부터 조선 팔도 · 경기도 · 강원도(이 도 안에 죽도와 송도가 있다) · 전라도 · 평안도 · 함경도 · 황해도 · 경상도

또 안용복은 오키 대관의 가신들에게 그들이 돗토리 번주에게 "담판" 지을 일, 또는 "소송"할 일이 있어서 간다고 밝혔다. 즉 "우리 배에는 열 한명이 탔는데 (우리는) 호키[돗토리]에 가서 돗토리의 호키님[돗토리 번주]과 담판 지을 일이 있어 건너왔다. 순풍을 타지 못해 이곳에 들르게 되었다. 순풍이 부는 대로 호키로 갈 것이다"라고 한 것이다.

한편 소송 내용에 대해 적어 준다고 하였으나 이 말은 지켜지지 않았다. "21일의 배에 대한 것도 포함하여 써서 보여준 서한의 내용과 이번의 소송에 대한 내용을 합쳐 장문의 초안을 쓰고 그 내용을 보여 주기로 했지만, 22일 상륙해서는 (그들의) 논의가 바뀐 듯합니다. 그러나 앞서의 문서로서 일의 전말을 대강 알 수 있을 것으로 생각되어 그냥 내버려두었습니다"라고 했다.

그러나 안용복이 울릉도와 우산도를 일본의 죽도와 송도에 비정한 지도를 가지고 돗토리 번주에게 소송을 하러 간 것은 사실이다. 비록 오키에서 소송 내용에 대해 밝히지는 않았지만 이 사실만으로도 그가 울릉도·우산도 영유권을 주장하러 갔음을 알 수 있다. 그리고『조선팔도지도』는 쓰시마번에 빼앗긴 "관백의 서계" 대용이었을 것이다. 안용복 입장에서 "관백의 서계"는 에도 막부로부터 "울릉도와 우산도[자산도] 등을 조선의 지경"이라는 것을 담보 받은 문서였다. 이것을 쓰시마 번주에게 빼앗겼으니 돗토리 번주에게 자신의 말과 행동의 정당성을 입증할 다른 근거가 필요했을 것이다.『조선팔도지도』는 그 용도로 준비해서 간 것이라 보인다.

한편 남구만도 역시 그가 "관백의 서계"를 받았음을 인정했다. 안용복이 비변사에서 진술을 한 후 조선 조정에서는 안용복과 그 일행을 어떻게 처리할 것인지에 대해 논의했다. 대체로 안용복이 나라 법을 두려워하지 않고 외국에 가서 문제를 일으켰기 때문에 죄를 용서해서는 안 된다는 것이 의견이었는데 남구만과 윤지완만은 입장이 달랐다. 이 때 남구만이 한 말을 보면 그 역시 처음에는 안용복이 "관백의 서계"를 받았다는 말을 믿지 않았으나 그가 2차 도일을 감행한 것을 보고 믿게 되었음을 알 수 있다.

<사료 20>

영부사(領府事)인 남구만(南九萬)은 "용복(龍福)이 계유년(1693, 肅宗 19)에 울릉도(鬱陵島)에 갔다가 왜인에게 붙잡혀 백기주(伯耆州)로 들어가니, 본주(本州)에 울릉도(鬱陵島)가 영원히 조선에 속한다는 공문(公文)을 지어주었습니다. 또한 주는 물건이 많았는데, 돌아올 때 길이 대마도를 경유하게 되어 공문(公文)과 준 물건들을 대마도사람들에게 모두 빼앗겼다고 하는데, 그의 말이 반드시 믿을 만한 것은 아닙니다. 이제 용복(龍福)이 거듭 백기주(伯耆州)로 가서 정문(呈文)한 것을 본다면, 전에 한 말이 실제의 상황인 듯합니다.[129]

아울러 그가 돗토리에 가서 돗토리 번주를 만났는지 만나지 않았는지에 대한 검증도 필요할 것 같다. 가와카미는 안용복이 돗토리 번주를 만났을 리가 없다고 한다. "안용복이 돗토리번에 체류하고 있던 기간 중 번주는 에도에 있었다. 그가 귀성한 것은 7월 19일이다"라는 것이다. 돗토리번『공장』을 보면 1696년 7월 19일 기록에 "번주님께서 오늘 오후 1시쯤 귀성하셨다. 가신들 모두 정해진 곳으로 마중나갔다"고 되어 있으니 돗토리 번주가 에도에서 돗토리성으로 귀성한 것은 7월 19일이 맞다.

그렇다고 안용복을 만날 수 없었다고 한 것은 사실이 아니다. 이때쯤 안용복 일행은 고잔이케 아오시마라는 곳에 세운 움막에 억류되어 있었다.

안용복이 돗토리를 떠난 것은 8월 6일이다.〈표 3〉 즉 돗토리 번주는 안용복이 아직 돗토리에 있을 때 돌아왔고 마음먹기에 따라 얼마든지 만날 수 있었다.

129『숙종실록』권30, 숙종 22년(1696) 9월 27일, 10월 13일;『승정원일기』367책, 숙종 22년(1696) 9월 27일, 10월 13일.

〈그림 11〉 돗토리 아오시마 고잔이케(출처: 정영미, 2018년 11월 촬영)

안용복이 돗토리 번주를 만났음은 다음과 같은 진술을 통해서도 짐작할 수 있다. 그가 돗토리 번주의 동의하에 에도 막부에 상소하려고 했으나 쓰시마 번주의 요청에 따라 중단되었다는 내용의 다음과 같은 진술이다.

<사 료- 진술 5> (발췌문)

드디어 이인성(李仁成)으로 하여금 소(疏)를 지어 바치게 하자, 도주의 아비가 백기주에 간청하여 오기를, "이 소를 올리면 내 아들이 반드시 중한 죄를 얻어 죽게 될 것이니 바치지 말기 바란다." 하였으므로, 관백에게 품정(稟定)하지는 못하였으나 전일 지경을 침범한 왜인 15인을 적발하여 처벌하였습니다. 이어서 저에게 말하기를, "두 섬은 이미 너희 나라에 속하였으니, 뒤에 혹 다시 침범하여 넘어가는 자가 있거나 도주가 혹 함부로 침범하거든, 모두 국서(國書)를 만들어 역관(譯官)을 정하여 들여보내면 엄중히 처벌할 것이다." (후략)"라고 되어 있다.

이 진술은 안용복이 알았을 리가 없던 몇 가지 사실관계를 바탕으로 하는 것이다. 먼저 소 요시자네가 섭정이 되어 울릉도쟁계를 담당했다는 사실관계가 바탕이 되어 있다. 제1부에서 기술한 바와 같이 1694년 11월 16일 제4대 쓰시마 번주 소 요시쓰구가 죽고 그의 동생 소 요시미치가 제5대 번주로 취임한다. 그리고 그들의 부친이며 제3대 번주였던 요시자네가 요시미치의 섭정이 되어 울릉도쟁계를 담당하게 된다. 이와 같은 쓰시마번의 내부 상황을 안용복이 파악하고 있었을 리가 만무하다. 그럼에도 "대마 도주[쓰시마 번주]의 아비"라고 하여 소 요시자네가 섭정이 된 사실을 바탕으로 진술하였다.

또 "도주 아비가 간청하여 (중략) 관백에게 품정하지는 못하였으나"라고 한 진술은 요시자네가 안용복의 상소를 막았다는 사실을 바탕으로 한 진술이다. 안용복 일행이 돗토리에 온 것을 안 에도 막부는 그들을 나가사키로 보내서 하고 싶어 하는 말을 하게 하려고 했다. 그러나 이들을 돗토리에서 바로 조선으로 돌려보내야 한다는 요시자네의 건의를 받아들여 돗토리 번주에게 지시했다. 그 결과 안용복 일행이 돗토리에서 추방되어 바로 양양으로 돌아오게 되는 것이다. 이와 같이 안용복이 에도 막부에 상소를 하지 못하고 돌아온 배경에는 쓰시마번의 관여가 있었다. 그러나 역시 안용복이 이 사실을 알 리가 없었다. 그럼에도 에도 막부에 상소를 하지 못한 이유를 쓰시마 번주와 연결시켜 설명하는 것이다.

한편 위의 진술에서는 에도 막부에의 상소가 중지된 이유를 요시자네의 "간청"으로 설명하고 있다. "이 [상]소를 올리면 내 아들이 반드시 중한 죄를 얻어 죽게 될 것이니 바치지 말기 바란다"와 같이 자기 아들에게 해가 미칠 것을 염려한 쓰시마 번주가 안용복의 상소를 막아달라는 "간청"을 해 와서 중지했다는 것이다. 이는 진짜 그런 일이 있었음을 의미하는 것이 아니라 안용복이 그렇게 들었음을 의미하는 것이다. 즉 안용복은 쓰시마 번주의 "간청" 이 있었다는 말을 듣고 에도 막부에 상소하는 것을 단념했다. 그러나 사실은 쓰시마 번주의 관여로 에도 막부에 상소하지 못한 것으로 보아야 한다.

마지막으로 이 진술에는 안용복이 알 리가 없었던 "죽도 도해 금지령"의 존재가 나타나 있다. 요시자네는 에도 막부가 "죽도 도해 금지령"을 내린 것에 대해 조선 조정에 알리기 전에 돗토리번 주민이 알지 못하게 해달라고 에도 막부에 건의했다. 그리고 에도 막부는 이 건의대로 돗토리 번주에게 지시했다. 이에 이 지령이 아라오 슈리에게 전달되어 다시 오야·무라카와 가에 내려진 것은 1696년 8월 1일이었다.[130] 즉 안용복이 돗토리 번주를 만났을 7월 시점에서 지령에 대해 아는 돗토리 주민은 사람이 없었다.(「에도 막부의 "죽도 도해 금지령"」(1.3.2)) 당연히 안용복도 몰랐을 것이다. 그럼에도 "두 섬은 이미 너희 나라에 속하였으니"와 같이 "죽도 도해 금지령"을 연상시키는 진술을 하는 것이다.

이와 같이 안용복 2차 진술이 그가 알 리가 없었을 정보에 입각해 이루어진 것을 보면 안용복이 돗토리 번주 또는 돗토리번의 어떤 고위 관료를 만나 대담을 한 것은 사실인 것 같다. 번주 교체 등의 쓰시마번의 내부 사정이나 안용복의 2차 도일에 대한 소 요시자네의 움직임, 특히 "죽도 도해 금지령"의 존재 등은 돗토리 번주 아니면 로주 등 고위 관료가 아니면 알 수 없는 사실이다. 그리고 안용복은 누군가에게 듣지 않으면 이러한 사실에 대해 알 리가 없었던 사람이기 때문이다.

130 鳥取藩池田家史料『控帳』元祿 九年(1696) 八月 朔日 기사.

3. 안용복은 왜 일본에 갔을까?

(1) 1696년에 "왜인"은 울릉도와 우산도에 왔을까?

1693년에 "에도"에 가서 "관백의 서계"를 받았다고 한 것 외 안용복의 비변사 진술에서 문제시된 것이 또 있다. 다음과 같이 1696년에 뇌헌 등 10명과 함께 안용복이 일본에 가게 된 이유와 과정에 대해 설명한 부분이다.

<사료 - 진술 5> (발췌문)

"그 섬에 이르렀는데 (중략) 왜선(倭船)도 많이 와서 정박하여 있으므로 뱃사람들이 다 두려워하였습니다. 제가 앞장서서 말하기를 '울릉도는 본디 우리 지경인데, 왜인이 어찌하여 감히 지경을 넘어 침범하였는가? 너희들을 모두 포박하여야 하겠다' 하고, 이어서 뱃머리에 나아가 큰소리로 꾸짖었더니, 왜인이 말하기를 '우리들은 본디 송도(松島)에 사는데 우연히 고기잡이 하러 나왔다. 이제 본소(本所)로 돌아갈 것이다' 하므로 '송도는 자산도(子山島)로서, 그것도 우리나라 땅인데 너희들이 감히 거기에 사는가?' 하였습니다. 드디어 이튿날 새벽에 배를 몰아 자산도에 갔는데, 왜인들이 막 가마솥을 벌여 놓고 고기 기름을 다리고 있었습니다. 제가 막대기로 쳐서 깨뜨리고 큰 소리로 꾸짖었더니, 왜인들이 거두어 배에 싣고서 돛을 올리고 돌아가므로, 제가 곧 배를 타고 뒤쫓았습니다. 그런데 갑자기 광풍을 만나 표류하여 옥기도(玉岐島)에 이르렀는데, (후략)"

이에 따르면 안용복 일행이 울릉도에 도착했을 때 많은 "왜인"이 와 있었다고 한다. 이에 자기가 나서서 울릉도가 조선의 영토인데 어찌 일본인이 조선 영토를 침범했느냐고 질책했다고 한다. 그리고 그들이 "자신들은 "송도"에서 사는 사람으로 울릉도에 고기잡이를 하러 왔다, 곧 돌아갈 것" 이라고 하자 "송도는 조선의 자산도[우산도]이며 역시 조선 영토"라고 하고 다음날 새벽에

"송도"에 가서 일본인들을 쫓아내다가 풍랑을 만나 오키섬으로 갔다고 한다. 요약하자면 울릉도와 우산도에 와 있던 "왜인"들을 쫓아내는 과정에서 일본에 가게 됐다는 것이다.

그런데 여기에서도 중요한 것은 역시 안용복 자신이 언급한 이와 같은 도일 이유와 과정 그 자체가 아니다. 중요한 것은 안용복이 "송도는 자산도(子山島)로서, 그것도 우리나라 땅"이라고 언급한 점인데 일본인이 "송도"라고 부르는 섬은 지금의 독도이기 때문이다. 즉 안용복의 진술은 독도가 조선 영토였다는 것을 밝혀주는 것이다. 이에 1693년에 안용복이 "에도"에 가서 울릉도·우산도가 조선의 영토임을 인정한 "관백의 서계"를 받았다는 진술과 함께 1696년에 울릉도와 "송도"인 우산도에 와 있던 일본인을 쫓아내다가 일본에 가게 되었다는 위와 같은 진술이 문제시되어 온 것이다.

따라서 이에 대한 검증은 주로 1696년에 일본인이 울릉도에 가지 않았다는 것을 입증하는 방향에서 진행되어 왔다. 가와카미는 돗토리번과 나가사키 봉행소에 보고된 오야·무라카와 가의 울릉도 도해 관련 보고서를 자료로 1696년에 일본인의 울릉도 도해는 없었다고 한다. 즉 1694년과 1695년에는 오야·무라카와 가의 배가 예년과 같이 울릉도에 도해한 사실이 확인[131]되나 1696년에는 "1월 28일 죽도 도해 금지령으로 오야·무라카와 가는 물론 다른 어민도 울릉도에 도해하지 않았다"는 것이다.[132]

만일 1696년에 일본인이 울릉도에 오지 않았다면 안용복의 위와 진술은 거

131 단 1694년과 1695년 모두 울릉도에 착안은 하지 못했다고 한다. 1694년에는 폭풍을 만나 착안하지 못했고, 1695년에는 다수의 조선인이 와 있어서 착안하지 못하고 돌아오다 송도에서 전복을 조금 따 왔다고 한다.

132 「亥(1695)十二月廿四日竹島之御尋書之御返答書」; (1696년 이후, 연도미상)「申年以後竹島江渡海之儀左之趣申候」, 『池田家文書』; 「寛保元酉年(辛酉, 1741)六月十日附長崎御奉行所様御役中宛奉願候口上之覚」, 『池田家文書』(川上健三, 1966, 『竹島の歴史地理学的研究』, 古今書院, 167~169頁).

짓이 된다. 가와카미는 이 점을 입증하고 있는 것이다. 또 가와카미는 울릉도 도해로 처벌받은 일본인에 대한 기록이 없음을 들어 1696년에 일본인의 울릉도 도해는 없었음을 입증하고 있다. 즉 안용복이 "백기 도주[돗토리 번주]"와 대담하였을 때 쓰시마 번주의 요청에 따라 상소를 올리지 않았지만 "전일 울릉도와 우산도를 침범한 왜인 15인을 적발하여 처벌하였습니다"라고 진술한 것에 대해 그런 일은 없었다는 것이다.[133]

그러나 "죽도 도해 금지령"을 근거로 1696년 일본인의 울릉도 도해가 없었다는 것은 선입견이다. 앞서 언급한 바와 같이 실제 오야·무라카와 가에게 "죽도 도해 금지령"이 전달된 것은 1696년 8월 1일이었고 그 이전에는 이들은 이 지령의 존재에 대해 알지 못했다. 한편 오야·무라카와 가의 배가 울릉도에 도해하는 시기는 3~4월경이기 때문에(부록 〈사료 - 진술 6(일본1)〉, 〈사료 - 진술 7(일본2)〉 참조) "죽도 도해 금지령"에 대해 아직 몰랐던 오야·무라카와 가가 예년과 같이 3~4월경 울릉도에 도해했을 가능성도 있는 것이다. 따라서 "죽도 도해 금지령"은 1696년에 일본인들이 울릉도에 도해하지 않았다는 근거가 되지 않는다.

따라서 위 사료의 내용은 1696년에 일본인이 왔을 가능성을 배제하지 않는 상태에서 다시 살펴보아야 한다. 그 방법으로 내용 중 "왜인"에 대한 설명이 오야·무라카와 가의 "죽도" 도해 현황과 같은지를 살펴보는 것이다. 17세기 초·중반 이후 오야·무라카와 가가 독점적으로 울릉도에 도해했기 때문에 위 사료에서 "왜인"은 오야·무라카와 가의 선원이 된다. 그러면 안용복의 "왜인"

133 "울릉도에서 안용복을 납치한 것은 오야가의 뱃사람인데 그들이 처벌되었다는 기록은 없다"(「안용복의 비변사 진술과 독도」(2-1-2))고 했다. 즉 1693년에 안용복을 납치한 오야가 뱃사람을 처벌한 기록이 없다는 것인데 비변사 진술에서 말하고 있는 것은 1693년이 아닌 1696년에 울릉도·우산도에 왔던 일본인을 처벌했다는 것이다. 이 점에 대해 가와카미가 오해를 한 것 같다.

에 대한 설명에 오야·무라카와 가의 "죽도" 도해 현황이 반영되어 있어야 하기 때문이다.

오야·무라카와 가의 "죽도" 도해 현황은 구체적으로 일본인이 울릉도에 도해하는 시기, 선단의 형태와 규모, 오키에서 울릉도로의 도해 과정·기간 울릉도에서의 활동 상황 등으로 나누어 볼 수 있다. 만일 이러한 현황이 안용복의 "왜인"에 대한 설명에 반영되어 있다면 정말 오야·무라카와 가의 배가 예년과 같이 울릉도에 온 것이 된다. 그렇다면 그들을 쫓아내는 과정에서 오키로 가게 되었다는 안용복 진술이 사실일 수도 있다.

이와 같은 관점에서 먼저 "왜인"이 울릉도에 도해한 시기에 대해 검토해 보자. 이 시기는 안용복 일행의 울릉도 도해 시기를 통해 유추해 볼 수 있다. 그런데 비변사 진술에는 이와 관련한 정보가 포함되어 있지 않다. 단지 "저는 본디 동래에 사는데, 어미를 보러 울산에 갔다가 마침 중 뇌헌 등을 만나서 (중략) 드디어 같이 배를 타고 영해 사는 뱃사공 유일부등과 함께 떠나 그 섬에 이르렀는데 왜선도 많이 와서 정박하여 있으므로 뱃사람들이 다 두려워하였습니다"라고만 기록되어 있다.

이에 안용복 일행의 2차 도일 일정이 구체적으로 나와 있는 1696년 「원록각서」(부록 〈사료 - 진술 4〉 및 〈표 3〉 참조)를 통해 확인해 볼 필요가 있다. 이에 따르면 안용복 일행이 울릉도에 간 것은 3월 18일, 일본인을 쫓아 울릉도를 떠난 것은 5월 15일, 그 다음날인 16일 "자산도(송도)"에 갔다가 다시 출항하여 오키 니시무라 해변에 도착한 것이 5월 18일이다. 즉 안용복 일행이 울릉도에 머물렀던 기간은 3월 중순~5월 중순까지로 바로 매년 오야·무라카와 가의 배가 울릉도에 도해하는 기간이기도 하다.

1692년과 1693년에 울릉도에 도해한 오야·무라카와 가 배의 선원들이 진술한 바에 따르면(부록 〈사료 – 진술 6(일본1)〉, 〈사료 – 진술 7(일본2)〉 참조) 이들의 배가 울릉도에 도해하는 시기는 3~4월 사이다. 1692년 무라카와가의 배는 "3월 24일에 오키에서 출항하여 같은 달 26일 아침 7시경에 다케시마(울릉도) 안에 있는 이카섬이라는 곳에 도착"했다고 하고 1696년 오야가의 배는 "4월 16일에 후쿠우라에서 출선"하여 "4월 17일 새벽/오후 2시경 다케시마(울릉도) 안의 도센가사키에 도착"했다고 한다.

이와 같이 안용복이 울릉도에서 머물던 기간은 오야·무라카와 가의 배가 매년 울릉도에 도해하던 기간이기도 하다. 즉 "그 섬에 이르렀는데 왜선도 많이 와서 정박하여 있으므로"라는 안용복 진술이 전혀 있을 수 없는 상황에서 나온 것은 아니었음을 알 수 있는 것이다.

다음으로 안용복은 "왜선이 많이 와서 정박하여 있으므로"라고 했는데 이는 오야·무라카와 가의 울릉도 도해 현황과 조금 어긋난다. 『죽도고』에는 1666년에 울릉도에 갔다가 조선으로 표류한 오야가 배에 대한 기록이 있는데(부록 〈표 4〉참조) 이로써 보면 울릉도에는 약 20명 정도가 탄 배 한 척이 갔음을 알 수 있다. 이것은 결코 "많이" 라고 묘사할 수 없는 상황이다.

『죽도고』의 설명에 따르면 원래 오야·무라카와 가의 배가 울릉도에 갈 때는 "약 200석 들이 크기의 배 두 척에 50명"가량이 타고 갔다고 한다. 그러나 "나중에는 반 정도로 사람 수가 들어 배 한 척에 25명 정도를 보내게 되었다"고 한다.[134] 즉 울릉도 도해가 경과됨에 따라 도해 인원이 줄어들었다는 것인데 그렇다면 1696년에는 더욱 승원 인원 숫자가 줄어들어 있었을 가능성도 있다.

만일 그렇다면 이 상황은 돗토리 번주가 울릉도·우산도에 온 일본인 15명을

134 岡嶋正義. 文政 十一年(1828), 『竹島考上』「渡海之調糕竝物産」(『죽도고 상·하』, 앞의 책, 104~111쪽).

처벌했다는 진술과는 부합한다. "도주의 아비가 백기주에 간청하여 오기를 "이 소를 올리면 내 아들이 반드시 중한 죄를 얻어 죽게 될 것이니 바치지 말기 바란다" 하였으므로, 관백에게 품정(稟定)하지는 못하였으나, 전일 지경을 침범한 왜인 15인을 적발하여 처벌하였습니다"고 했는데 이 "15인"이라는 사람 수는 오야·무라카와 가 배의 승선인 수와 비슷한 것이다. 그렇다면 1696년에 "왜선"이 울릉도에 왔을 수 있고 이들이 나중에 처벌받았을 수도 있는 것이 된다. 이 "왜선"은 오야·무라카와가의 배이고, 여기에 20명 이하의 사람이 탔을 것이기 때문이다.

이와 같이 안용복의 진술에서 묘사된 "왜인"의 울릉도 도해 시기와 형태, 규모는 예년의 오야·무라카와 가 배의 울릉도 도해 현황과 대체로 부합한다. 그리고 "왜인"이 오키섬에서 울릉도로 오는 과정과 울릉도에서의 활동도 안용복이 진술을 통해 묘사한 것과 부합한다.

안용복은 울릉도에서 "왜인"을 질책하고 "드디어 이튿날 새벽에 배를 몰아 자산도에 갔는데, 왜인들이 막 가마솥을 벌여 놓고 고기 기름을 다리고 있었습니다. 제가 막대기로 쳐서 깨뜨리고 큰 소리로 꾸짖었더니 왜인들이 거두어 배에 싣고서 돛을 올리고 돌아가므로 제가 곧 배를 타고 뒤쫓았습니다. 그런데 갑자기 광풍을 만나 표류하여 옥기도(玉岐島)에 이르렀는데"라고 했다.

여기에서 안용복은 울릉도에서 "자산도[우산도]"로 갔다가 "옥기도[오키섬]"로 갔다고 했는데 이 루트는 반대로 오야·무라카와 가가 울릉도에 도해하는 루트이기도 하다. 『죽도고』에 따르면 오야·무라카와 가는 "매년 2, 3월경 배를 준비하고 요나고에서 오키국으로 가서 4월 상순경까지 순풍이 불고 조류가 바뀌기를 기다렸다가 돛을 펴고 먼저 송도라고 하는 작은 섬에 배를 대고 어로에 착수하고 거기에서 죽도로 가는데 그간 할 일을 하고 가을이 지나면 돌아온

다"고 한다.[135]

또 "드디어 이튿날 새벽에 배를 몰아 자산도에 갔는데"와 같이 "자산도"를 울릉도에서 배를 몰아 당일에 도착하는 섬으로 묘사했는데 이것도 일본 사료에 기록된 죽도와 송도의 거리와 일치한다. 『은주시청합기』 1권 「국대기」에 "그런데 북서 방향으로 2일(日)과 1야(夜)를 가면 송도가 있다. 그곳에서 다시 1일 정도에 죽도가 있다"[136]라고 한 것과 부합한다.

오야·무라카와 가의 울릉도에서 활동 상황도 마찬가지다. 안용복은 "자산도"에 갔을 때 "왜인들이 막 가마솥을 벌여 놓고 고기 기름을 다리고 있었"다고 진술했다. 이 "자산도" 즉 "송도"에 오야·무라카와 가가 도해하기 시작한 것은 1650년대경이다. 1624년 또는 1625년에 오야·무라카와 가가 소위 "죽도 도해 면허"를 받고 울릉도 도해를 시작한 후[137] 30여 년이 지난 시점에서 "송도" 도해가 시작되었다. 그리고 "송도"에서는 강치잡이가 이루어졌는데 이 사실과 "고기 기름을 다리고 있었다"는 묘사는 일맥상통한다.

1650년대 초에 쓰여진 것으로 보이는 이시이 무네요시의 서장은 일본에서 "송도"라는 단어가 처음 등장하는 사료로서 다음과 같이 "송도" 도해가 시작된 경위를 설명하고 있다."송도에 칠, 팔십 석 들이의 작은 배를 보내어 철포로 물개를 쏘면, 작은 섬이기 때문에 [물개가 숨을 곳이 없어] 죽도로 도망갈 것이고 그러면 죽도에서 많이 잡을 수 있으니 그렇게 하고 싶다고 [무라카와와] 이치베가 말했다"는 것이다. 그리고 이 때부터 무라카와가가 적극적으로 "송도" 도해를

135 岡嶋正義, 文政 十一年(1828), 『竹島考 上』「渡海之調觭竝物産」(『죽도고 상하』, 위의 책, 111쪽).

136 齊藤勘介, 1667, 『隱州視聽合紀』「國代記」(『독도자료집 Ⅲ 은주시청합기』, 앞의 책, 33~35쪽).

137 池内敏, 1999, 「竹島渡海と鳥取藩ー元禄竹島一件考·序説ー」, 『鳥取地域史研究』, 鳥取地域史研究会編(1) 47頁(동북아의 평화를 위한 바른역사정립기획단 편, 2006, 『독도논문번역선 Ⅱ』, 17쪽).

했고 1681년 이후 오야가도 참여했다고 하는 것이다.[138]

부록 〈표 5〉는 일본 연구자인 이케우치 사토시가 1637년과 1666년에 각각 울릉도에 갔다가 조선으로 표류한 무라카와가의 배와 오야가 배가 싣고 있던 화물을 조사한 표를 인용한 것이다.[139] 이 표를 통해 보면 이들이 "죽도"와 "송도"에서 강치를 잡아 그 자리에서 해체하는 작업을 벌인 것을 알 수 있다. 화물 목록에 '강치 기름', '강치 가죽' 등이 있기 때문이다. 강치 기름을 내기 위해서는 가마솥에 넣고 끓여야 한다. 이 사실이 "막 가마솥을 벌여 놓고 고기 기름을 다리고 있었"다는 묘사와 일맥상통한다.

한편 안용복이 1693년에도 울릉도에 갔기 때문에 그 때 본 상황을 1696년에 본 것으로 말했을 수 있다는 가정도 가능하다. 그러나 그럴 가능성은 없다. 안용복·박어둔을 잡아간 무라카와가 배의 선장의 진술(부록 〈사료 - 진술 6(일본1)〉 참조)을 보면 이들은 울릉도에 도착한 후 조선인이 와 있던 것을 보고 "외국인은 그 수가 많고 우리들은 겨우 21명이었으므로 마음이 불안해져" 바로 출항했다는 것을 알 수 있다. 그러니 예년과 같이 이들이 전복을 따고 강치를 잡아 기름을 내고 벌채를 할 여유가 없었을 것이다. 일본인들이 가마솥을 걸고 "고기 기름을 다리고 있던" 일본인은 1696년에 도해한 오야·무라카와 가의 배였을 것이다.

이와 같이 비변사 진술을 통해 보면 1696년에 오야·무라카와 가의 배가 예년과 같이 "죽도 도해"를 감행했음을 알 수 있다. 그러나 여전히 단언은 할 수 없다. 실증주의적으로 사료를 검토하면 그렇지도 않기 때문이다. 예를 들어 돗토리번의 업무일지 『공장』에서 보면 오야·무라카와 가가 울릉도에 도해할

---

138 池内敏, 2001, 「17～19世紀鬱陵島海域の生業と交流」, 『歴史学研究』 756号, 23～43頁(『독도논문번역선Ⅱ』, 앞의 책, 131～166쪽).

139 池内敏, 1999, 앞의 논문, 47頁(『독도논문번역선Ⅱ』, 위의 책, 45쪽).

때는 도해 자금과 사냥용 소총을 돗토리번으로부터 빌려가는데 1694년에 쓸 것은 1693년 12월 12일에 청원했고[140] 1695년에 쓸 것은 1694년 11월 26일에 청원한 사실이 확인된다.[141] 그러니 이들이 1696년에 도해했다면 1695년 연말에 청원한 기록이 있어야 되는데 『공장』에는 그러한 기록이 없다. 이로써 보면 이들이 1696년 울릉도에 도해하지 않은 것이 된다.

돗토리번 업무일지에는 『공장』 외에도 여러 가지가 있다. 그것들을 모두 조사하면 혹 그러한 기록이 나올 가능성도 있을 것이라고 생각하는 사람도 있을 것이다. 그러나 필자는 그런 기록이 더 이상 나오지 않을 것이라 확신한다. 1695년 12월이라는 시점은 울릉도쟁계 문제가 쓰시마에서 에도 막부로 이관되어 로주들이 대책을 논의하던 시기이기 때문이다. 이 때 로주들은 돗토리 번주에게 "죽도"가 어느 나라에 속한 섬이냐는 질문을 하고, 이에 대해 돗토리 번주는 "죽도"와 "송도"는 돗토리에 속한 섬이 아니라는 답변을 한다.

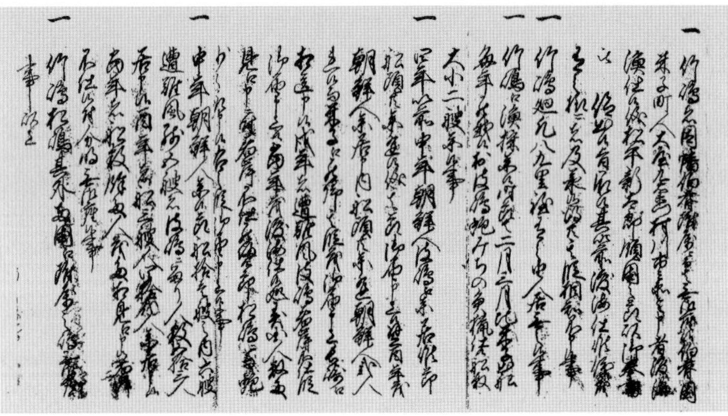

〈그림 12〉 에도 막부의 질문에 대한 돗토리 번주의 답변(출처: 国立公文書館)

(전략) 죽도 송도 그 외 돗토리번에 속한 섬은 없습니다.

140 鳥取藩池田家史料 『控帳』 元禄 6年(1693) 12月 2日(鳥取県立博物館).

141 鳥取藩池田家史料 『控帳』 元禄 6年(1693) 11月 26日(鳥取県立博物館).

그리고 이 답변해 근거해 에도 막부가 1696년 1월 28일자로 "죽도 도해 금지령"을 내리는 것이다. 즉 1695년 12월이라는 시점은 도저히 돗토리번이 오야·무라카와 가에게 울릉도 도해를 위한 자금과 소총을 빌려줄 수 없는 시기이기 때문에 더 이상의 기록이 있을 리가 없다.

(2) 안용복은 어떻게 "오키도"에 갈 수 있었을까?

안용복이 어떻게 울릉도·우산도에서 오키로 가는 항로를 알았을까라는 것에 초점을 맞추어 보아도 1696년에 오야·무라카와 가의 배가 울릉도·우산도에 왔음을 짐작할 수 있다. 안용복은 울릉도에서 그 다음날 새벽에 "자산도"로 갔더니 "왜인들이 막 가마솥을 벌여 놓고 고기 기름을 다리고 있었습니다. 제가 막대기로 쳐서 깨뜨리고 큰 소리로 꾸짖었더니, 왜인들이 거두어 배에 싣고서 돛을 올리고 돌아가므로, 제가 곧 배를 타고 뒤쫓았습니다. 그런데 갑자기 광풍을 만나 표류하여 옥기도(玉岐島)에 이르렀는데, (후략)" 라고 진술했다.

앞서 언급했듯이 안용복 일행이 도망가는 "왜인"을 쫓아갔다는 울릉도 → 우산도 → '오키도'로 이어지는 바닷길은 매년 오야·무라카와 가가 울릉도 도해를 위해 경유한 루트의 역방향이다. 즉 이들은 오키섬 → 마쓰시마(독도) → 다케시마(죽도)로 이어지는 바닷길을 따라 온다.그런데 안용복 일행이 어떻게 이 바닷길을 알 수 있었을까. 특히 우산도에서 "오키도"로 이어지는 바닷길을 알 수 있었을까를 생각해 보아야 한다.

이 때 안용복 일행은 부록 〈표 6〉과 같이 총 11명이었는데 이 중 울릉도에서 바다를 건너 일본에 간 적이 있는 사람은 안용복 한 사람이다. 박어둔이 함께 갔으나 그는 울릉도에서 머물고 일본으로 가지는 않았다고 한다. 만약 박어둔이 함께 일본으로 갔더라도 1693년에 수질에 걸려 배 안에 있어서 가는 뱃길을 못 보았다고 진술(부록 〈사료 - 진술 1〉 참조)했기 때문에 길을 찾는데 아무 도움이 안 되었을 것이다. 그 외 안용복과 함께 간 사람들은 울릉도에도 처음 간 사람으로 판단된다. 즉 안용복 이외에는 일본으로 가는 항로를 경험한 사람이 없는 것이다.

그런데 안용복이 인질의 몸으로 잡혀가면서 한 번 본 항로를 어떻게 다시 찾아갈 수 있었을까. 이 돗토리로 가는 항로는 안용복이 인질의 몸으로 끌려가면서 한 번 본 뱃길이다. 독도에서 오키 사이의 거리는 일본 사료상의 용어로 말하면 2일과 1야, 즉 하루 반이 걸리는 거리이고(『은주시청합기』) 이 거리는 일본에서는 60~80리 정도 된다.[142] 현대적 개념으로는 직선거리로 약 157km(오키)의 거리다. 그리고 이 두 섬 사이에는 길 안내를 해 줄 섬은커녕 암석하나 없는 망망대해다. 그렇다면 별자리만 보고 갔어야 하는데 이익의 『성호사설』에서 소개한 바와 같이 그가 바다에 익숙한 능노군이었다고 하더라도 이 뱃길을 되짚어 가기 위해서는 안내 역할을 할 수 있는 무언가가 있어야 한다. 그것이 "왜인"을 쫓아가는 것이었다고 보는 것이다.

이 점은 안용복 일행이 울릉도에 도착한 지 2개월이 지난 시점에 울릉도·우산도에서 출선한 사실에서 짐작할 수 있다. 앞서 보아왔듯이 안용복 일행이 울릉도에 도착한 것은 3월 중순이고 소위 도망가는 "왜선"을 쫓아 울릉도·우산도를 출선한 것은 5월 중순의 일이다. 즉 안용복 일행은 울릉도에 도착해서 약 2개월 동안 울릉도에 머물렀던 것이 된다. 이 기간 동안 아마도 "왜선"이 올 때까지 기다렸을 것이다.

1696년에 안용복 일행은 조선인의 울릉도 도해 선단의 일원으로 울릉도에

---

142 오키에서 송도, 죽도의 거리 정보에 대해서는 필자의 책 참조(정영미, 2015, 앞의 책, 117쪽, 「에도시대 마쓰시마 관련 자료에서의 다케시마·마쓰시마에 대한 지리적 정보 표」).

갔다. 「원록각서」에 따르면 조선에서 모두 13척의 배가 해산물을 채취하러 울릉도에 갔고 한 척당 각각 9명, 10명, 12~13명, 15명 가량이 탔다고 한다. 그런데 이들이 울릉도에 도해한 시기는 비변사 진술에 기술되어 있지 않다. 그러나 오야·무라카와 가 배의 선장의 진술을 통해 조선 배가 일본 배보다 1~2개월 앞서 울릉도에 갔음을 알 수 있다.

1692년부터 울릉도에서 처음 조선인을 만난 무라카와가 배의 선원들은 요나고로 귀항한 후 다음과 같은 보고를 했다.

<사료 - 진술 6(일본1)> (발췌문)

[1692년] 2월 11일에 이곳을 출항하여 같은 달 말일에 오키의 후쿠우라에 도착했습니다. 3월 24일에 오키에서 출항하여 같은 달 26일 아침 7시경에 다케시마(울릉도) 안에 있는 이카섬이라는 곳에 도착했습니다. 상황을 살펴보니 전복이 꽤 많이 없어진 것처럼 보이기에 이상하다고 생각했습니다. 같은 달 27일 아침에 하마다포구라는 곳으로 가던 도중 외국 배 두 척을 보았습니다. 그 중 한 척은 정박해 있었고 한 척은 물 위에 떠 있었습니다. 외국인 30명 정도가 보였습니다.

또 1693년의 오야가 배의 선원은 다음과 같이 보고했다.

<사료 - 진술 7(일본2)>(발췌문)

호키의 요나고에서 [1696년] 2월 15일에 출선하여 같은 달 17일 아침에 이즈모의 구모쓰에 도착하였습니다. 3월 2일에 구모쓰에서 출선하여 오키 도젠 하시무라에 같은 날짜에 도착하였고 3월 9일까지 오키에서 머물렀습니다. 다음 날 10일에 도고 후쿠우라에 도착하였고 4월 16일에 후쿠우라에서 출선하였습니다. 4월 17일 새벽/오후 2시경 다케시마 안의 도센가사키에 도착하여 섬에 올라가 보니 말리고 있는 미역(메노하)이 많아서 의아하게 생각해 주변을 보니 외국인의 짚신이 있었습니다.

이로써 보면 울릉도에는 조선 배가 먼저 왔고 다음에 일본 배가 온 것이다. 안용복도 이 조선인 울릉도 도해 선단의 일원이었으니 일본 배보다 앞서 울릉도에 갔을 것이다.

한편 안용복 일행은 울릉도에 갈 때부터 돗토리로 갈 목적으로 준비를 했다. 오키에서 "우리 배에는 열 한 명이 탔는데 우리는 호키[돗토리]에 가서 호키노카미[돗토리 번주]님과 담판 지을 일이 있어 건너왔다"라고 한 것, 울릉도와·우산도를 조선의 영토로 표기한 『조선팔도지도』를 가지고 있었던 것(「원록각서」), 뒤에서 언급하겠지만 「울릉·자산[우산] 양도 감세(장)」라고 쓴 깃발이나 철릭, 포립, 가죽신 등을 가지고 간 것 등에서 알 수 있다. 즉 이들은 돗토리에 가서 다시 울릉도·우산도 영유권을 주장할 생각으로 준비해서 울릉도에 간 것이다.

조선 조정도 이 점을 인정했다. 조선 조정에서 안용복 처리에 대해 논의한 것을 보면, 그가 해물을 따러 울릉도에 간 것, 일본인을 추격한 것, 돗토리 번주에게 정문한 것[상소한 것]에 대해 의심했다는 기록이 없으나[143] 풍랑을 만나 오키섬으로 들어갔다는 진술에 대해서는 의심한 정황이 있다. 즉 영의정 유상운이 "신은 (안)용복이 표풍 때문에 이른 것인지 아닌지는 우선 따지지 않더라도 표류해서 도착한 뒤에 이러한 작용이 있으니"[144] 라고 지적하고, 제외 대신들이 모두 "용복이 우연히 표풍으로 그곳에 이른 것도 아니고"[145] 라고 지적한 것에서 알 수 있다.

그렇다면 안용복은 울릉도에 도착하자마자 오키로 떠났어야 했다. 그러나 그들은 약 2개월을 울릉도에 머물렀다. 필자는 이 기간을 조선인보다 조금 늦

143 『숙종실록』 권30, 숙종 22년(1696) 9월 27일, 10월 13일 기사; 『승정원일기』 367책, 숙종 22년(1696) 9월 27일 기사; 『표인영래등록』 숙종 22년(1696) 9월 30일, 10월 13일 기사.

144 『승정원일기』 367책, 숙종 22년(1696) 9월 27일 기사.

145 『표인영래등록』 숙종 22년(1696) 10월 13일 기사.

게 울릉도에 도해하는 일본인을 기다린 시간으로 보는 것이다. 왜냐하면 안용복 일행을 무작정 자기들끼리 원양으로 나가기에는 경험과 자신감이 부족했을 것이기 때문이다.

안용복은 돗토리로 갈 생각으로 준비를 해서 해산물 채취를 목적으로 울릉도에 도해하는 조선인 선단에 섞여서 울릉도에 갔을 것이다. 그러나 한 번 가봤을 뿐인 항로로 자신들끼리 무작정 나갈 수 없었다. 그래서 조선인보다 조금 늦게 울릉도에 도해하는 일본인들을 기다렸다가 그들이 오자 쫓아서 원양으로 나갔다고 생각한다.

이 점은 그들이 돌아올 때의 상황을 통해서도 짐작해 볼 수 있다. 이들은 8월 6일에 돗토리를 떠나 강원도 양양으로 돌아왔다. 이때 당시의 도해자는 모두 경상도와 전라도 사람들이며 울산에서 출선하여 울릉도에 간 사람들이다. 이들이 울릉도에서 오키로 가는 뱃길을 정확히 알았다면 아마 강원도 양양이 아닌 울릉도로 돌아왔을 것이다. 다시 말해 일본인을 기다렸다가 쫓아간 것이기 때문에 돌아올 때 같은 루트로 올 수 없었던 것이다. 즉 1696년에 일본인이 울릉도에 온 것은 사실이라고 보아야 한다.

(3) 안용복은 "조선국 사신"으로 돗토리에 갔는가?

안용복 비변사 진술에서는 다음의 진술이 또 문제시되어 왔다. "안용복이 '울릉 자산[우산] 양도 감세(장)'를 "가칭(사칭)"해서 돗토리번과 연락을 취하려고 했는데 그 전에 돗토리번에서 "사람과 말을 보내" 영접했다. 그래서 일행이 돗토리성으로 갔다. 이 때 안용복은 무관과 같은 복장(푸른 철릭, 검은 포립, 가죽신 등)을 하고 교자를 타고 갔고 다른 일행은 말을 타고 갔다. 돗토리성에선 안용복이 대청에서 돗토리 번주와 대좌를 하여 말을 나누었고 다른 일행은 그 아래

중간 계단에 앉아 있었다"는 진술이다.

<사료 - 진술 5>(발췌문)

제가 분완(憤惋)을 금하지 못하여 배를 타고 곧장 백기주로 가서 울릉 자산 양도 감세(鬱陵子山兩島監稅)라 가칭하고 장차 사람을 시켜 본도에 통고하려 하는데, 그 섬에서 사람과 말을 보내어 맞이하므로, 저는 푸른 철릭[帖裏]를 입고 검은 포립(布笠)을 쓰고 가죽신을 신고 교자(轎子)를 타고 다른 사람들도 모두 말을 타고서 그 고을로 갔습니다. 저는 도주와 청(廳) 위에 마주 앉고 다른 사람들은 모두 중계(中階)에 앉았는데 (후략)

요약하자면 안용복이 돗토리로 가서 조선의 관직 사칭과 관복 착용으로써 관료로 가장하여 돗토리 번주를 만났고 돗토리 번주는 안용복을 수장으로 하는 조선국 사신으로서 일행을 대해주었다는 것인데 여기에서 안용복이 사칭했다는 "울릉·자산[우산] 양도 감세(장)"가 문제시되었다. 앞서 본 가와카미의 분석과 같이 관직명에 일관성이 없고 그 위에 조선에 없던 관직이라는 점이 논증되었던 것이다.

이 논증은 다음과 같이 요약될 수 있다. "『숙종실록』의 비변사 진술에서는 '울릉·자산[우산]양도 감세(장)'로 되어 있는데 『증보문헌비고』(1908)에는 '울릉 감세관'으로만 되어 있다. 한편 일본 사료 『죽도고』에는 '조울 양도 감세장'으로 되어 있는데 읽는 방법에 따라 『숙종실록』 식 표현으로도 『증보문헌비고』 식 표현으로도 읽힌다. 즉 '조울 양도'를 '조선 울릉도의 양도(두 섬) 감세장'으로 해석하면 '울릉·자산 양도 감세(장)'와 같이 되고 '조(선) 울릉도'라고 쓸 셈으로 '조(선)울양(량)도'로 쓴 것이면 '울릉 감세관'과 같이 된다. 이에 더해 '조선 울릉도의 양도 감세장'이던 '조선 울릉도 감세장'이던 모두 조선에 없는 관직명이다, 그리고 안용복이 "삼품 당상 신 안동지"를 사칭했는데 이 역시 조선에 없는 관직명이다. '동지'는 종2품이며 당상관은 3품 이상이기 때문이다"라는 논증이었다.

이와 같이 "울릉·자산[우산] 감세(장)"가 문제시된 것은 물론 독도 영유권과 직접적 관련이 있는 사항이기 때문이다. 감세장은 세금을 징수하는 관료라는 의미로 보인다. 즉 "울릉·자산[우산] 감세(장)"이라는 것은 울릉도와 우산도 두 섬의 조세 징수관이라는 의미로서 울릉도와 우산도 두 섬이 조선의 영토라는 의미의 관직명인 것이다. 이에 "울릉 감세관" 즉 울릉도 조세 징수관으로만 되어 있는 사료의 존재나 어설픈 관직 사칭 사례를 들어 "일본 측이 (조선의) 사정을 잘 모른다는 것을 빌미삼아 (안용복이) 어쭙잖은 지식을 사용하여 허세를 부리고 적당히 관명을 참칭한 것으로 조선 정부로부터 어떤 위임을 받아 도일한 것이 아님이 명백하다"라고 한 것이다.[146]

그런데 이 평가는 매우 이상하다. 안용복이 "관명을 참칭"한 것은 그 스스로가 고백한 사실이다. 안용복은 관직을 "가칭"했다고 진술했다. 이 진술에는 조선 정부가 이들을 파견하지 않았다는 것이 전제되어 있다. 그리고 비변사 진술의 다른 부분에도 조선 정부가 이들을 파견했다는 기술은 없다. 그 위에『승정원일기』등 다른 한국 측 사료에도 이와 같은 기술은 찾아볼 수 없다. 즉 한국 측 사료에서 보는 한 안용복의 2차 도일은 조선 조정과는 관계없는 것이다.

그럼에도 굳이 조선 정부의 개입 여부가 언급된 것은, 다시 말해 안용복 일행이 "조선 정부로부터 어떤 위임을 받아 도일한 것이 아님"이 언급된 것은 안용복의 관직 사칭의 배경에 조선 조정이 있었을 수도 있다는 생각이 깔려 있었기 때문이라고 본다. 안용복이 돗토리에서 울릉도와 우산도가 조선의 영토임을 주장하는 말과 행동을 했다는 것이 사실이어도 그것은 어디까지고 사인(私

146 川上健三, 1966, 앞의 책, 173쪽.

人)의 언행으로서 지금의 독도 영유권 문제에 큰 영향을 미치지 못하는 것이다. 그러나 안용복이 조선 조정이 파견한 사신이었다면 말이 달라진다. 안용복의 언행은 명실공히 독도 영유권 근거가 되는 것이다. 국가가 독도 영유권을 천명하고 실효지배 행위를 한 것이 되기 때문이다.

따라서 안용복이 어떤 신분으로 돗토리에 도해했는지가 무엇보다 중요해진다. 이에 안용복의 관직 사칭 사실을 재입증하면서 다시 한 번 안용복의 2차 도일에 조선 조정이 개입하지 않았음을 강조한 것으로 보인다.

또 앞에서 언급한 바와 같이 한국 측 사료에는 안용복 2차 도일과 조선 조정을 연결시켜 볼 수 있을 만한 기록이 없으나 일본 측 사료에는 양자 간의 연관관계를 추정해 볼 수 있을 만한 기록이 있다. 1694년에 조선 조정이 장한상을 울릉도에 파견한 것과 관련하여 조선에 나돌았던 풍문이 그것이다. 이에 대해서는 제1부에 기술했는데(「조선 조정의 대응의 급전환과 남구만」(1.2.2)) 여기서 다시 살펴보면 다음과 같다.

<사료 12> (재인용문)

(조선 조정이) 안동지에게 용무를 지시하고 그 외에 지토 한 명을 붙여 배 두 척으로 울릉도로 건너가서 섬의 상황을 자세히 조사한 다음, 이나바의 호키로 가는 포구의 상태를 자세히 파악하고 며칠 전 귀국하여 지금 울진현이라는 곳에 배를 계류하고 있다.

(쓰시마 측이) 이번 답신을 수령하지 않을 형세로 결정한다면 울진현에서 즉시 배를 띄어 이번 사건에 관한 상황, 사자가 중도에 지장이 생겨 답신을 억류하고 수령하지 않은 내용, 그 외 쓰시마가 일을 어렵게 한 것 등을 기록한 서한을 작성하여 이나바 호키의 영주를 의지하여 막부에 제출할 생각도 있다.

즉 '당시 조선 조정의 지시로 왜학역관 안동지와 지토[지역 관리] 한 사람이 장한상과 함께 배 두 척으로 울릉도에 갔다. 그리고 섬의 상황을 자세히 조사하고 돗토리로 가는 "포구의 상태를 자세히 파악하고" 돌아왔다. 쓰시마번이 예조 2차 서신을 수령하지 않을 경우 "울진현에서 즉시 배를 띄어 이번 사건에 관한 상황, 사자가 중도에 지장이 생겨 답신을 억류하고 수령하지 않은 내용, 그 외 쓰시마가 일을 어렵게 한 것 등을 기록한 서한을 작성하여 이나바·호키의 영주[돗토리 번주]를 의지하여 막부에 제출할 생각도 있다"는 풍문이었다.

다시 말해 이 풍문은 울릉도쟁계에 대한 쓰시마번의 태도가 바뀌지 않으면 이 문제를 돗토리번을 통해 에도 막부와 교섭하기 위해 조선 조정이 울릉도 조사를 실시한 것이라는 풍문이었는데 안용복 2차 도일 시의 여러 상황은 이 풍문을 실현시킨 듯한 양상을 띠는 것이었다. 다시 말해 조선 조정이 안용복 일행을 파견했다는 추정이 가능한 정황이 있는 것이다.

그 근거의 하나로 다음에서 보이는 바와 같이 안용복이 돗토리 번주를 통해 울릉도쟁계에서 쓰시마번의 문제점을 에도 막부에 알리려 한 점을 들 수 있다.

<사료 - 진술 5> (발췌문)

"저는 도주와 청(廳) 위에 마주 앉고 다른 사람들은 모두 중계(中階)에 앉았는데, 도주가 묻기를, '어찌하여 들어왔는가?' 하므로, 답하기를 '전일 두 섬의 일로 서계를 받아낸 것이 명백할 뿐만이 아닌데, 대마도주(對馬島主)가 서계를 빼앗고는 중간에서 위조하여 두세 번 차왜(差倭)를 보내는 법을 어겨 함부로 침범하였으니, 내가 장차 관백에게 상소하여 죄상을 두루 말하려 한다.' 하였더니, 도주가 허락하였습니다. 드디어 이인성(李仁成)으로 하여금 소(疏)를 지어 바치게 하자"

이 비변사 진술대로라면 1694년 시점에 조선 조정이 하려고 했던 일이 1696년 안용복 2차 도일을 통해 실현된 것이 된다. 여기에서도 조선 조정이 안용복 일행을 파견한 것일 수도 있다는 정황이 드러나는 것이다.

또 안용복이 돗토리 번주를 만나러 가면서 조선 조정이 파견한 사신인 것처럼 꾸몄다는 점도 주목할 만하다. 비변사 진술에서 안용복은 '울릉·자산[우산] 양도 감세(장)'이라는 관직명을 "가칭"했다고 한 것 외 조선국에서 파견한 사신 일행임을 나타내는 깃발 두 장을 배에 달고 갔고 돗토리 번주를 만나러 갈 때는 관복을 착용했다고 한다.

이 깃발은 무명으로 된 것으로 하나는 앞면에 「조울양도감세장신안동지기(朝鬱兩島監稅將臣 安同知騎)」, 뒷면에 「조선국안동지승주(朝鮮國安同知乘舟)」라고 적힌 것이다. 앞에서 살펴본, 가와카미가 안용복의 관직 사칭이 일관성이 없고 어설펐다고 지적하면서 제시한 관직명들은 이 깃발에 적혀 있던 것들이다.

또 하나는 「기선미견성도우귀고향농상시(起舩尾見盛稲又皈古鄉思農時)」라고 적혀 있는 깃발인데 '배꼬리에 서서 무성한 벼를 바라보니 다시 고향에 돌아가 농사지을 때를 생각한다'는 의미의 시로서 『죽도고』에 그림과 함께 실려 있다. 이 그림은 안용복 일행이 최종적으로 머물렀던 고잔이케 아오야 주민 자야 헤스케(또는 규스케)라는 사람이 그려둔 것이라 한다.[147]

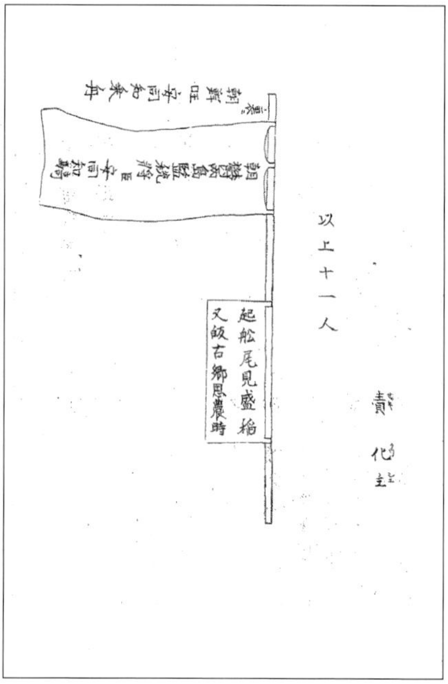

〈그림 13〉 안용복 깃발 『伯耆志』(출처: 国立国会図書館)

안용복 일행이 탄 배에 두 장의 깃발이 달려있었다는 것은 「원록각

147 岡嶋正義, 文政11(1828), 『竹島考 下』「朝鮮國通使舶于本藩」(『죽도고 상하』, 앞의 책, 254쪽).

서」를 통해서도 확인할 수 있다. 이에 따르면 안용복 일행은 길이가 위쪽이 3장, 아래쪽이 2장, 폭이 1장 2척, 깊이가 4척 2촌이며 80석 들이의 배 한 척을 타고 왔다고 한다. 여기에 돛대와 돛, 키, 노, 닻 등 배를 모는 데 필요한 부속품이 있었고 "무명으로 된 깃발 두 장을 배꼬리에 세웠"다고 한다.

이로써 보면 안용복의 조선국 사신으로서의 돗토리 도해는 울릉도에 도해하기 전에 기획된 것이었음을 알 수 있다. 또 그가 돗토리 번주를 만나러 갔다고 했을 때의 복장도 같은 점을 가리키고 있다. 그는 "푸른 철릭을 입고 검은 포립을 쓰고 가죽신을 신"고 갔다고 했는데 이는 그가 무관의 복장을 하고 갔음을 가리키는 것이다. 철릭은 대체로 무관의 공식 복장으로 당상관은 남색 철릭, 당하관은 홍색 철릭으로 구분했다고 한다.[148] 그 위에 검은 포립[갓]을 쓰고 가죽신을 신었다고 하는 것은 그가 〈그림 14〉와 같이 조선의 무관 차림새를 했다는 것인데 이 역시 울릉도 도해 전에 준비한 것이 분명하다.

〈그림 14〉 무관의 철릭(출처: 육군사관학교 육군박물관)

그런데 일본 연구자 나이토 세이추는 「원록각서」를 검토하고 안용복 일행의 소지품 목록에 "철릭"이나 "가죽신"이 없었음을 지적했다.[149] 이 지적대로 1696년 안용복 일행이 타고 간

148 육군사관학교 육군박물관 「철릭」 설명(유물번호 고대군사재 041006 – 000).

149 内藤正中, 2005, 「隠岐の安龍福」, 『北東アジア文化研究』 第22号, 2005.10, 13頁(『독도논문번역선 I』, 앞의 책, 88쪽).

배에 있던 수화물 조사 목록에 "철릭"이나 "가죽신" 등은 없다. 그러나 이 수화물 목록이 작성된 과정을 들여다보면 다른 해석도 가능하다.

「원록각서」를 자세히 보면 안용복 일행의 소지품 목록은 21일에 병자인 이비원이 적어 낸 것임을 알 수 있다. 즉 "그 다음날인 21일에 승려들이 호키에 온 이유와 수하물들에 관하여 적은 문서를 요구하자 병자인 이비원이 필자로서 적어 낸 문서가 있어 그대로 상신합니다"라고 한 바와 같다. 다시 말해 수하물 목록은 조사원들이 배에 들어가서 직접 조사한 결과가 아니라 조선인 측이 제출한 것이다. 이 경우 밝히고 싶은 않은 물건은 적어내지 않을 수 있다. 조사원이 조사를 했더라도 철릭이나 가죽신쯤은 숨길만한 곳이 배 안에 있었을 수도 있다.

즉 "철릭"이나 "가죽신"은 수화물 목록에 없었으나 이들이 울릉도 도해에 앞서 조선국 사신으로서 돗토리 도해를 목적으로 준비를 했다는 것은 사실로 보아야 한다. 안용복이 삼품당상관을 사칭했다고 한 것과 그가 무관의 당상관이 입는 푸른 철릭을 입었다고 하는 점도 이 사실을 입증해 주고 있다.

안용복의 2차 도일이 울릉도 도해 전에 기획된 것이라는 것, 특히 관직명, 관복, 깃발 등을 갖춘 조선국 사신으로서의 도해가 기획되었다는 것은 조선 조정의 개입이 있었음을 시사하는 것일 수도 있다. 그렇지 않으면 조선의 소위 미천한 백성들만으로 어떻게 이런 큰일을 꾸밀 수 있었을까. 설사 비변사 진술을 통해서는 부정되었다고 하나 기록되지 않은 일상의 공간에서는 안용복과 조선 조정 간 관계가 있었을 수도 있다. 안용복이 돗토리에서 한 일로 진술한 부분에 대해 가와카미가 안용복이 관직을 사칭한 사실을 재입증하는 한편 안용복의 2차 도일에 조선 조정이 개입하지 않았음을 강조한 것은 그와 같은 정황에 대한 인식이 있었기 때문이었을 것이다.

그 위에 돗토리번이 안용복 일행을 조선국에서 파견한 사신으로서 대우했다는 점도 주목할 만하다. 가와카미도 이들 일행이 "돗토리번 가로 항구에 도착하여 돗토리 성하[돗토리번청이 있는 중심지]로 갈 때 자신은 가마를 타고 일행은 말을 타고 갔다고 한 것만 일본 측 기록에 부합한다"고 인정한 것과 같이 돗토리번이 이들을 조선국 사신으로 대우한 것은 사실이다.

그런데 돗토리번 사람들은 안용복이 불과 3년 전에 돗토리번을 방문했던 조선 어민 중 하나인데 어떻게 그를 알아보지 못하고 그와 같은 대접을 할 수 있었을까. 돗토리번의 이런 행동에는 기록으로 남아 있지 않은 그럴만한 이유가 있었다고 보아야 한다.

따라서 일본에는 안용복 일행이 조선국 사신으로 왔다고 기록한 사료들이 남아 있다. 먼저 위에서 언급한 자야 헤스케는 안용복 일행의 배에 달린 깃발과 쓰여진 문구를 기록으로 남긴 것 외 다음과 같은 설명도 기록으로 남겼다.

<사료 21>

다음에 그려둔 배에 단 깃발 그림은 원록 9년(1696) 6월 5일 조선인 11명의 관료(騎)(의 배)가 아오야 포구에 정박해 있을 때의 배에 단 깃발 그림이다. '조울양도'란 울릉도, 일본에서는 이것을 죽도라고 한다. 자산도, 일본에서는 이곳을 송도라고 부르는 것이다. 그 때의 선장을 안동지라고 부른다.[150]

또 자야 헤스케의 설명과 그림을 수록한 『죽도고』의 소제목도 「조선국이 사신을 우리 번에 보내다[朝鮮國通使舶于本藩]」였다.[151] 죽도고는 1828년에 돗토리번 번사였던 오카지마 마사요시가 돗토리번과 주변 지역에 남아 있던 울릉도

150 이 책에서 사용하고 필자역의 『죽도고』에는 이와 같은 설명이 누락되어 있다. 필자는 『죽도고』에 이러한 설명이 있다는 사실을 나이토 세이추 교수의 연구를 통해 알게 되었다.(内藤正中, 2000, 『竹島<鬱陵島>をめぐる日朝関係史』 多賀出版, 100頁(바른역사정립기획단 편, 2006 『독도논문번역선 I』, 205쪽).)

151 岡嶋正義, 文政11(1828), 『竹島考 下』「朝鮮國通使舶于本藩」(『죽도고 상하』, 앞의 책, 243~255쪽).

쟁계 관련 사료를 조사·수집하여 쓴 책이다. 즉 1696년 안용복 2차 도일 당시 돗토리번이 이들을 조선국 사신으로 대접했던 것은 사실이었다고 본다.

쓰시마번 역시 마찬가지다. 다음 사료에서 보는 바와 같이 쓰시마번도 안용복 일행이 조선 조정이 보낸 사람들이라고 믿었던 정황이 있다.

<사료 22>

귀국(貴國)에서 유황(硫黃)을 몰래 판 일에 대해서는 그 당시 도주(島主)가 한마디도 다투며 분변하는 일이 없었습니다. 계유년에 안용복(安龍福)을 내보낸 뒤에 예조(禮曹)의 서계(書契)에 이르기를, "율(律)에 의거하여 과죄(科罪)하겠다"고 하였는데, 안용복이 또 기주(耆州)에 들어갔으니, 이것은 진실로 조정에서 시키고 지시한 것이라고 의심하였지만, 도주(島主)가 대체(大體)를 생각하고 헤아려서 끝내 그 까닭을 묻지 않았었습니다. 제가 함부로 나간 것은 이 두 가지 사건에 비교하여 경중(輕重)이 다르지 않겠습니까?[152]

위의 사료는 1697년 8월 21일 왜관 사람의 난출[함부로 왜관 밖으로 나간 사건]과 관련하여 왜관 관수가 동래 부사에게 한 말의 일부를 인용한 것이다. 여기에서 "안용복이 또 기주[돗토리]에 들어갔으니, 이것은 진실로 조정에서 시키고 지시한 것이라고" 의심했으나 쓰시마 번주가 일의 대체[전체]를 생각하고 헤아려서 끝내 조선 조정에 그 까닭을 묻지 않았다는 말을 하고 있다.

왜관 사람의 난출 사건이란 왜관에 와 있던 쓰시마번 사무라이들 10명이 왜관에서 나가 부산포 앞을 지나다가 이치에몬이라는 철포수가 조선인으로부터 돌을 맞고 칼을 빼앗긴 사건이다. 왜관 사람의 난출은 에도 막부가 "죽도 도해 금지령"으로 울릉도쟁계를 종결시킨 것에 대한 조선 조정의 답례 서신의 내용

152 『숙종실록』 권31, 숙종 23년(1697) 9월 5일 기사.

이 "불성신"하다고 하여 표출된 행동이었다. 이 서신에서 "아국지울릉도" "귀주시착" "제봉행"의 세 문구에 쓰시마번이 문제를 제기한 경과는 제1부에서 서술했다.(「울릉도쟁계의 종결과 안용복의 비변사 진술」(1.3.3)) 이 문구에 불만을 품은 쓰시마번의 "특송사[외교 특사]"의 부하들이 8월 17일, 8월 20일, 8월 21일에 연이어서 왜관 밖으로 나갔다가 사고를 당한 것이다.[153]

이와 같이 쓰시마번은 안용복 일행의 도일에 조선 조정이 관여했다고 믿었다. 그러나 공식적으로 조선 조정에 묻는 일은 하지 않았다. 아마 당시가 "죽도 도해 금지령"의 발령으로 울릉도쟁계가 1차적으로 종결된 시점이었기 때문에 쓰시마 번주가 "일의 대체를 생각해서" 고민 끝에 묻지 않았을 것이다.

그리고 이 일을 "아랫것들"의 행위로 치부하여 더 이상 문제시하지 않는 것으로 처리한 정황이 있다. 1696년 10월 16일, 쓰시마번은 조선에서 도해한 변동지·송판사에게 에도 막부의 "죽도 도해 금지령"의 취지를 적은 구술서를 전달하면서 안용복의 도일 행위에 대해 항의하고 재발 방지를 요청했다. 즉 "조정의 의도로 보낸 것이라면 무례하기 그지없는 행위이므로 분명히 사자를 보내 따져야 할 일이지만 혹시 아랫것들의 행위일지도 모른다고 생각하였기 때문에 보류하였습니다. 거듭해서 이런 일이 있다면 결코 조선국을 위해서도 좋지 않을 것이라고 조정에 분명하게 전달해야만 할 것입니다"라고 하였다.[154]

조선 조정 역시 이와 같은 쓰시마번의 사건 처리 방침에 동조한 것 같다. 변동지·송판사는 쓰시마번의 요구에 대해 "조선 조정에서는 모르는 일일 겁니다"라고 했고,[155] 왜관 측의 같은 질문에 대해 동래부사가 "조정 쪽에서 지시한

---

153 『竹島紀事』 卷五, 元祿 十年(1697) 九月/ 九月 十六日 綱(『죽도기사 Ⅱ』, 앞의 책, 204~218쪽).

154 『竹島紀事』 卷四, 元祿 九年(1696) 十月 綱 『죽도기사』 권4, 1696년 10월 항목(『죽도기사 Ⅱ』, 위의 책, 156~174쪽).

155 『竹島紀事』 卷四, 元祿 九年(1696) 十月 綱 『죽도기사』 권4, 1696년 10월 항목(『죽도기사 Ⅱ』, 위의 책, 156~174쪽).

일이 아닙니다. 아랫사람이 기획한 것이었지만 그 후에 조정 쪽에서 들으시고 처벌을 지시하셨다는 것은 지난번에 말씀드렸습니다"라고 답변한 적도 있다.[156]

다음은 동래부사 이세재의 장계 내용인데 조선 조정이 안용복을 파견하여 단자[문서]를 올리게 했느냐는 관왜[왜관 관료] 질문에 대해 역시 있을 수 없는 일이라며 답변을 한 것을 알 수 있다. 즉 그런 일은 에도로 역관 한 사람을 보내면 됐을 일인데 왜 어리석은 백성을 보냈겠느냐는 취지로 답변한 것이다.

<사료 23>

지난 가을에 귀국(貴國)의 사람이 단자(單子)를 바친 일이 있었는데, 조정의 명령에서 나온 것입니까?' 하기에, 신이 말하기를 '만약 분변할 수만 있다면 한 사람의 역관(譯官)을 강호(江戶)에 보낼 터인데, 돌아보건대 무엇을 꺼려하여 미치광스럽고 어리석은 포민(浦民)을 보내겠는가?' 하니, 관왜가 말하기를 '도중(島中)에서도 이와 같이 헤아리고 차왜(差倭)를 보내지 않는 것이니, 이것도 따로 서계(書契)를 만들어 답을 해야 한다'고 하였습니다."[157]

이와 같이 조선 조정 측의 강력 부인은 있었으나 전체 흐름상 안용복의 2차 도일에 조선 조정이 절대 개입하지 않았다고 단정할 수 없는 것이다. 만일 그랬다면 조선 조정과 쓰시마번 사이에 위와 같은 전개는 없었을 것이기 때문이다. 그렇다고 해도 양자 간 일말의 관계가 있었다고 단정할 수 없다. 이를 입증할 만한 사료가 지금 남아 있지 않기 때문이다. 다만 지금은 그런 정황이 있었다는 것을 지적하는 선에서 글을 끝내야 할 것 같다. 앞으로 조선 조정과 안용

156 『竹島紀事』 卷五, 元祿 十一年(1698) 正月 綱(『죽도기사 II』, 위의 책, 218~225쪽).
157 『숙종실록』 권31, 숙종 23년(1697) 2월 14일 기사.

복이 관계가 있었음을 명백히 입증할 수 있는 사료가 발굴되길 원한다.

4. 안용복이 지킨 독도

(1) '울릉도쟁계의 이중 구조'와 이익의 "영웅 호걸"에 대하여

한국 측 사료에서 보는 한 울릉도쟁계와 안용복에 관한 기록에는 한 가지 특징이 있다. 안용복은 비변사 진술을 통해 울릉도·우산도 영유권에 대해 언급했다. 그러나 조선 조정에서 언급된 것은 울릉도 한 섬 뿐이었다. 울릉도쟁계와 안용복에 대한 동시대 기록[1차 사료]으로는 『숙종실록』, 『승정원일기』, 『비변사등록』, 『변례집요』, 『표인왜영래등록』 등 관찬사료의 해당 시기 기사가 있는데 여기에서 조선 조정이 우산도를 적시하여 논의를 했다는 기록은 찾아볼 수 없다.

오히려 우산도에 대한 기록은 일본 측 1차 사료인 『죽도기사』에서 나온다. 1695년 12월에 에도 막부가 돗토리 번주에게 "죽도"가 돗토리에 속한 섬인지를 물었을 때 돗토리 번주가 "죽도", "송도" 모두 돗토리에 속하지 않았다고 답변한 것이 그 예다. 그 외 제1부에서 보았듯이 조선인 납치사건 때 왜관이 조선인이 간 섬에 대해 조사하여 쓰시마에 보고한 내용이나 1693년에 조선으로 귀환 도중 안용복이 쓰시마에서 진술한 내용 등에서 보인다(〈사료 7〉, 부록 〈진술-3〉 참조).

이 기록들의 특징은 다음과 같이 '울릉도쟁계의 이중 구조'라는 개념을 사용하여 설명될 수 있을 것 같다. 한일 간에 남아 있는 울릉도쟁계와 안용복 관련 기록을 통람해 보면 당시 두 종류의 논쟁이 주체와 장소, 내용을 달리하며 전개된 것을 알 수 있다. 하나는 일본 돗토리에서 안용복으로 대표되는 조선 어민과 오야·무라카와 가 및 그들의 통치자인 돗토리 번주 사이에 벌어진 울릉도·우산도 영유권 논쟁이다. 또 하나는 울릉도 영유권 논쟁인데 이는 조선에서 조선 예조와 쓰시마번을 대리로 하여 조선 조정과 일본 에도 막부와의 사이에 벌어진 것이다. 즉 울릉도쟁계는 공간을 달리하는 두 개의 논쟁이 중첩되어 있는 이중 구조를 가지는 것이다. 따라서 한국에는 울릉도 영유권 논쟁에 포커스를 맞춘 기록만 있는 반면 일본에는 울릉도·우산도 영유권 논쟁이 있었음을 시사하는 기록이 있는 것이다.

그런데 돗토리에서의 논쟁은 안용복 진술을 통해서만 조선 조정이 알 수 있는 것이었다. 당시 조선과 일본의 외교 관계는 부산의 왜관과 쓰시마번이라는 공간에서만 이루어졌다. 그러니 안용복이 말한 논쟁의 존재를 확인할 방법이 없었다. 돗토리에 사람을 보내 돗토리 번주에게 직접 물어볼 수도 없는 노릇이었기 때문이다. 이에 조선 조정은 돗토리에서의 논쟁은 그냥 방치하는 선에서 사건을 처리한 것이 아닌가 싶다. 따라서 관련 기록도 울릉도 영유권 논쟁에 대한 것만 남게 되었다.

반면 일본에서는 울릉도 영유권 논쟁 관련 기록뿐 아니라 돗토리라는 공간에서 전개된 울릉도·우산도 영유권 논쟁 관련 기록도 생산되게 되었다. 「에도 막부의 질문에 대한 돗토리 번주의 답변」이 그 예다.

이와 같은 특징은 1차 사료뿐 아니라 2차 사료에서도 발견된다. 울릉도쟁계 종료 후 안용복을 '왜인으로부터 울릉도를 지킨 영웅호걸'로 평가한 글이 나온다. 『성호사설』 「안용복전(傳)」이 그것이다.[158] 안용복이 오키섬과 돗토리에서 울릉도·우산도 영유권을 주장한 것에 포커스를 맞추어 기술한 있는 이 「안용

158 이익 『성호사설』 권3, 「천지문」 울릉도; 울릉도연혁과 울릉도쟁계에 대해 쓴 내용 중 일부이나 인물 전기(傳記) 와 같은 형태로 쓰여졌기 때문에 해당 부분에 대해 「안용복전」으로 표현했다.

복전」에서는 안용복을 '왜인으로부터 울릉도를 지킨 영웅호걸'로 평가하고 있다. 다시 말해 안용복이 영유권을 주장한 우산도에 대해서는 관심을 두지 않았던 정황이 보이는데 이 점이 조선 조정의 태도와 상통하는 것이다.

이후 「안용복전」과 같이 '왜인으로부터 울릉도를 지킨 영웅'으로 안용복을 평가하는 글들이 조선 시대 내내 이어진다.[159] 일부 사실관계에 있어 다른 점이 있으나 전체적으로 그 내용는 같다. 「안용복전」을 전재했거나 저본으로 해서 쓰여진 글들로 보인다. 그리고 조선시대 학자들 사이에 형성된 이와 같은 안용복상은 근대로도 계승된다. 근대에 들어서는 신문[160]·잡지[161] 기사나 책[162]을 통해 안용복이 알려지게 되는데 역시 「안용복전」과 유사한 내용으로써 안용복을 평가한 것이 대부분이다.[163]

그런데 1945년 이후, 즉 한일 간 독도 영유권이 논쟁의 대상으로 부각된 이후 그 이전까지의 '왜인에게서 울릉도를 지킨 영웅'이라는 평가가 '왜인에게서 울릉도와 독도를 지킨 영웅'으로 바뀌었다. 『숙종실록』의 비변사 진술, 『성호사설』「안용복전」과 같은 글을 통해 알려졌으나 관심을 받지 못하고 있던 우산도가 1945년 이후 한일 간 독도 영유권 문제가 본격적으로 대두되면서 관심을 받게 된 것이다. 더불어 안용복에 대한 평가도 울릉도를 지킨 사람에서 울릉

159 이익 『성호선생전집』 권12, 「답정여일」을 축조/ 신경준(1712~1781)의 『여암전서』「강계고」, 안정복(1712~1781) 『순암선생문집』, 원중거(1719~1790) 『화국지』 이맹휴(1713~1750) 『춘관지』, 이긍익(1736~1808) 『연려실기술』, 김건서(1743~1802년 초) 『증정교린지』, 성해응(1760~1839) 『연경재전집』, 윤행임 『석재고』, 이규경(1788~1863) 『오주연문장전산고』 이원익(1792~1854) 『기년동사략』, 정조(1752~1800) 『홍재전서』, 서영규·심상보 『만기요람』(1808), 이경만(1814~1883) 『희조일사』, 송병화(1852~1916) 『난곡집』등이다.

160 근대기의 안용복 관련 기사에 대해서는 다음 논문에 상세하게 기술되어 있다.(김병우, 2015, 「일제강점기 안용복의 이미지화와 그 의미」, 『독도연구』 제19호, 영남대학교 독도연구소 143~177쪽).

161 김병우, 2017, 위의 책.

162 김병우, 2017, 위의 책.

163 김병우, 2017, 위의 책.

도·독도를 지킨 사람으로 바뀌게 된다.

그러나 이와 같은 새로운 평가에 대해 일본 측은 매우 부정적이다. 안용복이 울릉도를 지킨 사람인 것은 맞지만 독도를 지킨 사람은 아니라는 것이다.[164] 즉 위에서 설명한 것과 같이 조선 조정이나 학자, 그리고 근대 신문·잡지 대부분 안용복이 언급한 섬들 중 우산도=송도에는 무관심한 형태의 기록을 해 왔기 때문에 이를 근거로 안용복이 지킨 것은 울릉도뿐이라는 것이다. 다시 말하자면 독도는 역사적으로 조선 영토가 아니라는 말이다.

따라서 우리가 지금 독도가 역사적으로 한국 영토였다는 주장을 하기 위해서는 울릉도쟁계를 앞서 말한 이중 구조로서 파악하고 조선에서 전개된 울릉도 영유권 논쟁이 아닌 돗토리에서의 울릉도·우산도 영유권 논쟁과 연결시켜 독도에 대해 설명해야 한다. 그런데 사실 안용복의 비변사 진술 외에 이 돗토리에서의 논쟁의 존재를 입증할 만한 이렇다 할 자료는 없다. 이에 이 책에서는 비변사 진술을 포함하여 그동안 검토되지 않은 여러 안용복 진술들과 일본 측 어민의 진술들을 대조·검토하여 비변사 진술의 진위 여부를 살펴보는 것으로 돗토리에서의 논쟁의 존재를 입증하고자 한 것이다.

이에 더해 대조·검토가 가능한 사료가 또 하나 있는데 『성호사설』「안용복전」이다. 위에서 언급했듯이 이 글은 안용복이 언급한 우산도에는 무관심한 기술을 하고 있는 것이나 이와 별도로 주목해야 할 특징이 있다. 이익과 안용복은 동시대 사람이며 「안용복전」은 안용복 생전 또는 그의 사후 얼마 되지 않아 쓰여진 글이라는 점이다. 즉 「안용복전」은 울릉도쟁계와 안용복 연구의 1차 사료라는 특징이 있다.

164 池内敏, 2009,「安龍福英雄伝説の形成ノート」,『史学』55, 名古屋大学研究論集.

이익은 1681년생이며 안용복은 1654년생이다.[165] 그리고 『성호사설』은 이익이 40세 전후부터 쓴 글을 80세 되었을 때 집안 조카들이 정리하여 편찬한 책이다.[166] 그렇다면 「안용복전」은 1720년경부터 1760년 사이에 쓰여진 글이다. 한편 1720년경은 안용복이 66세를 넘겼을 때이니 이 글이 쓰여졌을 때 생존해 있었을 가능성이 있다. 혹 1696년에 그가 양양으로 추방당한 후 바로 사망했다고 하더라도 고작 20~60여 년 밖에 지나지 않은 시점에 쓰여진 글로 볼 수 있는 것이다.

그러면 과연 이익이 무엇을 자료로 하여 이 글을 썼는지 알아볼 필요가 있다. 다음에서 살펴보겠지만 「안용복전」의 내용은 이 책에서 사용하고 있는 『숙종실록』의 비변사 진술과 흡사하다. 다시 말해 『숙종실록』 권30, 숙종 22년 9월 22일 기사의 비변사 진술이 저본이 된 것처럼 보인다. 그런데 『숙종실록』은 숙종 사후에 편찬되는 것이니 동시대 사람인 이익이 접근할 수 있는 자료가 아니었다. 그 외 유사한 내용이 있는 승정원이나 비변사의 관련 기록은 이익이 관직자가 아니었다는 점에서 역시 접근할 수 있는 자료가 아니었을 것이다. 이익은 과거를 보아 관직에 나간 일이 없고 일생 자신의 출신지인 성태리(경기도 안산)에서 학자의 삶을 영위했다고 한다. 즉 이익은 이 책과 같이 『숙종실록』이나 『비변사등록』, 『승정원일기』, 더 나아가 『죽도기사』나 『죽도고』 같은 사료로부터 정보를 얻어 울릉도쟁계와 안용복에 대해 쓸 수 있는 사람이 아니었다. 그러면 당시 어떤 정보와 자료를 가지고 「안용복전」을 썼는지를 알아볼 필요가 있다.

165 「원록각서」와 『죽도기사』의 안용복 진술에 의거함〈표 13〉. 한편 『죽도고』는 1693년 당시의 안용복의 나이를 42세 즉 1652년생으로 소개하고 있다. 덧붙여 안용복이 소지한 호패의 나이는 33세이다.

166 『한국민족문화대백과』.

물론 당시 이익이 어떤 정보와 자료를 가지고 이 글을 썼는지는 지금으로서는 확인할 방법이 없다. 그러나 적어도 조선 조정의 문서고에 소장되어 있던 문서로부터 얻은 정보 또는 자료는 아닐 것이라는 추정은 가능하다. 그렇다면 출처는 여러 관아로부터 흘러나온 정보나 자료, 또는 시중에 나도는 풍문이나 전언 등일 것인데 이와 같은 것들은 원칙적으로 근거로 삼기에는 부족한 것들이다.

그러나 당시가 사건 종료 후 얼마 안 되는 시점이었기 때문에 이런 정보나 자료에 일정 정도의 정확성이 담보되어 있었을 것이라는 점, 이런 정보나 자료의 출처가 생존을 전제한 안용복일 수 있다는 점, 그리고 대표적 실학자인 이익이 아무런 고증 없이 이런 정보와 자료를 사용했을 리 없었을 것이라는 점 등을 감안하면 「안용복전」은 충분히 사건과 관련한 1차 사료로서의 역할을 감당할 수 있는 것이다.

이와 같은 전제하에 「안용복전」이 『숙종실록』의 비변사 진술과 유사하다는 것은 안용복의 진술이 거짓이 아니라는 것을 반증하는 것이라 본다. 즉 전자가 후자를 전재했다는 근거가 없기 때문에 전자가 후자와는 다른 정보원에서 나온 정보를 사용한 것으로 보아야 하며 그럼에도 후자와 내용이 유사하다면 후자는 거짓이 아니라는 결론을 얻을 수 있는 것이다. 이와 같은 관점에서 다음 장에서는 「안용복전」을 비변사 진술과 비교하며 소개하고자 한다.

(2) 『성호사설』 「안용복전(傳)」과 비변사 진술

먼저 「안용복전」에는 안용복 신상에 대한 간단한 언급이 있다. “안용복은 동래부 전선(戰船)에 예속된 노군(櫓軍)이니, 왜관에 출입하여 왜어에 능숙하였다”고 한다. 그런데 이와 같은 정보는 앞에서 언급한 이 글을 전재한 것으로 보이는 글들(각주 159)의 다른 조선의 관·사찬 문헌에서는 볼 수 없는 것이다. 즉 이 안용복 신상에 대한 소개는 이익이 독자적으로 관련 정보를 수집했다는 것을 보여주는 실례 중 하나다.

다음으로 1693년 인질이 되어 일본으로 가게 된 상황, 오키섬과 돗토리에서 한 주장이 비변사 진술과 같은 취지로, 그러나 매우 구체적으로 설명되어 있다는 점 역시 마찬가지다.

<사료 - 성호사설> 발췌문

숙종(肅宗) 19년 계유 여름에 풍랑으로 울릉도에 표류했는데, 왜선 7척이 먼저 와서 섬을 다투는 분쟁이 일고 있었다. 이에 용복이 왜인들과 논란하니, 왜인들이 노하여 잡아가지고 오랑도(五浪島)로 돌아가 구금하였다. 용복이 도주에게 "울릉 우산은 원래 조선에 예속되어 있으며, 조선은 가깝고 일본은 멀거늘 어찌 나를 구금하고 돌려보내지 않는가?" 하니, 도주가 백기주(伯耆州)로 돌려보냈다. 이에 백기도주(伯耆島主)가 빈례(賓禮)로 대우하고 많은 은자(銀子)를 주니 모두 사양하고 받지 않았다. 도주가 "그대의 하고자 하는 것은 무엇인가?" 하니 용복이 전후 사실을 말하고 이르기를, "침략을 금지하고 이웃 나라끼리 친선을 도모함이 소원이다"라고 하니, 도주가 이를 승낙하고 강호 막부(江戶幕府)에 품하여 계권(契券)을 출급하고 돌아가게 하였다. 이에 출발하여 장기도에 이르니 도주가 대마도와 부동(符同)하여 그 계권을 빼앗고 대마도로 압송하였다. 대마도주가 또 구금하고 강호 막부로 보고하니, 강호에서 다시 서계를 보내고 울릉 우산 두 섬을 침략하지 못하게 하였으며, 또 본국으로 호송하라는 지령이 있었다. 그런데 대마도주는 다시 그 서계를 빼앗고 50일을 구금하였다가 동래부 왜관으로 보냈는데, 왜관에서 또 40일을 유련(留連)시켰다가 동래부로 돌려보냈다. 이에 용복이 이 사실을 모두 호소하니, 부사가 상부에 보고하지도 않고 월경(越境)한 일로 2년의 형벌을 내렸다.

위에서 보면 「안용복전」에서는 비변사 진술보다 더 구체적으로 1693년의 상황을 묘사하고 있는 것을 알 수 있다. 앞서 본 바와 같이 비변사 진술에서는 1693년의 상황이 간단하게 언급되어 있을 뿐이다. 1696년에 오키에 가서 "근년에 내가 이곳에 들어와서 울릉도·자산도 등을 조선(朝鮮)의 지경으로 정하고, 관백(關白)의 서계(書契)까지 있는데"라고 했을 뿐이다. 그 외 이 책에서 제시한 여타 안용복 진술들을 통해 1693년에 오키섬에 가서 울릉도·우산도 영유권을 주장했음을 짐작해 볼 수 있는 것이다.

그런데 「안용복전」에서는 안용복이 울릉도·우산도 영유권을 주장한 이유도 설명되어 있다. 즉 "울릉 우산은 원래 조선에 예속되어 있으며 조선은 가깝고 일본은 멀거늘 어찌 나를 구금하고 돌려보내지 않는가?"와 같이 두 섬이 역사적으로 조선의 영토며 지리적 위치로 보아도 그것이 확실하다는 이유가 설명되어 있다.

또 안용복이 "관백의 서계"를 받게 된 경위도 상세히 설명되어 있다. 1693년에 돗토리 번주는 안용복과 박어둔을 손님으로 대우하고 많은 은(銀)을 주었다고 한다. 그러나 안용복은 이를 받지 않았다고 한다. 즉 "이에 백기도주(伯耆島主)가 빈례(賓禮)로 대우하고 많은 은자(銀子)를 주니 모두 사양하고 받지 않았다." 그리고 대신 국가 친선을 요구했다고 하는 것이다. 즉 "도주가 "그대의 하고자 하는 것은 무엇인가?" 하니 용복이 전후 사실을 말하고 이르기를, "침략을 금지하고 이웃 나라끼리 친선을 도모함이 소원이다"라고 했다는 것이다. 이에 "도주가 이를 승낙하고 강호 막부(江戶幕府)에 품하여 계권(契券)을 출급하고 돌아가게 하였다"고 한다.

이 설명은 안용복이 비변사 진술에서 "에도"에 가서 "관백의 서계"를 받았다는 진술과 부합한다. 필자는 앞서 "에도"가 돗토리와 주변 지역일 것이며 "관백의 서계"는 그가 누군가에게 그렇게 들은 어떤 문서일 것이라고 서술했다.

그런데 여기에서는 "백기주", 즉 돗토리 번주로 수정되어 있고 "관백의 서계"를 받게 된 경위도 구체적으로 설명되어 있다. "강호 막부에 품하여 계권을 출급하고 돌아가게 하였다"는 설명이다. 즉 안용복이 진짜 에도에 가서 에도 막부 장군이 내린 어떤 문서를 받은 것이 아니라 돗토리 번주가 에도 막부에 알려서 장군 명의의 문서를 받아주었다고 설명되어 있는 것인데 이와 같이 보면 안용복의 "관백의 서계" 수령은 가능한 것이 된다.

반면 안용복은 1차 도일 시의 다른 진술에서 돗토리에서 받은 선물을 나가사키에서 빼앗겼다고 했다(에도 막부의 "죽도 도해 금지령"(1.3.2), 〈사료 - 15〉). 즉, '에도에서 우리에게 의복 등을 내려주고 매우 정중하게 대해 주었다.' '에도에서 나가사키로 보내질 때는 가마에 태우고 좌우에서 부채질을 해주고 혹은 금은을 주는 등 잘 대해 주었다.' '그런데 나가사키에서 우리를 인수한 쓰시마 관리들이 우리가 받은 금은을 빼앗고 심하게 대했다'와 같이 진술한 것이다. 그러나 여기에서는 스스로 사양한 것으로 되어 있어 다른 진술과 차이를 보인다.

또 "관백의 서계"를 받은 횟수와 빼앗기게 된 경우도 구체적으로 설명되어 있다. "이에 출발하여 장기도에 이르니 도주가 대마도와 부동(符同)하여 그 계권을 빼앗고 대마도로 압송하였다. 대마 도주가 또 구금하고 강호 막부로 보고하니, 강호에서 다시 서계를 보내고 울릉 우산 두 섬을 침략하지 못하게 하였으며, 또 본국으로 호송하라는 지령이 있었다. 그런데 대마 도주는 다시 그 서계를 빼앗고 50일을 구금하였다가 동래부 왜관으로 보냈는데"라고 한 바와 같다. 즉 나카사키에서 나가사키 봉행과 결탁한 쓰시마번 관료에게 한 번 빼앗기고 쓰시마로 이송된 후에 한 번 더 받았는데 다시 또 쓰시마 번주에게 빼앗겼다는 것이다.

비변사 진술에서는 "대마 도주가 서계를 빼앗고는"이라고 간단하게 언급되어 있을 뿐이다.

비변사 진술이나 기타 한국 관찬 사료에서는 볼 수 없는 2차 도일의 동기도 설명되어 있다. 안용복은 "계권"과 "서계"를 빼앗기고 쓰시마와 왜관에 구류되어 있었던 상황을 동래부에게 보고했으나 부사가 조정에 보고하지도 않고 월경죄로 2년의 형벌을 내렸다고 한다. 그래서 울분을 참을 수 없어 형량을 치른 후인 1696년에 "떠돌이 중 5인과 사공 4인"과 함께 다시 울릉도에 갔다고 하는 것이다.

이 설명 중 "부사가 조정에 보고하지도 않고"라고 한 점은 1차 도일 시 안용복에 대한 조사가 제대로 이루어지지 않았다고 한 것과 부합한다. 즉 이 책 제1부에서 안용복 1차 도일 후 1차 봉행차왜의 접위관인 홍중하에 의해 심층 조사가 이루어지지 않았다고 지적한 것과 부합하는 설명인 것이다.(「남구만과 안용복의 1차 진술(1.3.1)) 한편 2차 봉행차왜의 접위관 유집일은 안용복을 재조사했고 그 결과는 남구만에게 전달되었음은 앞서 기술한 바와 같다.

이와 같이 「안용복전」은 비변사 진술이나 그 외 1차 진술 내용에 새로운 정보를 더해 1차 도일에서 있었던 일을 구체적으로 설명한 형태의 것이다. 이 중 돗토리에서 받은 선물을 스스로 사양했다는 점은 다른 진술과 다르지만 그 외는 비변사 진술이나 그 외의 1차 진술 내용과 다르지 않다. 다음과 같은 2차 도일에 대한 설명도 마찬가지다.

<사료 - 성호사설> 발췌문

을해(1695, 숙종 21) 여름에 용복이 울분을 참을 수 없어 떠돌이 중 5인과 사공(沙工) 4인과 배를 타고 다시 울릉도에 이르니, 우리나라 상선 3척이 먼저 와서 정박하고 고기를 잡으며 대나무를 벌채하고 있었는데, 왜선이 마침 당도하였다. 용복이 여러 사람을 시켜 왜인들을 포박하려 했으나 여러 사람들이 두려워하여 좇지 않았으며,

왜인들이 "우리들은 송도에서 고기잡이를 하다가 우연히 이곳에 왔을 뿐이다" 하고 곧 물러갔다. 용복이 "송도도 원래 우리 우산도"라 하고 다음날 우산도로 달려가니, 왜인들이 돛을 달고 달아나거늘 용복이 뒤쫓아 옥기도(玉岐島)로 갔다가 백기주에까지 이르렀다. 이에 도주가 나와 환영하거늘, 용복이 울릉도 수포장(搜捕將)이라 자칭하고 교자를 타고 들어가 도주와 대등한 예로 대하고 전후의 일을 소상히 말하였다. 그리고 또 "우리나라에서 해마다 쌀 1석에 반드시 15두요, 면포 1필은 35척이며, 종이 1권에 20장으로 충수(充數)해 보냈는데, 대마도에서 빼먹고 쌀 1석은 7두, 면포 1필에 20척, 종이는 3권으로 절단하여 강호로 올려 보냈으니, 내가 장차 이 사실을 관백(關白)에게 곧장 전달하여 그 속인 죄상을 다스리게 하겠소" 하고 동행 가운데 문학에 능통한 자를 시켜 소장을 지어 도주에게 보여 주었다. 대마도주의 부친(父親)된 자가 이 말을 듣고 백기주에 달려와 용서해 주기를 애걸하므로 그 일은 이로써 결말을 지었다. 그리고 과거의 일을 사과하고 돌려보내며, "섬을 가지고 다툰 일은 모두 그대의 말대로 준행할 것이요, 만약 이 약속을 어기는 자가 있으면 마땅히 중벌에 처하겠소"라고 하였다.

위 내용은 1696년에 안용복이 일본에 가게 된 이유, 오키섬을 거쳐 돗토리로 간 것, 돗토리에서 돗토리 번주를 만나 쓰시마 번주의 문제를 에도 막부에 상소하려 했으나 "대마 도주의 부친[소 요시자네]"의 요청이 있어 포기한 것, 돗토리 번주가 다시 안용복의 주장을 인정해 준 것을 설명하고 있는데 역시 비변사 진술과 다르지 않은 것이다.

이를 조금 더 자세히 보면, 먼저 울릉도에서 일본 배를 만나 쫓아간 상황을 다음과 같이 설명하고 있다. 즉 울릉도에 가니 이미 조선 배 3척이 와 있었고 곧이어 일본 배가 왔다, 안용복이 일행으로 하여금 포박하게 하려 했으나 그들이 겁을 먹고 말을 듣지 않았다. 일본인들이 "우리들은 송도에서 고기잡이를 하다가 우연히 이곳에 왔을 뿐"이라고 하고 곧 물러났다, 안용복이 "송도도 원래 우리 우산도"라고 하고 다음날 우산도로 달려가니 왜인들이 달아나서 뒤쫓아 오키로 갔다가 돗토리까지 가게 되었다는 것이다.

다음으로 돗토리에 가서 안용복이 돗토리 번주를 통해 에도 막부에 상소하려고 했던 쓰시마 번주의 "죄상"도 구체적으로 설명되어 있다. 쓰시마번이 에도로 보낼 조선과의 교역물품을 중간에서 착복한다는 것이었다. "우리나라에서 해마다 쌀 1석에 반드시 15두요, 면포 1필은 35척이며, 종이 1권에 20장으로 충수(充數)해 보냈는데, 대마도에서 빼먹고 쌀 1석은 7두, 면포 1필에 20척, 종이는 3권으로 절단하여 강호로 올려 보냈으니, 내가 장차 이 사실을 관백(關白)에게 곧장 전달하여 그 속인 죄상을 다스리게 하겠소"라고 하였다고 한다.

그 외 쓰시마 번주의 부친 소 요시자네가 "백기주에 달려와" 용서를 구해 에도 막부에의 상소를 단념했다는 설명, 돗토리 번주가 [두] 섬에 대해 안용복이 한 말을 준행하겠다고 하고 약속을 어기는 자는 법으로서 처벌하겠다고 한 것 역시 비변사의 진술과 다르지 않다.

이와 같이 「안용복전」은 안용복의 비변사 진술과 그 외 진술의 내용을 더 상세하게 풀어쓴 것이다. 특히 안용복이 두 차례에 걸친 도일을 통해 울릉도와 우산도 영유권을 주장한 것, 울릉도쟁계의 당사자로서 또한 조·일 외교의 중개자로서의 쓰시마번의 죄상을 에도 막부에 상소하려 했던 것 등 진술의 핵심이 되는 내용이 양자 간 일치한다. 이는 다시 말하면 안용복 비변사 진술이 거짓이 아니었다는 것이다.

그런데 위에서 본 바와 같이 안용복이 "울릉(도) 수포장(搜捕將)이라 자칭"했다고 한 것은 다음과 같이 이익이 안용복을 '울릉도를 지킨 영웅호걸'로 평가한 것과 함께 지금의 독도 문제에 많은 영향을 미치고 있다. 즉 비변사 진술에서는 "울릉·자산[우산] 양도 감세(장)"를 사칭했다고 했는데 여기서는 우산도는 빠진 "울릉(도) 수포장"으로 표현하고 있는 것이다. 그리고 「안용복전」 이후 이것을 저본으로 하여 집필된 것으로 보이는 다른 여러 「안용복전」 역시 같은 취지의 기술을 하고 있다.

구체적으로 보면 "울릉(도) 수포장"은 이규경 『오주연문장전산고』가 계승한다. 한편 원중거의 『화국지』에서는 "울릉 감세관"이라는 표현이 나오는데 이후 이맹휴 『춘관지』, 성해응 『연경재전집』, 윤행임 『석재고』, 서영규·심상보 『만기요람』, 이경민 『희조일사』, 송병화 『난곡집』이 "울릉(도) 감세관"이라는 표현을 계승한다. 즉 안용복 비변사 진술에서의 우산도는 이익 이후의 다른 조선 학자들에게서 관심을 받지 못했다. 가와카미는 이 중 "울릉(도) 감세관"이라는 표현을 근거로 울릉도와 우산도에 대한 안용복 진술을 거짓으로 판단한 것이다.

그러나 전 장에서 언급한 바와 같이 이와 같은 문제점은 돗토리에서 벌어진 조선 어민과 일본 어민, 돗토리 번주 사이에 벌어진 울릉도·우산도 영유권 논쟁을 객관적 실체로서 입증할 수 있을 만한 자료를 조선에서 구할 수 없었던 상황에서 비롯된 것이라고 생각한다. 이와 같은 상황에 더해 이 글을 쓴 사람들이 조선의 실학자였다는 점은 더더욱 이 돗토리에서의 논쟁에 무관심해질 수밖에 없는 동기를 제공했을 것이다. 따라서 이들은 울릉도쟁계를 고증이 가능한 울릉도 영유권 논쟁으로만 쓰게 되었고 그리고 " 울릉·자산[우산] 양도 감세(장)"도 일관성 있게 "울릉(도) 수포장" 또는 "울릉(도) 감세관"으로 수정했을 것으로 본다.

(3) 돗토리 논쟁의 흔적들과 안용복의 우산도=송도 계승

전 장에서 언급했듯이 지금도 돗토리에서 벌어진 조선 어민과 일본 어민의 울릉도·우산도 영유권 논쟁이 구체적으로 어떤 것이었는지 모른다. 관련 1차 사료가 남아있지 않기 때문이다. 그러나 아직도 남아있는 사료로서 그러한 논쟁이 존재했음을 추정해 볼 수 있다. 먼저 조선 측 사료로서 1693년 이전에도 조선인이 울릉도에 도해했다는 것을 알려주는 것들이 있다.

먼저 제1부에서 소개한 조선인 역관의 말을 통해 알 수 있다. 조선 조정이 예조 사역원 역관들을 불러 놓고 일본에서 말하는 "죽도"가 어떤 섬이냐고 물었을 때 역관들이 "죽도는 필경 울릉도일 것인데 조정에는 그렇게 보고할 수 없다, 큰일난다. 그러니 동해 방향에 울릉도, 우산도, 이름없는 섬 셋이 있는데 이 중에서 어느 곳이든지 일본에서 죽도라고 부르는 것을 죽도로 삼고 그 밖의 섬을 조선의 울릉도로 삼아 조선은 명분을 세우고 일본은 실리를 취하게 하자는 논의를 하고 논의한 대로 조정에 보고했다"(「울릉도쟁계의 시작」(1.1.3))는 말이다.

여기에서 '울릉도, 우산도, 이름없는 섬'이라는 것은 동해상의 섬에 대해 조선 조정과는 다른 지식 체계가 존재하였음을 알려준다. 조선 조정의 대응에 한해 보면, 조선 조정은 동해상의 섬에 대해 『여지승람』에 근거한 "울릉도" 지식만으로 울릉도쟁계에 임했다. 한편 조선 역관들은 동해상의 섬들에 대해 '울릉도, 우산도, 이름없는 섬'과 같이 복수의 섬이 있다는 지식에 근거하여 울릉도쟁계에 임하려고 했던 것이다. 이 지식은 조선 동남해안 어민들이 실생활에서 경험으로 획득한 것으로 왜관을 왕래하는 조선인 역관 사이에 공유되었을 것이다.

다음으로 태종·세종 때의 울릉도인 쇄환 정책에도 불구하고 조선 동남해안 어민들이 몰래 울릉도에 드나든 정황이 있다. 1693년 11월 좌의정 목래선이 1차 봉행차왜의 파견에 대한 대응을 논의하던 중 일본의 "죽도"에 조선인 왕래를 금지해 달라는 요구를 들어줄 수 없는 이유로 다음과 같이 연해 어민의 상시적 울릉도 도해에 대해 언급했다.

<사료 24>

경상도 연해의 어민들은 비록 풍파 때문에 무릉도(武陵島)에 표류하였다고 칭하고 있으나 일찍이 연해의 수령을 지낸 사람의 말을 들어보니 바닷가 어민들이 자주 무릉도와 다른 섬에 왕래하면서 대나무도 베어오고 전복도 따오고 있다 하였습니다. 비록 표류가 아니라 하더라도 더러 이익을 취하려 왕래하면서 어채(漁採)로 생업을 삼는 백성을 일체 금단하기는 어렵다고 하겠으나 저들이 기왕 엄히 조항을 작성하여 금단하라고 하니 우리 도리로는 금령을 발하여 신칙하는 거조가 없을 수 없겠습니다.[167]

또 1694년 3월 4일 우의정 민암의 건의, 1697년 11월의 대사간 이수언의 상소도 같은 취지의 것이었다.

<사료 25>

"죽도(竹島) 문제가 이미 수습되었으니, 이른바 불법 월경 죄인 등에게 심리하는 일이 있어야 하겠습니다. 연해 백성들은 본래 어채(漁採)로 생활하고 있습니다. 금령을 무릅쓰고 이익을 탐하여 자주 외양(外洋)에 왕래하므로 이와 같이 말썽을 빚어내는 폐단을 일으키게 되었으니 각별히 엄하게 다스려야 할 듯합니다. 지금 이 죄인들에게 가벼운 형률을 시행한다면 뒷날의 폐단을 막기가 어려울 것입니다."[168]

<사료 26>

『고려사(高麗史)』를 보건대 고려 말년에 왜인(倭人)들의 환란이 영동(嶺東)까지 미쳤고, 근년에는 영동과 영남의 어업(漁業)하는 민중들이 심상하게 울릉도를 갔다왔다 하고 있으니, 수종이 달라졌다는 말은 혹은 맹랑한 말이 아니겠습니까? 천하의 환란은 허다히 소홀히 여기는 데에서 발생하니, 다시 해도(海道)에 유의하여 엄중하게 방금(防禁)하도록 하시기 바랍니다.[169]

---

167 『국역비변사등록』, 숙종 19년(1693) 11월 14일 기사.

168 『국역비변사등록』, 숙종 20년(1694) 3월 4일; 『승정원일기』 355책, 숙종 20년(1694) 3월 기사.

169 『숙종실록』 권27, 숙종 20년(1694) 11월 6일 기사.

이와 같은 말은 조선 조정의 정책 방향과는 관계없이 현실 생활에서는 어민들의 상시적 동해 출어가 있었다는 것을 의미한다. 다시 말해 조선 어민과 당시 울릉도에 도해하던 일본 어민 사이에 안용복이 말했듯이 울릉도와 우산도라는 어장을 둘러싼 갈등이 발생할 개연성이 충분히 있었던 것이다.

한편 "울릉도쟁계의 이중 구조"를 이루는 하나의 요소로서 돗토리에서의 울릉도·우산도 영유권 논쟁은 조선 조정의 관심, 이후 조선 학자들의 관심을 받지는 못했으나 그렇다고 해서 안용복의 우산도=송도라는 인식이 후대의 기록에서 완전히 지워진 것은 아니다. 조선의 역대 문물제도를 백과사전식으로 편찬한 『동국문헌비고』(1770)는 "여지지에 이르기를, 울릉도와 우산도는 모두 우산국 땅이며 우산도는 일본인들이 말하는 송도다"[170]라 하고 있으며, 1808년에 서영보·심상규 등이 순조의 명으로 편찬한 『만기요람』도 같은 기술을 하고 있다.[171] 『만기요람』은 18세기 후반에서 19세기 초반 조선 왕조의 재정과 군정에 대한 내용을 담고 있는 것이다.

이와 같은 인식은 근대기에도 이어졌고 일본인에게도 전해졌다. 동아동문회(東亞同文會) 간사이며, 한국에서 내각 고문을 역임한 이시즈카 에이조의 보좌관으로 기록, 편찬 관보 등의 사무를 감독한 쓰네야 세이후쿠는 『조선개화사』(1901)에서 울릉도의 부속 섬에 대해 "대소 6도가 있다. 그중 우뚝한 것을 우산도(일본인은 송도라고 한다)와 죽도라고 한다"라고 했다. 동아동문회는 아관파천 이후 러시아의 남하에 위기를 느끼고 조선 내에 친일 세력을 강화시키기 위해 결성된 단체다.[172]

---

170 『御製序文献備考』 卷十七之八, 輿地考, 蔚珍·三陟(서울대학교 규장각 한국학연구원).

171 沈象奎·徐榮輔 所编, 『萬機要覽 十』 軍政編, 海防, 江原道(서울대학교 규장각 한국학연구원).

172 홍정원, 2012, 「근대 문헌에 보이는 독도(우산도, 석도)연구」(정영미 외, 2012, 『근대 이행기의 한일 경계와 인식에 대한 연구』, 동북아역사재단, 123쪽).

그리고 일본이 독도를 시마네현에 편입(1905)한 전후(1903~1908)에 『동국문헌비고』를 증보하여 편찬한 『증보문헌비고』는 "우산도·울릉도 … 두 섬으로 하나가 바로 우산이다. 속(續) 지금은 울도군이 되었다"[173]라고 기록한다. 이 기록은 대한제국이 칙령 제41호(1900. 10. 25)를 통해 울릉도를 울도군으로 승격시키고 울도 군수를 두는 한편 울도 군수가 관할하는 지역을 "울릉전도와 죽도, 석도"[174]로 정한 것과 관련된다. 여기에서 석도는 『조선개화사』에 언급된 우산도고 이 우산도는 안용복의 우산도=송도라는 인식을 계승한 것이다.

일본에서도 돗토리에서의 논쟁을 구체적으로 알려주는 1차 사료는 없으나 역시 그 흔적은 남아 있다. 1795년에 돗토리번의 번의(藩醫)였던 아베 교안이 편찬한 이나바[돗토리]의 지지(地誌)인 『인번지』에는 오야·무라카와 가의 울릉도 도해 경과, 안용복 도일 사건 등이 기록되어 있는데 울릉도와 자산도에 대해서 다음과 같이 서술하고 있다.[175]

<사료 27>

조울양도(朝蔚兩島)란 울릉도 – 일본에서는 이것을 다케시마(竹島)라고 칭한다. 자산도[이 표기 위에 우산섬(ウサンスム)이라는 후리가나가 붙어 있다. 역자 주] – 일본에서는 마쓰시마(松島)라고 부른다 – 가 이것이다.

이 기록은 앞서 언급한 자야 헤스케의 기록과 같은 것이다(「안용복은 "조선국 사신"으로 돗토리에 갔는가」(2.3.3)). 즉 1696년에 안용복이 체류하던 아오시마 근처에

173 弘文館編纂『增補文献備考 七』輿地考, 海防, 東海, 蔚珍(서울대학교 규장각 한국학연구원).

174 『光武四年十月 日 官報』第一千七百十六號, 光武四年十月二十七日, 議政府總務局官報課(서울대학교 규장각 한국학연구원).

175 『因幡誌』「筆記之部 三」에는 오야 · 무라카와 가의 울릉도 도해 경과 및 안용복 도일 사건 등에 대한 기록이 수록되어 있다. 본문은 시마네현 홈페이지 '웹 죽도문제연구소'에서 볼 수 있다. (http://www.pref.shimane.lg.jp/soumu/web-takeshima/takeshima04/takeshima04_01/takeshima04c.html).

서 찻집을 경영하던 자야 헤스케가 안용복 일행의 배에 달린 깃발과 쓰여진 문구를 그림으로 남기고 “‘조울양도’란 울릉도, 일본에서는 이것을 죽도라고 한다. 자산도, 일본에서는 이것을 송도라고 부르는 것이다”라고 설명한 것과 같은 내용의 것이다.

그리고 무라카와가는 1696년의 “죽도 도해 금지령”에 송도도 포함되어 있음을 시사하는 기록을 남겼다. 오야 · 무라카와 가는 “죽도 도해 금지령” 이후 생계 유지가 힘들다는 이유로 1740년에 에도 막부의 지사봉행[관료]에게 청원을 했다. 가능하면 오사카로 운송하는 미곡 수송이나 나가사키의 무역 사업에 참여시켜 달라는 청원이었다. 이 때 청원에 대한 심의 과정에서 “죽도·송도 두 섬에 대한 도해금지령이 내린 이후에는 호키 지방의 요나고 성주가 불쌍히 여겨서 도와주셨기 때문에 생업을 유지해 왔다”라고 기록한 것이다.[176]

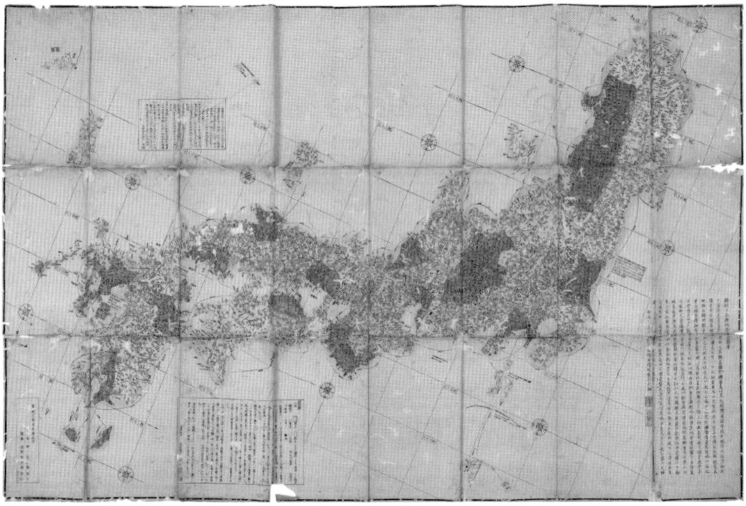

〈그림 15〉 개정일본여지로정전도(출처: 동북아역사재단)

176 『村上家文書(寫)』(米子市立圖書館)(박지영, 2017, 「일본 산인(山陰) 지방민과 ‘울릉도·독도 도해금지령’에 대하여」, 『독도연구』 제23호, 381~382쪽).

이와 같이 돗토리에서의 울릉도·우산도 영유권 논쟁은 기록으로 남게 되었고 그것을 근거로 일본에서 말하는 송도가 조선의 우산도라는 인식이 생겨 후대에 계승되었는데 그 한 예가 지도다.

인쇄된 일본지도로는 처음으로 축척과 경위선을 도입한 지도로 알려진 나카구보 세키수이[長久保赤水]의 〈개정일본여지로정전도(改正日本輿地路程全圖)〉(1775년 서문, 1779년 제1차 목판본 간행)에는 동해에 "죽도"와 "송도"가 그려져 있고 "죽도" 옆에는 "기죽도"라는 명칭이 병기되어 있으며 그 옆에는 "이 섬에서 은주[오키]가 보이고 또 조선국도 보인다"는 문구와 "조선국 것이다"는 글귀가 있다. 이 "조선국 것이다"는 글귀는 안용복이 일본에 가서 한 주장을 반영하고 있는 것이다.

역시 에도 막부의 학자 하야시 시헤이(林子平)가 1785년에 간행한 지리서 『삼국통람도설』 부속도 중 하나인 〈삼국통람여지로정전도(三國通覽輿地路程全圖)〉도 안용복의 진술이 반영된 지도다. 이 지도는 "조선, 오키나와, 홋카이도 및 사할린, 캄차카 반도 등 여러 지역이 서로 접해 있는 모양을 보기 위해 그린 지도"인데 일본과 조선 사이에 "죽도"로 표기한 큰 섬과 이름 없는 작은 섬이 그려 있고 "이 섬에서 은주[오키]가 보이고 또 조선국도 보인다"는 문구와 "조선국 것이다"라는 글귀가 적

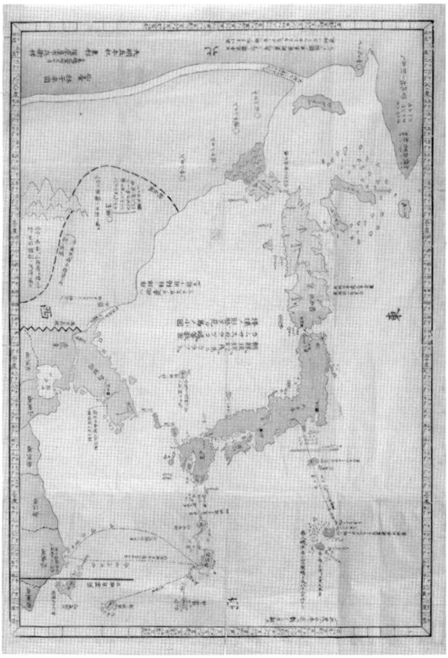
〈그림 16〉 삼국통람여지로정전도(출처: 동북아역사재단)

혀 있다.[177]

이 지도에서 이름 없는 작은 섬이 "송도"라는 것은 하야시 시헤이의 〈대삼국지도 하이·일본·조선(大三國地圖蝦夷日本朝鮮)〉에서 확인된다. 이 지도는 〈삼국통람여지로정전도〉를 개정 증보하여 1802년에 다시 제작한 지도다. 여기에서는 〈삼국통람여지로정전도〉에서의 죽도 옆의 이름 없는 섬에 "송도"라고 표기하였다.

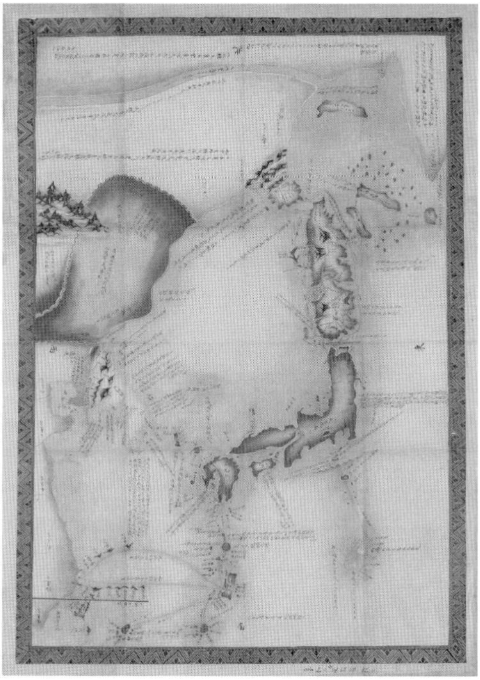

〈그림 17〉 대삼국지도 하이·일본·조선(출처: 우리문화가꾸기회)

에도 시대가 끝나고 메이지 시대에 들어서도 이 인식이 계승되고 있음을 알 수 있다. 일본 외무성 관료의 쓰시마·일본 출장 복명서인 「조선국교제시말내탐서」[178]와 초기 메이지 정부의 최고 행정 기관이었던 태정관이 1877년에 내무성에 내린 지령('태정관 지령')[179]이다.

「조선국교제시말서」는 쓰시마번에서 생산된 사료의 인식을 계승한 것이다. 1868년 메이지 정부는 일왕 친정체제로의 전환을 알리는 서계를 조선 측에 보

177 1986, 『三國通覽圖說』, 景仁文化社.

178 『공문별록』「朝鮮事件 一」 조선국교제시말내탐서(일본 국립공문서관 소장).

179 『公文錄』「明治十年三月 內務省之部 一」 日本海內竹島外一島地籍編纂方伺; 『太政類典第二編』「第三類 地方二 行政區二」 日本海內竹島外一島ヲ版圖外トス(일본 국립공문서관).

내고 1869년 12월에 외무성 관리 사다 하쿠보, 모리야마 시게루, 사이토 사카에를 쓰시마와 부산 왜관에 파견하여 조선과의 외교관계 수립을 모색했다. 외무성 관리들은 먼저 쓰시마에서 자료를 조사하여 「대주[쓰시마] 조선 교제 취조서」라는 결과 보고서를 작성했다. 이는 주로 쓰시마번이 조선 측과 주고받은 외교문서의 내용을 다룬 것으로서 14번째 "죽도일건"이라는 항목에서 울릉도 쟁계를 다루고 있다. 이들은 후에 이 문서를 부속문서로 첨부한 「조선국 교제 시말 내탐서」라는 출장 복명서를 외무성에 제출했다. 외무성이 이들에게 지시한 13개 항목을 조사하여 보고한 내용으로 되어 있는데 "죽도와 송도가 조선에 부속하게 된 경위"에 대한 보고가 포함되어 있는 것이다.

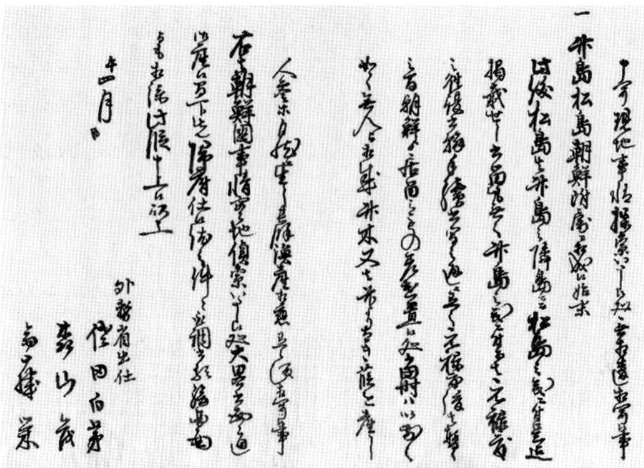

〈그림 18〉 조선국교제시말내탐서(출처: 国立公文書館)

'태정관 지령'은 쓰시마번과 돗토리번에서 생산된 사료의 인식을 계승한 것이다. 메이지 정부는 1876년부터 전국적으로 지적편찬 사업을 진행했다. 내무성은 시마네현에 죽도에 관한 기록과 지도를 조사한 후 지적에 넣을 것인지 여부를 내무성에 문의하라는 지시를 했다. 당시는 돗토리 지역이 시마네현에 편재되어 있었다. 시마네현은 지시대로 이른바 「일본해 내에 있는 죽도 외 일도

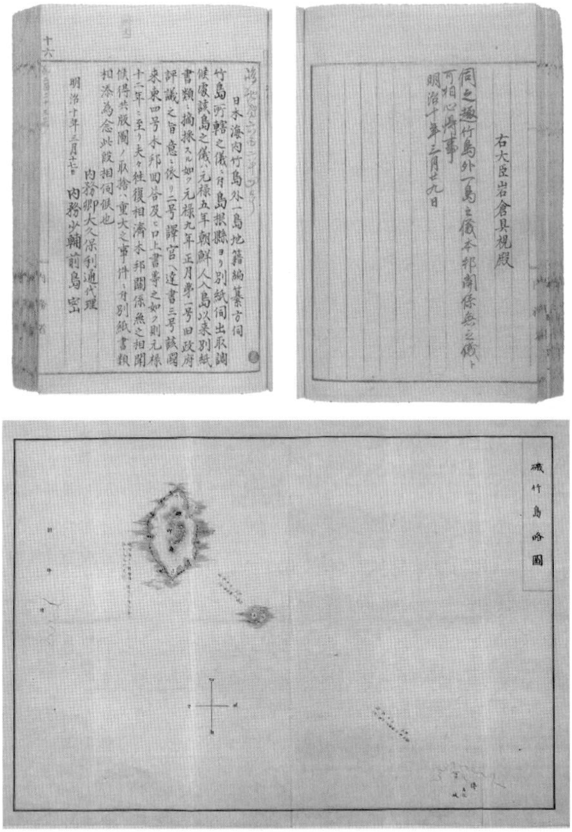

日本海内竹島外一島地籍編纂方伺
竹島所轄之儀ニ付島根縣ヨリ別紙伺出取調候處該島之儀ハ元禄五年朝鮮人入島以来別紙書類ニ摘採スル如ク元禄九年正月第一号旧政府評議之旨意ニ依リ二号譯官ヘ達書三号該國来柬四号本邦回答及ヒ口上書等之如ク則元禄十二年ニ至リ夫々往復相濟本邦關係無之相聞候得共版圖ノ取捨ハ重大之事件ニ付別紙書類相添為念此段相伺候也
明治十年三月十七日
内務卿大久保利通代理
内務少輔前島密

右大臣岩倉具視殿
伺之趣竹島外一島之儀本邦關係無之儀ト可相心得事
明治十年三月廿九日

〈그림 19〉 태정관 지령과 기죽도약도(출처: 国立公文書館)

를 지적에 편찬하는 방법에 대한 문의」를 작성하여 내무성에 문의했다. 이때 시마네현은 고문헌과 지도를 첨부했다. 내무성은 이 문서를 검토 하여 두 섬이 일본 영토가 아니라고 결론짓고 당시 최고 행정기곤인 태정관에 요청했다. 내무성은 태정관이 참고하도록 다른 문서도 첨부했는데 에도 막부 시대에 "죽도 도해 금지령"이 나오게 된 경위와 이후의 전개가 기술된 쓰시마 문서였다. 그런데 이 문서를 검토한 태정관은 1877년 3월 29일 "죽도와 그 밖의 한 섬에 관한 것은 일본과 관계없음을 알 것"이라는 지령을 내무성에 내렸다.

한국 측 사료에서 보는 한, 돗토리에서의 울릉도·우산도 영유권 논쟁은 사건 당시 조선 조정에 인정받지 못했다. 조선 학자에게도 마찬가지다. 그러나 안용복의 우산도=송도 인식이 단절된 것은 아니다. 일부 문헌을 통해 대한제국기까지 계승된 것이다. 반면 돗토리나 그 주변 지역에는 그 흔적을 엿볼 수 있는 사료들이 남아 있다. 그리고 그것으로 인해 형성된 안용복의 우산도=송도 인식이 기록을 통해 메이지시기 초기까지 계승되는 것이다. 지금 우리는 이러한 사료들을 근거로 독도가 역사적으로 한국 영토였음을 알 수 있는 것이다. 즉 안용복은 울릉도쟁계를 통해 울릉도를 수호했고 지금 독도 영유권 문제에서 독도를 수호하고 있는 것이다.

에필로그

지금까지 울릉도쟁계와 안용복의 진술들에 상세히 기술하고 울릉도쟁계가 조선에서의 조·일 정부 간 울릉도 영유권 논쟁과 돗토리에서의 조·일 어민의 울릉도·우산도(송도=독도) 영유권 논쟁의 '이중 구조'였다는 점과 안용복이 일본에서의 경험이 본질적으로 '언어적 경험'이었다는 점에 착목하여 비변사 진술을 재검증했다.

결론적으로 안용복의 비변사 진술은 '언어적 경험'에 따른 표현의 문제점은 있을지언정 모두 진실이었다고 본다. 그리고 이것은 돗토리에서 돗토리 번주를 끼고 전개된 조·일 어민의 울릉도·우산도 영유권 논쟁의 존재를 조선 조정에 알리고자 했던 동기의 발현체였다. 그러나 이 논쟁은 그 이상의 전개 없이 방치되었다. 근본적으로 조선 조정이 확인할 수 없는 논쟁이었기 때문이다.

당시 조·일 국교는 쓰시마번을 통해서만 이루어졌다. 양국 간 이외의 지역과의 직접적 관계 형성은 불법으로 간주했다. 한편 돗토리에서의 논쟁의 사실 여부를 확인하기 위해서는 정부 차원의 사신을 돗토리에 보내야 한다. 그러나 양국의 국교 형태상 그것은 불가능했다. 따라서 돗토리에서의 논쟁은 제대로 확인되지 못한 채 방치되었던 것이다.

이로써 울릉도쟁계는 조·일 정부의 울릉도 영유권 논쟁의 단일구조로 정리되어 후대에 전해지게 되었고 이와 함께 안용복 비변사 진술도 맥락 없는 것이 되었다. 지금 그의 진술이 '허구', '허위', '과장'으로 평가되거나 그가 지킨 것은 울릉도지 독도가 아니라는 등의 평가를 받는 것은 이와 같은 역사 과정에 대한 이해가 평가자에게 없었기 때문이다.

그럼에도 안용복의 울릉도·우산도에 대한 언행을 인용한 기록들이 남아 지금 독도를 지키는 근거가 되고 있다. 그의 언행은 이익의 『성호사설』「안용복전」과 그 이후에 이를 기초로 집필된 여러 「안용복전」에 인용되어 있다. 고증을 중요시한 실학자들의 글이었다는 한계 때문에 안용복을 '울릉도를 지킨 사람'으로만 평가한 글들이지만 안용복의 울릉도·우산도에 대한 언행은 충실히 인용되어 있다. 그리고 돗토리와 주변 지역에도 그의 언행이 인용된 기록들이 다수 남아 있다. 울릉도·우산도는 일본에서 말하는 죽도·송도이며 조선 영토라는 주장이 인용된 기록들이다. 이 기록들이 지금 독도 영유권 근거 자료로 사용되고 있는 것이다. 즉 안용복은 울릉도쟁계를 통해 울릉도를 수호했고 지금 독도 영유권 문제에서 독도를 수호하고 있는 것이다.

마지막으로 조선 조정의 안용복 처벌 문제에 대한 시각을 제시하고 이 글을 마무리하고자 한다. 일본 측은 안용복이 처벌받은 것을 근거로 조선 조정이 그의 울릉도·우산도 영유권 주장을 부정한 것으로 간주한다. 그러나 안용복을 처벌한 직접적인 이유는 쓰시마번의 처벌 요구 때문이다. 쓰시마번은 조·일 교역의 공식 중개자인 쓰시마 번주을 제쳐두고 돗토리 번주를 통해 에도 막부와 교섭하려 했다는 이유로 조선 조정에 안용복의 처벌을 강력히 요구했다.

조선 조정은 처음에는 이 요구를 들어주려고 했다. 그러나 남구만과 윤지완이 반대해서 사형에 처해지지는 않았다. 안용복을 사형시키라는 조선 조정의 요구가 얼마나 강했는지는 1696년 10월 이후 숙종의 강한 거부에도 불구하고 세 번이나 상소가 올라간 것을 보면 알 수 있다. 그러나 숙종은 그 모든 상소를 물리치고 안용복을 유배형에 부치는 것으로 사건을 종결시킨다. 즉 안용복의 울릉도·우산도 영유권과 관련한 언행이 문제가 된 것이 아니다. 오히려 그 언행이 그를 사형에 처하게 된 상황에서 구해준 것이다.

생각해보면 안용복은 조선이라는 사회에서 최하위 신분의 사람이다. 그가 잘못하지 않았어도 지배계층의 신경을 건드리는 일을 한 것만으로 수백 번도 죽을 수 있는 사람이었다. 그런 그가 일행을 꾸려 멋대로 돗토리에 갔고, 국가 차원의 문제인 영유권 문제를 해결하려 들었음에도 사형을 당하지 않았다는 것은 그의 언행이 인정되었다는 의미인 것이다.

[부록 자료]

<사료 - 진술 1>

「1694년 1월 동래부 동헌에서의 박어둔과 안용복의 진술」

甲戌正月 竹島被捉罪人蔚山居朴於屯·安龍福處 發問目推問 則朴於屯招內 癸酉三月 租二十五石·銀子九兩三錢等物 載持貿魚次 自蔚珍向三陟之際 漂風到泊於所謂竹島 而竹島至於伯耆州遠近事段 矣身留駐本島第三日 倭人七八名 不意中乘船來到執捉矣身 仍自其島 發船經三晝四夜之後 始達伯耆州爲白乎旀 竹島大小周回段 其大 較之於釜山前洋絶影島 則二倍有餘是白遣 周回則不能詳知 而所見極廣闊是白乎旀 山形段 山有三峯 高峻接天是白遣 其餘多是平廣之地 而川水 流出於海是白乎旀 樹木·芦竹·禽獸等物段 有柯重木·柄子木·香木 又有冬栢木是白遣 有大竹 其節甚長 其圍甚大 而直聳參天是白遣 又有箭竹是乎旀 島中人戶居住事段 卽今雖無居住之人戶 而遺基礎石相連 而空基 多有生蒜之處是白乎旀 本島去伯耆州水路里數事段 矣身被捉入去之時 得水疾 僵臥船中 只記三晝四夜之後 得達伯耆州 而水路里數 不能詳知是白乎旀 此島前後 更無他島云云 安龍福招內 山形草木等辭緣一樣 而末端良中 矣身被捉人入去之時 經一夜 翌日晩食後 見一島在海中 比竹島頗大云云 緣由馳啓 狀錄 無回下

갑술년(1694년) 정월, 죽도에서 붙잡힌, 울산에 사는 박어둔(朴於屯), 안용복(安龍福)에게 문목(問目)을 만들어 문초(問招)하니, 박어둔이 문조에 신술한 내용 중에 "계유년(1693년) 3월에 벼 25석과 은자(銀子) 9냥 3전 등의 물건을 배에 싣고 고기와 바꾸고자 울진에서 삼척으로 향할 때 바람 때문에 표류하여 이른바 '죽도(竹島)'에 배를 정박하게 되었습니다. 그리고 죽도에서 백기주(伯耆州)까지의 거리는, 제가 이 섬에 머문지 3일째 되는 날 왜인 7~8명이 갑자기 배를 타고 와서 저를 붙잡았으며, 이어서 그 섬에서 배가 떠나 사흘 낮과 나흘 밤이 지난 뒤에 비로소 백기주에 닿게 되었사오며, 죽도의 크기와 둘레는 그 크기가 부산 앞바다의 절영도에 견주면 두 배가 조금 넘사옵고, 둘레는 자세히 알 수는 없으나, 제가 보기엔 매우 광활하였사오며, 산의 형세는 산에 세 봉우리가 있는데, 높이가 매우 높아 하늘에 닿을 듯 하였사옵고, 그 나머지는 대체로 평평하고 넓은 땅이었습니다. 그리고 시냇물은 바다로 흘러들어갔사오며, 나무, 호죽(芦竹), 새와 짐승은 가중목(柯重木), 병자목(柄子木), 향목(香木)이 있으며, 또 동백나무가 있사옵고, 큰 대나무가 있는데 그 마디가 몹시 길며, 그 둘레가 아주 커서 곧게 솟아올라 하늘에 닿을 듯하였사옵고, 또 전죽(箭竹)이 있사오며, 섬 안 인가(人家)에 사람이 거주하는 일은 지금은 비록 사람이 거주하는 인가가 없으나, (그 집들의) 주춧돌이 남아 서로 이어져 있고, 빈 터엔 달래가 지라는 곳이 많이 있사오며, 이 섬에서 백기주까지 수로(水路)로 몇 리인지는 제가 붙잡혀 들어갈 때 수질(水疾)에 걸려 배 안에 누워 있어서 사흘 낮과 나흘 밤이 지난 뒤에 백기주에 닿았다는 것만 기억할 뿐, 물길로 몇 리인지는 자세히 알지 못하오며, 이 섬의 앞뒤로 다시 다른 섬이 없었습니다."라고 하였습니다. 안용복을 문초하여 진술한 내용 중에, 산의 형세와 초목 등의 말은 (박어둔과) 꼭 같았고, 끝부분에 "제가 붙잡힌 사람으로 들어갔을 때, 하룻밤을 지내고 다음날 늦게 식사를 한 뒤에 바다 가운데 하나의 섬이 있음을 보았고, 죽도에 견주어 자못 크다고 생각했습니다."라고 하였습니다. 이런 까닭으로 급히 아룁니다.

출전: 『변례집요』 권17, 울릉도 갑술, 숙종20년(1694) 1월 기사

<사료 - 진술 2>

「조선인 두 사람의 진술 -1693년 7월 1일 일본 나가사키 봉행소에서의 안용복과 박어둔 진술-」

朝鮮人二人申口

一、朝鮮国慶尚道之内東莱之郡釜山浦之安ヨクホキ·蔚山之朴トラヒ与申者ニ而御座候。我々儀蔚山与申所より竹嶋与申所江鮑·和布拵ニ三月十一日ニ出帆仕、同廿五日ニ寧海与申所江参着仕、其所を同廿七日辰之刻ニ出帆仕酉之刻竹嶋江参着仕、右之鮑·和布拵逗留仕居申候所ニ日本人四月十七日ニ我々罷在候所ニ罷出、則着物抔入置申候ひら包みをおさめ、我々両人彼方之船ニ乗せ、則刻午之刻ニ出帆仕鳥取江五月朔日未刻罷着申候。常ニ竹嶋之儀鮑·和布大分御座候段承申候ニ付、船壱艘ニ十人乗組寧海与申所迄罷越候処、右拾人之内壱人ハ相煩申ニ付寧海江残置九人乗組右之竹嶋江申越候。拾人之内九人ハ蔚山之者同壱人ハ釜山浦之者ニ而御座候御事。

一、我々乗船類船共ニ三艘之内一艘ハ全羅道之船与承及申候。則人数十七人乗、同壱艘者十五人乗、慶尚道之内加徳与申所之者与承及申候。我々儀日本之様ニとらえ被越候付、彼者共儀即刻朝鮮江罷帰候共何方江参候共前後之儀不存奉候御事。

一、此度我々共蚫取ニ参候嶋之儀常ニ朝鮮国にてハムルグセム与申候。日本之内竹嶋与申所之由ハ此度承申候御事。

一、今度爰許迄罷越候内警固衆より御馳走ニ而罷越候。布木綿衣類等も被下申請候。委細因幡ニ而之口上ニ申上候通相違無御座候御事。

一、我々共常ニ観音を念し申候御事。

一、朴トラヒ歳三拾四、安ヨクホキ歳四拾ニ罷成候。

然所ニ因幡ニ而歳四拾三与申上候由ニ御座候得共是又言葉聊与通シ不申候故聞違も可有御座哉与奉存候御事。

右之通竹嶋江参候朝鮮人申上候付書付差上申候　以上。

元禄六年癸酉七月朔日
宿主 末次七郎兵衛 印
通詞 大浦格兵衛 印 / 加勢藤五郎 印
宋對馬守内 濱田源兵衛 印

○ 조선국 경상도 중 동래군 부산포의 안 요쿠호키(안용복)와 울산의 박 도라히(박어둔)입니다. 우리는 울산이라는 곳에서 죽도라는 곳에 전복과 미역을 따기 위해 3월 11일에 돛을 펴고 나갔습니다. 같은 달 25일에 영해라는 곳에 도착하였고 그 곳을 같은 달 27일 진시(辰時; 오전 7~9시) 에 떠나 유시(酉時; 오후 5~7시)에 죽도에 도착하였습니다. 앞서 말한 전복과 미역을 따기 위해 머물러 있었을 때, 4월 17일에 일본인이 우리가 있는 곳에 와서, 옷 같은 것을 싸 둔 보따리를 가지고, 우리 두 사람을 그들 배에 태웠습니다. 오시(午時; 오전11~오후1시)에 돛을 펴고 나가 돗토리에 5월 1일 미시(未時:오후 1~3시)에 도착하였습니다. 늘 죽도에 전복과 미역이 매우 많다는 말을 듣고 있었기 때문에, 배 한척에 10명이 타고 영해라는 곳까지 갔는데, 앞서 말한 10명 중 한 사람이 병이 들어 영해에 두고 나머지 아홉 명만 배를 타고 앞서 말한 죽도로 갔습니다. 10명 중 아홉 명은 울산 사람이고 한 사람은 부산포 사람입니다.

○ 우리와 같이 간 배는 세 척이고 그중 한 척은 전라도의 배라고 들었습니다. 17명

이 탔고, 다른 한 척에는 15명이 탔는데, 경상도 중 가덕이라고 하는 곳 사람들이라고 들었습니다. 우리들이 일본분들에게 잡혀 왔기 때문에 그들이 즉시 조선으로 돌아갔는지 아니면 어느 다른 곳에 갔는지 그에 대한 전후사정은 알지 못합니다.

○ 이번에 우리들이 전복을 따러 간 섬은 조선국에서는 모두 무루구세무(무릉섬)라고 합니다. 일본의 죽도라고 한다는 것은 이번에 들었습니다.

○ 이번에 이쪽(나가사키)으로 오면서 경호하는 사람들로부터 잘 대접을 받았습니다. 면으로 짠 옷 같은 것도 주셨습니다. 자세한 것은 이나바(돗토리)에서 말씀드린 것과 다름없습니다.

○ 우리들 모두 불교 신자입니다.

○ 박 도라히는 34세, 안 요쿠호키는 40세입니다.

그런데 이나바에서는 (안용복이 자기) 나이를 43세라고 말씀드렸다고 합니다만, 이는 "역시 언어가 확실하게 통하지 않았기 때문에 잘못 알아들었을 수도 있을 것이라고 생각합니다."라고 했습니다. 위와 같이 죽도에 온 조선인이 구두 진술한 것을 기술하여 올립니다.

숙소 주인

스에지 시치로베 인

1693년 7월 1일

통사 오우라 가구베 인

가세 도고로 인

소 쓰시마도주 가신

하마다 겐베 인

출전: 『竹島紀事』 卷一 元祿 六年(1693) 十月 綱「朝鮮人二人申口」

<사료 - 진술 3>

「조선인 진술 - 1693년 9월 4일 쓰시마 부중에서의 안용복 · 박어둔 진술-」

朝鮮人口書

一、我々両人之内壱人者釜山浦之者アンヨグトと申候。壱人ハウルサン之 者バクトラヒト申者ニ而御座候。我々一般ニ拾人乗組候處内壱人相煩申ニ付寧海与申所ニ残置九人乗竹嶋ニ罷渡候。

船頭　　キムヨチャキ・

ウルサン之者　キンバタイ・キンデントイ・セコチ・イハニ・キムトグソイ・チャグチャチュン

右壱艘ニ乗組ウルサンより仕出し、三月十一日乗船仕、同十五日ニウル サン出船仕、同日ウルサン之内ブイカイ与申所ニ罷着、同廿五日ブイカイ出帆仕、慶尚道之内エンバイ与申所ニ罷着、同廿七日辰之刻エンハイ出帆仕、同日酉刻竹嶋江罷着申候。エンハイ与竹嶋之間五十里程も可有之歟与覚申候。朝鮮江原道より東ニ当り申候。嶋之程朝鮮牧之嶋より少大ニ見へ申候。山之様子険阻ニして又高く御座候。

一、彼嶋ニ鳥類·獣類·魚類ニ至迄別而取替もの無御座候。祢こ大分居申候。

一、彼嶋に古キ小屋をこほち候道具御座候。如何様日本人之住跡之様ニ被存候。

一、彼嶋之名を朝鮮ニ而ムルグセム与申候。

一、彼嶋之儀日本ニ而御座候も朝鮮之地ニ而御座候も一円存不申候。日本ニ罷渡候而日本之地ニ而御座候由初而承申候。

一、類船之儀壱艘者全羅道之内シュンデン与申所之船ニ而人数十七人乗組、同壱艘ハ慶尚道之内カトク与申所之船人数十互人乗組、弐艘共ニ四月五日彼嶋ニ参候。弐艘之人数船頭を初為存者壱人も無御座候。

一、我々船ニ食飯之用ニ米拾俵、塩三俵乗せ参候。其外荷物無御座候。尤類船之様子も我々乗船同前ニ而御座候。

一、我々彼嶋ニ罷渡候儀蚫・若布大分有之由承存拵ニ罷越候。類船とても其通御座候。別而商売之心懸ニ而曾而無御座候。

一、彼嶋ニ而日本人与商売曾而不仕候。類船之儀如何様ニ御座候も不存候。

一、我々之儀今度初而彼嶋ニ罷渡候。乗組之内キンバタイ与申者去年彼嶋江一度拵ニ罷渡様子為存者ニ御座候故我々茂罷渡候。

一、カトク之船へ両人彼嶋江前以壱度渡候者有之由承及候。

一、我々彼嶋ニ罷渡候儀別而忍ひ申儀曾而無御座候。去年もウルサン之者廿人程罷り渡候。尤公儀より之指図与申儀も無之候。自分之拵ニ罷渡候。

一、彼嶋ニ朝鮮国より渡り候儀古より到来候哉、近年より渡候哉、左様之様子曾而存不申候。

一、我々彼嶋ニ罷在候内小屋を掛小屋之番ニハクトラヒ与申者残置候処ニ四月十七日ニ日本船一艘参り天間ニ七八人乗候而右之小屋ニ参ハクトラヒを捕天間ニ乗せ、尤小屋ニ置候平包壱取乗(ママ)を罷出候付、アンヨグ(ママ)其所ニ参断申候ハハクトラヒを陸江揚可申与存天間ニ乗候へハ早速船を出し、両人共ニ本船ニ乗せ早速出船仕隠岐国ニ同廿二日ニ罷着申候。其間者洋中ニ罷在候。

一、同廿八日ニ隠岐国出船仕五月朔日ニ取鳥罷着、三十四日逗留仕、六月四日取鳥発足仕、同晦日長崎表江着仕候。

一、取鳥発足仕、長崎表江廿六日振ニ罷着申候。其間所々ニ而御馳走被仰付候。膳部一汁七八菜程宛ニ而御座候。両人共ニ乗者ニ而長崎迄罷通候以上。

九月四日

○ 우리 두 사람 중 한 사람은 부산포 사람으로 안요구(안용복)라고 합니다. 한 사람은 울산 사람으로 박토라히(박어둔)라고 합니다. 우리들은 배 한 척에 열 명이 타고 왔는데 그중 한 사람이 병에 걸려 영해라고 하는 곳에 남겨두고 나머지 아홉 명만 죽도에 갔습니다.

선장: 기무요챠키

울산 사람: 긴바타이·긴덴토이·세코치·이하니·기무토구소이·챠구챠춘

위의 한 척의 배(에 탄 사람들)는 울산에서 출발하여 3월 11일에 배에 탔고, 같은 달 15일에 울산을 출선하여 같은 날 부이카이(?)라는 곳에 도착하였으며, 같은 달 25일에 부이카이를 돛을 펼치고 떠나, 경상도의 엔바이(영해)라는 곳에 도착하였고, 같은 달 27일 진시(辰時: 오전 7~9시)에 엔바이를 떠나, 같은 날 유시(酉時: 오후 5~7시)에 죽도에 도착했습니다. 엔바이와 죽도 사이는 한 50리 쯤 되었던 걸로 기억하고 있습니다. 조선 강원도의 동쪽에 해당합니다. 섬은 조선의 목도(牧嶋)보다 조금 커 보였습니다. 산은 험해했고 또 높았습니다.

○ 그 섬에는 조류, 짐승류, 어류에 이르기까지 특별히 팔만한 것은 없었습니다. 고

양이가 많이 있었습니다.

○ 그 섬에는 낡은 움막을 부순 도구가 있었습니다. 아마 일본인의 주거 흔적 같습니다.

○ 그 섬의 이름을 조선에서는 무루구세무(무릉섬)이라고 합니다.

○ 그 섬이 일본 땅인지 조선 땅인지는 전혀 모릅니다. 일본에 가서 처음 일본 땅이라는 말을 들었습니다.

○ 우리와 같이 간 배 중 한 척은 전라도 슌텐(순천)이라는 곳의 배로서 사람은 열일곱 명이 탔고, 다른 한 척은 경상도 가도쿠(가덕)라는 곳의 배로서 사람은 열다섯 명이 탔는 데, 두 척 모두 4월 5일에 그 섬에 왔습니다. 그 두 척의 배에 탄 사람들은 선장을 비롯하여 아는 사람은 하나도 없습니다.

○ 우리 배에는 식량으로 쌀 10표(俵), 소금 3표를 싣고 갔습니다. 그 외의 짐은 없었습니다. 같이 간 배들의 상황도 우리가 탄 배와 같습니다.

○ 우리들이 그 섬에 간 것은 전복과 미역이 많다고 들었기에 따러 간 것입니다. 같이 간 배들도 그렇습니다. 특히 장사를 하려는 마음은 절대 없었습니다.

○ 그 섬에서 일본인과의 상거래는 전혀 없었습니다. 같이 갔던 배들은 어땠는지 모르겠습니다.

○ 우리는 이번에 처음으로 그 섬에 갔습니다. 승선원중 긴바타이라는 자가 작년에 그 섬에 한 번 간 적이 있어서 상황을 아는 자이기에 (그를 따라) 우리도 간 것입니다.

○ 가토쿠의 배의 두 사람은 이전에 그 섬에 한 번 간 적이 있는 사람들이라고 들었습니다.

○ 우리가 그 섬에 간 것은 절대 몰래가려고 한 것이 아닙니다. 작년에도 울산 사람 20명 정도가 갔습니다. 관청으로부터 지시를 받은 일도 없습니다. 스스로 알아서 간 것입니다.

○ 그 섬으로 조선국(사람들이)에서 옛날부터 간 것인지지, 요즘 들어서 가게 된 것인지 그와 같은 것은 전혀 알지 못합니다.

○ 우리들이 그 섬에 있던 중에 움막을 짓고 움막 지킴이로 하쿠 토라히(박어둔)이라는 자를 남겨두었는데 4월 17일에 일본 배 한 척이 왔습니다. 갑판에 7~8명의

사람이 탔는 데 (이들이) 이 움막으로 와서 하쿠 토라히를 배 갑판에 태우고, 더욱 이 움막에 두었던 보따리 하나를 가지고 나왔길래 안 요구(안용복)이 그곳으로 가서 하쿠 토라히를 뭍으로 돌려보내라는 말을 하려고 갑판으로 올라갔더니 (그들이) 바로 배를 내어 두 사람모두를 본선(本船) 에 태우고 가서 오키국에 같은 달 22일에 도착했습니다. 그 사이에는 바다 위에 있었습니다.

○ 같은 달 28일에 오키국을 떠나 5월 1일에 돗토리에 도착하였고, 34일 머물렀습니다. 6월 4일에 돗토리를 떠나, 같은 달 말일에 나가사키에 도착하였습니다.

○ 돗토리를 떠나 26일 만에 나가사키에 도착하였습니다. 그 동안에 곳곳에서 접대를 잘 받았습니다. 상마다 국 하나와 7, 8가지 반찬이 있었습니다. 두 사람 모두 가마에 타고 나가사키까지 갔습니다. 이상

9월 4일

출전: 『竹島紀事』 卷一, 元祿 六年(1693) 十月 綱 「朝鮮人口書」

<사료 - 진술 4>

「1696년 조선 배가 온 경위에 대한 기록 (元祿九丙子年朝鮮 舟着岸一巻之覺書)」

上紙共八丁

元祿九丙子年朝鮮舟着岸一巻之覺書

朝鮮舟着岸一巻之覺書

隱岐國嶋後

一、朝鮮舟壹艘　　長　上口　三丈
　　　　　　　　　　　下口　貳丈
　　　　　　　　幅　中ニ而 上口壹丈貳尺
　　　　　　　　深サ四尺貳寸

但八拾石船積可申候。

檣　　　　貳本

帆　　　　貳ツ

梶　　　　壹羽

櫓　　　　五挺

蓬

木綿之はた貳ツ艫ニ立申候。

木碇　　　　貳挺

かうそ　　　綱四房

敷物こざ　　犬ノ皮

一、船中人數　　拾壹人

俗　　　　　安龍福

俗　　　　　李裨元

俗　　　　　金可果

俗　　　　　三人名不書出、年不書出。

坊主　　　　雷憲

坊主　　　　雷憲弟子 衍習

坊主　　　　三人名年不書出。

一、安龍福(アンペンチウ)　　年歲四十三

冠ノヤウナル黑キ笠、水精ノ緒、アサキ木綿ノウハキヲ着申候。腰ニ札ヲ壹ツ着ケ申候。

表ニ通政太夫

安龍福　　　年 甲午生

表ニ住東萊　印彫入

印判小キ箱ニ人耳カキヤウジ小キ箱ニ入此貳色扇ニ着ケ持申候。

一、金可[ママ]果　　年不書出

冠ノヤウナル黑キ笠、木綿ノ紉、白キモメンノウハキヲ着申候。扇ヲ持申候。

一、興旺[ママ]寺ノ住持雷憲 歲五十五

冠ノヤウナル黑キ笠、木綿ノ紉、細美ノウハキヲ着、扇持申候。己巳閏三月十八日金烏山之朱印帳雷憲所持仕候ヲ出シ申候ニ付則寫申候。

康熙二十八年閏三月二十日金烏山朱印ノ書付、雷憲所持仕候ヲ出シ候ニ付則寫シ申候。

箱壹ツ　　　長　壹尺

　　　　　　　　はゝ 四寸

　　　　　　高　四寸

　　　　　　　　錠のカナク在り。

　　　　　　　　内ニ算木在、竹ニ而作シ申候。かけごニ硯ヲ仕組申、筆墨在り。

雷憲弟子アンスツ
一、坊主衍習　　歳三十三ト申候。

一、右安龍福·雷憲·金可果三人江在番人立会之時朝鮮八道之圖ヲ八枚ニ〆所持仕候ヲ出申候。則八道ノ名ヲ書寫朝鮮ノ詞ヲ書付申候。三人之内安龍福通詞ニ而事ヲ問申候得ハ答申候。

一、舟中ニ荷物在之候哉と尋候ヘハ干鮑少和布少在之候。是ハ食事之サイニ仕候由申候。後ニ船中■書付別ニ御座候。

一、船中ニ坊主五人乗せ候儀尋候ヘハ竹嶋見物ヲ望ニ付同道仕り候由申候。

一、沙門宗派五人共ニ一宗か又別宗か何宗そと尋候ヘハ、雷憲其問ノ書付ニ答ヲ書記申候。然共其分ケ不分明様ニ相聞ヘ申候。依之翌廿一日ニ宗旨各伯州ヘ參候わけ、荷物なと之義書付相尋候ヘハ、病人李禅元筆者ニテ書出ス書付有り則差上申候。

一、安龍福申候ハ、竹嶋ヲ竹ノ嶋と申候。朝鮮國江原道東萊府ノ内ニ鬱陵嶌と申嶋御座候。是ヲ竹ノ嶋と申由申候。則八道ノ圖ニ記之所持仕候。

一、松嶋ハ右同道之内子山と申嶋御座候。是ヲ松嶋と申由是も八道之圖ニ記申候。

一、當子三月十八日朝鮮國朝飯後ニ出船同日竹嶋へ着夕(ママ)夕飯給申候由申候。

一、舟數十三艘ニ人壹艘ニ九人、十人、十壹人、十貳三人、十五人程宛乗り竹嶋迄參候由、人數之高問候而も一圓不申候。

一. 右十三艘之内十貳艘ハ竹嶋ニ而和布鮑ヲ取竹ヲ伐り申候。此事ヲ只今仕候。當年者鮑多　も無之由申候。

一、安龍福申候ハ、私乗參候船ニハ拾壹人伯州江參、取鳥伯耆守様江御斷之義在之罷越申候、順風惡布(ママ)候而當地寄申候、順次第ニ伯州江渡海可仕、五月十五日竹嶋出船、同日

松嶋江着、同十六日松嶋ヲ出、十八日之朝隱岐嶋之内西村之磯へ着、同二十日ニ大久村江入津仕候由申候、西村之磯ハあら磯ニ而御座候ニ付同日中村江入津、是■湊惡候故翌十九日彼所出候而, 同日晩ニ大久村之内かよい浦と申所ニ舟懸り仕、廿日ニ大久村江參懸り居申候。

一、竹嶋と朝鮮之間三十里、竹嶋と松嶋之間五十里在之由申候。

一、安龍福ととらべ貳人、四年已前酉夏竹嶋ニ而伯州之舟ニ被連まいり候。其とらべも此度　召連參竹嶋ニ殘置申候。

一、朝鮮出船之節米五斗三升入■十表積參候得共、十三艘之者共給申候ニ付只今者飯米乏ク成候由申候。

一、伯州用事仕廻竹嶋江戻り十貳艘之舟ニ荷物ヲ積せ改仕、六七月之比帰國仕り殿江も運上ヲ上ケ申答之由申候。

一、竹島ハ江原道東萊府之内ニ而御座候。朝鮮國王之御名クモシヤン、天下ノ名主上、東萊府殿ノ名一道方伯、同所支配人之名東萊府使ト申由申候。

一、四年以前癸酉十一月日本ニ而被下候物共書付之帳壹册出シ申候。則寫之申候。

一、三人江在番人對談終り舟江三人共ニ帰りテ後ニ書簡ヲ差出シ、干鮑六包內壹包ハ大久村庄　屋へ、五包ハ在番人へ之心入にて指し越候得共六包共ニ返シ申候。其書簡之奥ニ生菜·菁菜·實菓請と御座候ニ付、萓·ねふか·榧實·芹·生姜なと遣シ申候。尤書簡之返事ヲモ相添遣申候。

一、廿一日安龍福より書付出シ申、飯米ニ切レ夕飯より食ニ絕候由申越候ニ付、舟江庄屋與次(または頭)右衛門罷越様子相尋候へ者、飯米無之致難儀候、朝鮮ニ而他國之舟參候得ハ致馳走候處ニ此元ニ而ハ大凡成義之様ニ申候ニ付、庄屋申候ハ爰計も異國舟被放風參候節ハ飯米等其外所相応之儀ハ御調被遣事ニ候、其方義鳥取伯耆守様へ訴訟在之參候と之申方ニ而候間飯米等致用意可被參事と申候得者、不審尤成義ニ候、竹嶋十五日ニ出候得者其儘日本之地へ着等(ママ)申、日本之地ニ而ハ御如在無之と存、右之通ニ候与申候。然共無覺速(ママ)候間船中見可申と庄屋申候得者、成程見候様ニと申ニ付、見分仕候得者、飯米入候叺之內ニ白米三合程殘り申候。庄屋申候ハ、飯米切レ申候段見屆申候、爰元ハ去年之作不熱ニ而米拂底ニて候、少々在之候而も悪米ニ而候、不苦候ハゝ少ハ才覺可仕由申候得者、致才覺くれ候様ニと申ニ付、在番所より參候迄ハ延引ニ付大久村地下より取合白米四升五合遣シ申候。朝鮮升壹斗壹升五合ニ計立手配を申候。追付在番より米參候ヲ則白米ニ仕壹斗貳升三合遣之候得者朝鮮升三斗ニ計立手配を申候。右兩度之米廿一日夕と廿二日三度之飯米在之由申候ニ付、其積りヲ以追々米才覺仕時々ニ飯米あてかい渡申候。

一、拾壹人之內名歲知レ不申分猶又宗門之義銘々ニ願ハ書記、伯州へ訴訟之わけ書付出シ候様ニと申候得者始ハ心得候由申候處、廿二日之朝ニ至り其事共書出スニ不及候。伯州へ參委細可申上由重而ハ其問事無用ニ可仕由書付出申候。則指上ケ申候。

雷憲廿二日陸へ揚り候時之裝束ハ

一、ウハキハ白木綿ノねつミニ似タルヲ着シ申候。

一、帽子ハ本朝禪宗ノ用之様成ヲ着シ申候。地ハサイミ、ウラハ白キ麻。

一、珠數も禪宗之用之樣成ヲ持申候。玉之數十斗在之笠ハ着不申候。弟子衍習も揚り申候。裝束雷憲と同斷。但衍習カ珠數之玉太サ同ク數ハ多相見へ申候。

右廿二日安龍福·李裨元·雷憲·同弟子陸へ上り候事ハ、西風强ク船中不靜物書候義不成候間陸へ上り書可申と申候付海邊近キ百姓家へ入レ候處ニ、其時ニ至り前々書付斗書出し申候。廿一日舟をも證懸り申候書簡今度之訴訟一巻と被爲長々と仕たる下書ヲ致シ本書をも證懸り候へとも、廿二日陸へ上り相談仕りかへ申候樣ニ相見へ申、併前之書付ニ而始終大躰わけ聞へ申候樣ニ奉存候。其通ニ而差置申候。

一、廿一日より廿三日迄も風雨强ク御座候而西鄕へ朝鮮舟廻シ候事、引舟付候而も難成候ニ付而番舟申付役人共付大久村ニ其儘指置申候。總而十八日より西風每日强ク舟路之通い不罷成荒申候。

一、石州へ爲右御注進松岡弥次右衛門渡海申付候ニ付、二十二日弥次右衛門呼戻シ、高梨杢左衛門·河嶋理太夫大久村江遣置申候。飯米なと近々見計庄屋方より渡させ候ニ付朝鮮人悦申由ニ而書付指出申候。則差上申候。

右此度朝鮮人一巻之書付并朝鮮人出候書付目錄ニ記之、弥次右衛門持參仕候口上ニ茂可申上候。已上。

五月二十三日　　中瀬彈右衛門
山本清右衛門
石州 御用所

朝鮮舟在之道具之覺

一、白米	叺ニ三合程殘り申候。		
一、和布	三表		
一、塩	壹表		
一、干鮑	一束		
一、薪	壹〆		
一、竹	六本	長六尺八寸	但一尺廻り、
		同三尺五寸	
		同三尺	
一、刀	壹腰	此刀武具ニハ難用麤相成ものニ候。	

一、脇指　壹腰　此脇指柄ハ脇指ニ候へ共料理なといたし候ニ付包丁同然。

一、鑓　四筋何も鮑取器物之由，長柄ハ四尺斗。

一、長　壹

一、木弓　壹

一、矢　壹箱

一、帆柱　貳本內　壹本ハ八尋
壹本ハ六尋
內壹本ハ竹之由、

一、帆　貳端內　方五枚下り　六枚
方四枚下り　五枚

一、梶　壹羽　壹丈四尺五寸

わら

一、ミなわ綱　かつら

しな

一、とま　拾枚斗內　貳枚長サ五尺横一丈二尺殘ハ日本ノとまより少大キ。

一、犬皮　三枚

一、敷こさ　三枚　机こさノ類ニ而候。

右之通見分仕候處紛無御座候。

朝鮮人俗名

李裨元(イビジヤン)　金可果(キンサウクハウ)

柳上工(ユシヤコウ)　金甘官(キングハングハン)

ユウカイ　此字相尋候へ共書不申候。下々與每度末座ニ居申候。

安龍福　共六人俗

僧名

興旺寺(フンコソウ)ノ雷憲(トイホン)

靈律(ヨンユク)　丹册(タンソイ)

騰淡(スウクハネイ)　衍習(エンスツ)

雷憲(トイホン)弟子

右五人坊主

合拾壹人

朝鮮之八道

チョクイダウ
京畿道

カンヨン
江原道　　此道ノ中ニ竹嶋松嶋有之。

チエンナア
全羅道

忠清道(チグチョグ)

ベ アン
平安道

ハンギヨン
咸鏡道

ハンバヘ
黃海道

ケムシヤム
慶尙道

元祿九丙子年朝鮮舟着岸一巻之覺書

표지까지 8쪽

겐로쿠(元祿) 9 병자년(丙子年, 1696) 조선 배가 온 경위에 대한 기록

조선 배가 온 경위에 대한 기록

오키노쿠니(隱岐國) 도고(嶋後)

○ 조선 배 1척(艘)	길이	위쪽 3장(丈)
		아래쪽 2장
	폭	가운데로 1장 2척(尺)
	깊이	4척 2촌(寸)

대략 80석 들이 배

돛대	2자루(本)
돛	2개
키	1자루(羽)
노	5자루(挺)
쑥	
	무명으로 된 깃발 두 개를 배꼬리에 세웠습니다.
나무 닻	2자루

닥나무 밧줄　　　　　4뭉치

깔고 앉는 방석용인 개의 가죽

○ 배 안의 사람 수는 11인

속인　안용복(安龍福)

속인　이비원(李裨元)

속인　김사과(金司果)

속인　세 사람은 이름을 제출하지 않았으며, 나이도 제출하지 않았음.

승려　뇌헌(雷憲)

승려　뇌헌의 제자 연습(衍習)

승려　세 사람은 이름과 나이를 제출하지 않았음

○ 안용복　나이 43

관 같이 생긴 검은 갓, 수정 끈, 남색 무명으로 된 상의를 입었습니다. 허리에 패를 하나 찼습니다.

앞에 통정태부(通政太夫)

안용복　나이　갑오(甲午)생

앞에 동래에서 근무함(仕東莱)이라고 새겨져 있었음.

인장이 작은 상자에 들어있고, 귀이개도 작은 상자에 들어있었는데, 이 두 개를 부채에 달고 다녔음.

○ 김사과　나이는 제출하지 않았음.

관 같이 생긴 검은 갓, 무명 끈, 하얀 무명으로 된 상의를 입었습니다. 부채를 지녔습니다.

○ 흥왕사(興旺寺)의 주지 뇌헌　나이 55

관 같이 생긴 검은 갓, 무명 끈, 가늘고 고운 실로 된 상의를 입었으며 부채를 지녔습니다. 기사(己巳, 1689) 윤(閏) 3월 18일 뇌헌이 소지하고 있던 금오산(金烏山)의 주인장(朱 印帳)을 제출하여 그대로 베껴두었습니다.

강희(康熙) 28년(1689) 윤 3월 20일 뇌헌이 소지하고 있던 금오산 주인(朱印)의 서장을 제출하여 그대로 베껴두었습니다.

상자 한 개	길이	1척
	너비	4촌
	높이	촌

자물쇠 쇠 장식이 있었음.

속에 산가지(算木)가 있는데 대나무로 만들었음. 속 서랍은 벼루로 되어있고, 붓과 먹이 있었음.

○ 승려(뇌헌의 제자) 연습 나이 33이라고 합니다.

○ 위의 안용복·뇌헌·김사과 세 사람에 대해 근무자가 조사했을 때 조선팔도의 지도를 8장으로 정리하여 지니고 있던 것을 제출하였습니다. 바로 팔도의 이름을 베껴 적고 조선의 발음을 부기하였습니다. 세 사람 중 안용복은 통역자로서 묻는 것에 대해 대답했습니다.

○ 선중에 짐이 있느냐고 묻자,

"말린 전복 조금과 미역 조금이 있다. 이는 밥 먹을 때 쓸 것이다."라고 하였습니다. 이후 배 안의 물건은 별도로 적었습니다.

○ 배 안에 승려 다섯 명이 탄 이유를 묻자, 죽도(竹嶋) 구경을 희망하였기 때문에 동행했다고 하였습니다.

○ "승려들의 종파(宗派)는 다섯 명이 모두 한 종파인가 다른 종파인가, 무슨 종파인가?"하고 묻자 뇌헌이 그 물음을 적은 문서에 답을 적어주었습니다. 그러나 그 의미가 불분명해 보입니다. 그리하여 다음날인 21일에 승려들이 호키(伯耆)에 온 이유와, 수하물들에 관하여 적은 문서를 요구하자 병자인 이비원이 필자로서 적어 낸 문서가 있어 그대로 상신합니다.

○ 안용복이 이야기하기를, "죽도를 대나무 섬이라고 한다, 조선 강원도(江原道) 동래부(東萊府) 안에 울릉도(鬱陵島)라고 하는 섬이 있다. 이를 대나무 섬이라고 한다." 라고 하였습니다. 말한 대로 팔도의 지도에 기록하여 지니고 있었습니다.

○ "송도(松嶋)는 앞에서 말한 도(道) 안에 자산(子山)이라고 하는 섬이다. 이를 송도라고 한다"고 하였는데, 이 또한 팔도의 지도에 적혀 있었습니다.

○ "올해(병자년) 3월 18일에 조선에서 아침식사 후에 출발하여 동일 죽도에 도착하

였고, 저녁식사를 하였다."고 이야기하였습니다.

○ 선박의 수는 13척으로, 사람은 한 척에 9명, 10명, 11명, 12~13명 15명 정도씩 타고 죽도까지 오는데 모두 몇 명이었는지 물어도 도무지 대답하지 않았습니다.

○ "위의 13척 중 12척은 죽도에서 미역이나 전복을 채취하고 대나무를 베었다. 지금도 이 일을 하고 있다. 올해 전복이 많이 채취되지는 않았다." 라고 하였습니다.

○ 안용복이 이야기하기를, "우리가 타고 온 배에는 열 한명이 있는데 호키에 가서 돗토리(鳥取) 호키노카미(伯耆守)님과 담판 지을 일이 있어 건너왔다. 순풍이 마땅치 않아 이 땅에 이르렀다. 순풍이 부는 대로 호키에 도해할 것이다. 5월 15일 죽도에서 출선하여 동일 송도에 도착했고, 동 16일에 송도를 출발하여 18일 아침에 오키섬 니시무라(西村)의 바위 해안에 도착했으며, 동 20일에 오히사무라(大久村)에 입항했다."고 하였습니다. 니시무라의 바위 해안은 거친 파도가 이는 바위해안으로, 동일 나카무라(中村)에 입항 하였는데 이곳은 항구가 좋지 못하므로 다음날 19일 그 곳을 출발하여 같은 날 밤에

오히사무라의 가요이우라(通浦)라고 하는 곳에 정박하고, 20일에 오히사무라에 가서 머물렀다고 하였습니다.

○ 죽도와 조선의 거리는 30리, 죽도와 송도의 거리는 50리라고 하였습니다.

○ 안용복과 도라베(박어둔) 두 사람은 4년 전 계유(癸酉)년(1693) 여름에 죽도에서 호키의 배로 데려왔습니다. 그 토라베도 이번에 데려와서 죽도에 남겨두었다고 합니다.

○ 조선에서 출발하였을 때 쌀 5말 3되 들이 30(?)가마를 싣고 출발하였습니다만, 13척(배)에 탄 사람들이 모두 다 먹어서 지금은 밥 짓는 쌀이 부족하다고 하였습니다.

○ 호키에서 용무를 마치고 죽도로 돌아와 12척의 배에 짐을 다시 싣고 6·7월 무렵에 귀국하고 동래부(東萊府)에도 세금을 내야한다는 대답을 했다고 합니다.

○ "죽도는 강원도 동래부에 속해있다. 조선 국왕의 칭호는 금상(今上), 천하에 알려진 칭호는 주상(主上)이고, 동래부 전하(관찰사)의 칭호는 일도방백(一道方伯; 관찰사)

이며 이곳의 통치자의 칭호는 동래부사(東萊府使)라고 한다." 라고 이야기하였습니다.

○ 4년 전인 계유년 11월에 일본에서 준 물건을 적은 서계 한 묶음을 제출하였습니다. 그대로 베껴두었습니다.

○ 세 사람과 근무자가 대담을 마치고 배에 세 사람을 돌려보내었는데, 이후 서한을 보내어 말린 전복 여섯 포 중에서 한 포는 오히사무라의 촌장에, 다섯 포는 근무자에 대한 배려로서 건네주려 하였지만 여섯 포 모두 돌려주었습니다. 서한 속에서 생나물 · 청채 · 과일을 청한다고 하여 상추 · 파 · 비자나무 열매 · 미나리 · 생강 등을 보내주었습니다. 당연히 서한의 답장도 첨부하였습니다.

○ 21일 안용복으로부터 서한이 왔는데, 밥 짓는 쌀이 떨어져 저녁부터 먹지 못했다고 하여 배에 촌장인 요지에몬(與次右衛門)을 보내어 상황을 물어보았는데 "밥 지을 쌀이 없어 곤란해 하다. 조선에서는 타국의 배가 오면 잘 대접해 주는데 여기에서는 대강 하는 것 같다"고 하길래, 촌장이 이야기하기를, "여기도 외국 배가 바람에 떠밀려 왔을 때는 쌀 등이나 그 외에도 필요한 것들은 준비해줍니다. 그대들이 돗토리 호키노카미님께 탄원할 것이 있어서 왔으니 쌀 등을 준비해 왔어야 한다"고 하니, "의심하는 것이 당연하다. 죽도를 15일에 출발해 그대로 일본 땅에 도착했다. 일본에서는 ■■ 없을 것이라고 생각해서 그렇게 되었다"고 하였습니다. 그러나 미심쩍어서 배 안을 보겠다고 촌장이 말하였더니 보고자 한다면 보라고 하여 찾아보았는데 쌀을 넣어두는 가마니 속에 백미 3홉 정도가 남아있었습니다. 촌장이 "쌀이 떨어졌다고 한 것은 확인되었습니다. 이쪽에서는 작년 작황이 좋지 않아 쌀이 떨어져 바닥이 났습니다. 조금 남아있더라도 질이 좋지 않은 쌀입니다. 상관없으시다면 조금은 변통해보겠습니다." 라고 말하자 변통해달라고 말하여 본청에서 도착할 때까지는 늦어질 것이므로 오히사무라 사람들에게 구하였는데, 백미 4되 5홉을 보내주었습니다. 조선 됫박으로는 1말 1되 5홉으로 재어 준비하였습니다. 마침내 본청에서 도착한 쌀을 바로 백미로 마련하여 1말 2되 3홉을 보내었는데 조선 됫박으로는 3말로 재어 준비하였습니다. 위와 같이 재차 보낸 쌀이 21일 저녁과 22일 세끼 분이라고 하니 (30.24리터),

그 것을 기준삼아 계속 쌀을 변통해 때때로 밥 지을 쌀을 주었습니다.

○ 11명 중에서 이름과 나이를 가르쳐주지 않은 것들, 그 외에도 종파 또한 각각 부디 기록하고 호키에 탄원할 사정도 적어달라고 이야기하였더니 처음에는 알겠다고 하였지만, 22일 아침에 이르러도 그것들을 적어내지 않았습니다. 호키에 가는 자세한 사정을 이야기해야 한다고 재차 물어보아도 소용없을 것이어서 서찰을 제출하였습니다. 그대로 상신합니다.

뇌헌이 22일 육지에 올라올 때의 복장은

○ 상의는 흰 무명으로 된 쥐색의 옷을 입었습니다.

○ 모자는 우리나라의 선종 승려와 같은 모습의 것을 썼습니다.

재질은 마포(麻布), 속은 흰 베.

○ 염주도 선종에서 쓰는 것과 같은 것을 지녔습니다. 구슬 수는 열 개 뿐이었습니다. 갓은 쓰지 않았습니다. 제자 연습도 들고 있었습니다. 복장은 뇌헌과 동일합니다.

○ 그러나 연습의 염주는 구슬의 두께는 같으나 수는 많아 보였습니다.

22일 안용복 · 이비원 · 뇌헌 · 그의 제자가 상륙한 이유는 서풍이 강해 배 안이 불편하여 무언가를 적는 일도 할 수 없으니 상륙하여 기록하고자 하겠다고 하여 해변에서 가까운 백성들의 집에 들여보냈는데, 이때는 앞에서 이야기한 서찰만을 제출하였고 21일에는 배를 증명하는 서한과 이번의 탄원 전말을 이야기하는 장문의 초안을 쓰고 본문을 확인하였지만, 22일 상륙하여 서로 이야기하는 것으로 변경된 듯했습니다. 그러나 앞의 서한으로 전말의 대강은 전달되었을 것으로 생각됩니다. 그대로 상신합니다.

○ 21부터 23일까지도 비바람이 강하여 사이고(西鄕)로 조선의 배를 옮기는 일은 배에 줄을 매어 끌어도 어려울 것이어서 정찰선을 불러들이고 근무자도 데려와 오히사무라에 그대로 두었습니다. 대략 18일부터 서풍이 매일 강하게 바닷길에 배가 다니지 못할 정도로 불어댔습니다.

○ 이와미(石見)로 위와 같은 상황을 보고하기 위하여 마쓰오카 야지에몬(松岡彌次右衛門)이 건너갔는데 22일에 야지에몬을 다시 불러들이고, 다카시나 모쿠자에몬(高

梨本左衛門)·가와시마 리타유(河嶋理太夫)를 오히사무라에 보내었습니다. 쌀 등을 옮길 계획을 촌장에게 듣게 되어 조선인들이 기뻐하며 서한을 제출하였습니다. 그대로 상신합니다.

위는 이번 조선인과 관련된 사건의 전말의 서한과 조선인이 제출한 서한의 목록을 적은 것이고, 야지에몬이 보고한 내용도 함께 상신합니다. 이상.

5월 23일　　　　나카세 단에몬(中瀨彈右衛門)
야마모토 기요에몬(山本淸右衛門)
이와미 관청(御用所)

조선 배에 있는 물건 일람

一. 백미　가마니에 3홉 정도 남아있었다.
一. 미역　3표(表)
一. 소금　1표
一. 말린 포　한 묶음
一. 장작　한 묶음
一. 대나무　여섯 자루　길이 6척 8촌. 이것은 1척 굵기
　길이 3척 5촌
　길이 3척
一. 칼 한 자루　이 칼은 무기로는 사용하기 어렵고 위협할 만한 정도의 것이다.
一. 소도(脇指)　한 자루　이 소도의 모양은 소도이지만 요리 등에 쓰이므로 부엌칼과 같다.
一. 창　네 자루　모두 전복을 잡는 도구이므로 길이는 4척 정도.
一. 장검　하나
一. 목궁(木弓)　하나
一. 화살　한 상자
一. 돛대　두 자루 중　한 자루는 8심(尋)
　한 자루는 6심

그 중 한 자루는 대나무로 되어 있다.

一. 돛 2단 중 둘레가 5매(枚) 이하인 것 6장

둘레가 4매 이하인 것 5장

一. 키 한 자루 1장 4척 5촌

지푸라기 재질

一. 파도무늬 밧줄 계수나무 재질

참피나무 재질

一. 지붕 덮개 10장 정도 중 2장은 길이 5척, 너비 1장 2척, 나머지는 일본의 덮개 보다 조금 크다.

一. 개 가죽 3장

一. 돗자리 3장 책상 깔개의 종류이다.

위와 같이 조사하였으며, 착오는 없습니다.

조선인들의 속명

이비원(李裨元) 김사과(金司果)

유상공(柳上工) 김감관(金甘官)

유카이 글자를 물어보았지만 쓰지 않았다. 아랫것들과 있을 때에도 매번 말석에 있었다.

안용복(安龍福) 모두 6명은 속인

승려들의 이름

흥왕사(興旺寺)의 뇌헌(雷憲)

영률(靈律) 단책(丹册)

승담(勝淡) 연습(衍習, 뇌헌의 제자)

위의 5명은 승려

도합 11명

조선의 팔도

경기도

강원도　본 도 안에 죽도와 송도가 있다.

전라도

평안도

함경도

황해도

경상도

출전: 「元祿九丙子年朝鮮 舟着岸一卷之覺書」

<사료 - 진술 5>

「비변사진술 - 숙종실록 권30, 숙종 22년(1696) 9월 25일 무인 2번째 기사 -」

備邊司推問安龍福等。龍福以爲: "渠本居東萊, 爲省母至蔚山, 適逢僧雷憲等, 備說頃年往來鬱陵島事, 且言本島海物之豐富, 雷憲等心利之。遂同乘船, 與寧海篙工劉日夫等, 俱發到本島, 主山三峰, 高於三角, 自南至北, 爲二日程, 自東至西亦然。山多雜木, 鷹, 烏, 猫, 倭船亦多來泊, 船人皆恐。渠倡言: '鬱島本我境, 倭人何敢越境侵犯? 汝等可共縛之。' 仍進船頭大喝, 倭言: '吾等本住松島, 偶因漁採出來。今當還往本所。' 松島卽子山島, 此亦我國地, 汝敢住此耶?' 遂以翌曉, 拕舟入子山島, 倭等方列釜鬵煮魚膏。渠以杖撞破, 大言叱之, 倭等收聚載船, 擧帆回去, 渠仍乘船追趁, 猝遇狂飆, 漂到玉岐島。島主問入來之故, 渠言: '頃年吾入來此處, 以鬱陵、子山等島, 定以朝鮮地界, 至有關白書契, 而本國不有定式, 今又侵犯我境, 是何道理?' 云爾, 則謂當轉報伯耆州, 而久不聞消息。渠不勝憤惋, 乘船直向伯耆州, 假稱鬱陵、子山兩島監稅, 將使人通告本島, 送人馬迎之。渠服靑帖裏, 着黑布笠, 穿皮鞋乘轎, 諸人竝乘馬, 進往本州。渠與島主, 對坐廳上, 諸人竝下坐中階, 島主問: '何以入來?' 答曰: '前日以兩島事, 受出書契, 不啻明白, 而對馬島主奪取書契, 中間僞造, 數遣差倭, 非法橫侵, 吾將上疏關白, 歷陳罪狀。' 島主許之。遂使李仁成, 構疏呈納, 島主之父來懇伯耆州曰: '若登此疏, 吾子必重得罪死, 請勿捧入。' 故不得稟定於關伯, 而前日犯境倭十五人, 摘發行罰。仍謂渠曰: '兩島旣屬爾國之後, 或有更爲犯越者, 島主如或橫侵, 竝作國書, 定譯官入送, 則當爲重處。' 仍給糧, 定差倭護送, 渠以帶去有弊, 辭之。" 云。雷憲等諸人供辭略同。備邊司啓請: "姑待後日登對稟處。" 允之。

비변사(備邊司)에서 안용복(安龍福) 등을 추문(推問)하였는데, 안용복이 말하기를,

"저는 본디 동래(東萊)에 사는데, 어미를 보러 울산(蔚山)에 갔다가 마침 중[僧] 뇌헌(雷憲) 등을 만나서 근년에 울릉도(鬱陵島)에 왕래한 일을 자세히 말하고, 또 그 섬에 해물(海物)이 많다는 것을 말하였더니, 뇌헌 등이 이롭게 여겼습니다. 드디어 같이 배를 타고 영해(寧海) 사는 뱃사공 유일부(劉日夫) 등과 함께 떠나 그 섬에 이르렀는데, 주산(主山)인 삼봉(三峯)은 삼각산(三角山)보다 높았고, 남에서 북까지는 이틀길이고 동에서 서까지도 그러하였습니다. 산에는 잡목(雜木)·매[鷹]·까마귀·고양이가 많았고, 왜선(倭船)도 많이 와서 정박하여 있으므로 뱃사람들이 다 두려워하였습니다. 제가 앞장서서 말하기를, '울릉도는 본디 우리 지경인데, 왜인이 어찌하여 감히 지경을 넘어 침범하였는가? 너희들을 모두 포박하여야 하겠다'하고, 이어서 뱃머리에 나아가 큰소리로 꾸짖었더니, 왜인이 말하기를, '우리들은 본디 송도(松島)에 사는데 우연히 고기잡이 하러 나왔다. 이제 본소(本所)로 돌아갈 것이다' 하므로, '송도는 자산도(子山島)로서, 그것도 우리나라 땅인데 너희들이 감히 거기에 사는가?' 하였습니다. 드디어 이튿날 새벽에 배를 몰아 자산도에 갔는데, 왜인들이 막 가마솥을 벌여 놓고 고기 기름을 다리고 있었습니다. 제가 막대기로 쳐서 깨뜨리고 큰 소리로 꾸짖었더니, 왜인들이 거두어 배에 싣고서 돛을 올리고 돌아가므로, 제가 곧 배를 타고 뒤쫓았습니다. 그런데 갑자기 광풍을 만나 표류하여 옥기도(玉岐島)에 이르렀는데, 도주(島主)가 들어온 까닭을 물으므로, 제가 말하기를, '근년에 내가 이곳에 들어와서 울릉도·자산도 등을 조선(朝鮮)의 지경으로 정하고, 관백(關白)의 서계(書契)까지 있는데, 이 나라에서는 정식(定式)이 없어서 이제 또 우리 지경을 침범하였으니, 이것이 무슨 도리인가?' 하자, 마땅히 백기주(伯耆州)에 전보(轉報)하겠다고 하였으나 오랫동안 소식이 없었습니다. 제가 분완(憤惋)을 금하지 못하여 배를 타고 곧장 백기주로 가서 울릉 자산 양도 감세(鬱陵子山兩島監稅)라 가칭하고 장차 사람을 시켜 본도에 통고하려 하는데, 그 섬에서 사람과 말을 보내어 맞이하므로, 저는 푸른 철릭[帖裏]를 입고 검은 포립(布笠)을 쓰고 가죽신을 신고 교자(轎子)를 타고 다른 사람들도 모두 말을 타고서 그 고을로 갔습니다. 저는 도주와 청(廳) 위에 마주 앉고 다른 사람들은 모두 중계(中階)에 앉았는데, 도주가 묻기를 '어찌하여 들어왔는가?' 하므로 답하기를 '전일 두 섬의 일로 서계를 받아낸 것이 명백할 뿐만이 아닌데, 대마 도주(對馬島主)가 서계를 빼앗고는 중간에서 위조하여 두세 번 차왜(差倭)를 보내는 법을 어겨 함부로 침범하였으니, 내가 장차 관백에게 상소하여 죄상을 두루 말하려 한다' 하였더니, 도주가 허락하였습니다. 드디어 이인성(李仁成)으로 하여금 소(疏)를 지어 바치게 하자, 도주의 아비가 백기주에 간청하여 오기를 '이 소를 올리면 내 아들이 반드시 중한 죄를 얻어 죽게 될 것이니 바치지 말기 바란다' 하였으므로 관백에게 품정(稟定)하지는 못하였으나, 전일 지경을 침범한 왜인 15인을 적발하여 처벌하였습니다. 이어서 저에게 말하기를 '두 섬은 이미 너희 나라에 속하였으니 뒤에 혹 다시 침범하여 넘어가는 자가 있거나 도주가 혹 함부로 침범하거든, 모두 국서(國書)를 만들어 역관(譯官)을 정하여 들여보내면 엄중히 처벌할 것이다' 하고, 이어서 양식을 주고 차왜를 정하여 호송하려 하였으나 제가 데려가는 것은 폐단이 있다고 사양하였습니다" 하였고, 뇌헌 등 여러 사람의 공사(供辭)도 대략 같았다. 비변사에서 아뢰기를 "우선 뒷날 등대(登對)할 때를 기다려 품처(稟處)하겠습니다"하니, 윤허하였다.

출전: 『숙종실록』 숙종 22년(1696) 9월 25일 무인 두번째 기사

<사료 - 진술 6(일본1)>

「1692년 무라카와가 배의 선장 진술 -「보고서」(「乍恐口上之覚」)-」

乍恐口上之覚

一、二月十一日爰元出船仕、同晦日ニ隠岐国之福浦へ着船仕、三月廿四日ニ隠岐国より出舟仕、同廿六日之朝五ツ時分ニ竹島之内いか島と申所へ着舟仕、様子見申候得者鮑大分取上ケ申候様ニ相見不審ニ奉存、同廿七日之朝浜田浦ト申参内ニ唐船二艘相見へ申候、内一艘はすへ舟一艘はうき舟にて居申候、唐人三拾人斗見へ候、其内二人残置、残り之者とも右之うき舟に乗り、此方之船より八九間程沖を通り、大阪浦と申所へ廻り申候、右之二人残申内一人ハ通じニて、二人共ニともども舟ニ乗り此方之舟ハ参申候故乗せ申候、而何国之者と相尋候へ者、ちゃうせんかねてんかわじ村之者と申候故、此島之義公方様より拝領仕、毎年渡海いたし候島にて候所ニ何とて参候やと尋候へは、此島より北ニ当り島有之、三年ニ一度当て国主之用にて鮑取ニ参候、国元ハ二月廿三日ニ流着、此島之様子見申候ハハ鮑有之候間、致逗留鮑取上ケしと申候、左候ハヽ此島を早々罷立候様ニと申候へ共、舟も少損じ候故、造作仕調次第ニ出舟可仕候間､私共船をすへ候様兒と申ニ付､岡ニ上り兼て拵置候諸道具改見申候へハ､舟八艘其外諸道具見へ不申候付､通辞へ此由尋候へハ､浦々へ廻し遣し候と申候､先此方之舟すへ候へと申候へ共､唐人ハ大勢此方ハ纔ニ二十一人にて御座候ニ付無心元奉存､竹島より三月廿七日之七つ時分より出舟仕申候､然共何ニても印無之御座候ては如何と奉存､唐人之拵置候串鮑少々､笠一つ､網頭巾一つ､かうじ一つ取致出舟､四月朔日ニ石州浜田浦へ着舟仕､夫より当月四日ニ雲州雲津浦迄参､翌五日之七ツ時分ニ米子ニ入津仕候

申(元禄五壬申年)ノ四月六日

村川市兵衛舟頭　　　　平兵衛

同　　　　　　黒兵衛

(1692년) 2월 11일에 이곳을 출항하여 같은 달 말일에 오키의 후쿠우라에 도착했습니다. 3월 24일에 오키에서 출항하여 같은 달 26일 아침 7시경에 죽도(竹島; 울릉도) 안에 있는 이카섬이라는 곳에 도착했습니다. 상황을 살펴보니 전복이 꽤 많이 없어진 것처럼 보이기에 이상하다고 생각했습니다. 같은 달 27일 아침에 하마다포구라는 곳으로 가던 도중 외국배 두 척을 보았습니다. 그중 한 척은 정박해 있었고 한 척은 물 위에 떠 있었습니다. 외국인 30명 정도가 보였습니다. 그중 두 명을 뭍에 남기고 나머지 사람들은 물 위에 떠 있던 배를 타고, 우리 배에서 여덟 아홉칸(14.5~16.3미터)정도 떨어진 바다를 지나서 오사카포구라는 곳으로 향했습니다. 남은 두 사람 중의 한 사람은 통역이며, 두 사람이 함께 배를 타고 우리 배 쪽으로 오기에 (우리 배에) 태웠습니다. 그리고 "어느 나라 사람인가"라고 물었더니 "조선 카와텐 카와지 마을 사람" 이라고 말하기에 이 섬은 장군님이 주셔서 (우리가) 매년 오고 있는 섬인데 (너희가) 어찌하여 왔느냐고 물었습니다. 그랬더니, "이 섬의 북쪽에 섬이 있는데 3년에 한 번씩 국주의 명령으로 전복을 채취하러 왔습니다. 우리나라에서 2월 21일에 배 열 한 척이 출항하였는데 폭풍을 만나 (배를 잃고) 다섯 척 53명이 남았습니다. 이 섬에는 3월 23일에 흘러들어 왔습니다. 이 섬의 상황을 살펴보니 전복이 있었길래 머물며 전복을 채취하고 있습니다"라고 말하였습니다. 그렇다면 이 섬을 빨리 떠나라고 말하였으나 "배가 약간 부서졌기 때문에 고치는 것이 끝나면 갈 것"이니 우리 배를 뭍에 대라고 해서 뭍으로 올라가서 이전에 만들어 두었던 도

구들을 조사해 보았습니다. 그랬더니 배 8척과 그 외 도구들이 보이지 않기에 통역에게 이 연유를 물었더니 “포구들로 보냈습니다”라고 말했습니다. 우선 우리 배를 정박시키라는 말을 했지만 외국인은 그 수가 많고 우리들은 겨우 21명이었으므로 마음이 불안해져 죽도에서 3월 27일의 오후 5시경에 출선했습니다. 그런데 아무래도 증거가 없으면 안 되겠다 싶어서, 외국인이 만들어 두었던 꼬지 전복 조금과 갓 한 개, 망건 한 개, 메주 한 개를 취한 후 출항하여 4월 1일에 이와미의 하마다포구에 도착하였고 거기에서 이번 달 4일에 이즈모의 구모쓰 포구까지 와서 다음 날 오후 5시경에 요나고에 입항하였습니다.

1692년 4월 6일

무라카와 이치베의 선장 헤베

동 구로베

출전: 「元禄六年酉四月朝鮮人召つれ参候諸事控」(大谷家文書)の中にある船頭の口上」,
(川上健三, 1966,『竹島の歴史地理学的研究』, 古今書院, 145頁; 内藤正中, 2000,『竹島<鬱陵島>をめぐる日朝関係史』,多賀出版, 63~64頁에서 재인용)

<사료 - 진술 7(일본2)>

「1693년 오야가 배 선장 진술 - 「1693년 다케시마에서 이나바로 조선인을 데리고 온 것에 대한 오야 규에몬 선장 보고서」(元禄六年竹島より伯州に朝鮮人連帰候趣大谷九右衛門船頭口上覚)-」

一、伯州米子を二月十五日に出船仕、同十七日之朝雲州雲津へ参着仕、三月二日ニ雲津を出船仕隠岐国嶋前はし村へ同日に参着仕、三月九日迄同国ニ逗留仕、翌十日に嶋後福浦へ参着仕申候、卯月(4月)十六日ニ福浦を出船仕、同十七日の八ツ時分ニ竹嶋の内とうせんが崎へ参着仕、嶋へ上り見申候得ハめのは大分ほし有之ニ付不審に奉存近辺を見申候得は唐人のわらぢ有之ニ付而、弥々無心元奉存候へ共日暮に及ひ申候ニ付其夜は其通ニ捨置明ル十八日にはし船ニ加子五人私共弐人以上七人乗、西の浦を尋候へ共唐人見へ不申ニ付それより北浦へ参見申候へは、唐船壱艘すへこ屋かけ仕唐人壱人居申候、こ屋の内を見申候へハ蚫めのは大分取上け有之に付彼唐人に様子相尋候得共通じに而無御座ニ付而わけ聞へ不申、右の唐人はし船に乗せ大てんぐと申所へ尋参候得は唐人拾人斗猟仕居申候内通じ壱人居申候故此方のはし舟に乗セ、前に北浦に而乗せ候唐人は舟より上け外に壱人乗様子相尋申候得ハ、通じ申候は三月三日ニ此嶋へ猟可仕と存参着仕候由申候、船は何艘乗参候哉と相尋候得は三艘ニ人数四拾弐人乗参候由申候、竹嶋之儀荒磯故此方之舟無心許奉存弐人之唐人乗せ此方の元船へ戻り申候、子細ハ去年も此嶋に唐人居申に付、重而此嶋へ渡り猟いたし候儀堅無用之段おどししかり段々申聞せ候処、亦当年唐人猟仕居申候ニ付、加様ニ御座候へハ巳後嶋之猟可仕様も無御座、別而迷惑ニ奉存、乍恐何とぞ御断可申上ためと奉存右之唐人弐人召連卯月十八日ニ竹嶋を出船仕り、隠岐国福浦へ同廿日に参着仕候、然所ニ隠岐国御番所ニおいて私共被召出唐人之口上書上ケ候様ニ被仰付候故、私共申候ハ則唐人居申候間御直ニ御聞被遊候様ニ申上候得は尤の由御意被成唐人被召出様子御聞被成、其上ニ而所々庄屋共出合唐人之口上書上ケ申候、私共へも右唐人之口上書ニハ判仕候様ニ御意被成候へ共達而御断申上判形不仕候、其後ハ御番所より唐人ニ酒壱樽被遣候、同廿三日ニ福浦を出舟仕嶋前へ参着仕、同廿六日嶋前出舟仕、同廿六日之昼雲州長浜へ参着、同廿七日に米子へ入津仕候

卯月(四月) 廿七日
舟頭　黒兵衛
同　　平兵衛

호키의 요나고에서 (1696년) 2월 15일에 출선하여 같은 달 17일 아침에 이즈모의 구모쓰에 도착하였습니다. 3월 2일에 구모쓰에서 출선하여 오키 도젠 하시무라에 같은 날짜에 도착하였고 3월 9일까지 오키에서 머물렀습니다. 다음 날 10일에 도고 후쿠우라에 도착하였고 4월* 16일에 후쿠우라에서 출선하였습니다. 4월 17일 새벽/오후 2시경 죽도(竹島; 울릉도) 안의 도센가사키에 도착하여 섬에 올라가 보니 말리고 있는 미역(메노하)이 많아서 의아하게 생각해 주변을 보니 외국인의 짚신이 있었습니다. 그래서 점점 불안해졌으나 날이 어두워졌으므로 그날 밤은 그냥 그대로 두었고 다음 날 18일에 조각 배에 선원 5인과 우리 두 사람 합쳐 7인이 타고 니시노우라를 찾아 갔습니다만 외국인은 보이지 않았습니다. 그래서 거기서 기타우리로 갔더니 외국 배 한척이 정박하고 있었고 움막을 짓고 있는 외국인 한 사람이 있었습니다. 움막 안을 보니 건져 논 전복과 미역이 많이 있기에 그 외국인에서 상황을 물었으나 말이 통하지 않아 무슨 이유인지 알 수 없었습니다. 이 외국인을 조각배에 태우고 다이텐구라는 곳을 찾아 갔더니 외국인 10인 정도가 어렵을 하고 있었고 그 중 말이 통하는 사람 한 사람이 있었습니다. 그래서 우리 조각배에 태우고 앞서 기타우라에서 태운 외국인은 내리게 하고 다른 한 사람을 태우고 상황을 물었더니, 말이 통하는 사람이 말하길 3월 3일에 이 섬에 어렵을 하려고 왔다고 합니다. 배 몇 척에 몇 명이 타고 왔는가 물으니 3척에 42명이 타고 왔다고 합니다. 죽도는 물결이 세기 때문에 우리 조각배로는 불안해서 두 사람의 외국인을 태우고 우리 큰 배로 돌아왔습니다. 자세히는 작년에도 이 섬에 외국인이 있어 거듭 이 섬에 와서 어렵을 해서는 안 된다고 협박하고 혼내주었는데 올해 또 외국인이 어렵을 하고 있으니, 그렇다면 이후 이 섬에서의 어렵은 할 수 없을 것 같아 매우 유감스럽게 생각하여 황공스럽지만 한 말씀 해 주셨으면 해서 그 외국인 두 사람을 데리고 4월 18일에 죽도에서 출선하여 오키의 후쿠우라에 같은 달 20일에 도착하였습니다. 그랬는데 오키의 번소에서 우리를 불러 외국인의 구상서를 제출하도록 명하시기에 외국인에게 직접 물어보시라고 말씀드렸습니다. 우리에게도 그 구상서에 날인을 하게 하시려는 것 같아 강하게 거절하고 날인을 하지 않았습니다. 그 후는 번소에서 외국인에서 술 한 통을 내려 주었습니다. 같은 달 23일에 후쿠우라에서 출선하여 도젠에 도착했습니다. 같은 달 26일 도젠에서 출선하여 같은 달 26일 낮에 이즈모 나가하마에 도착하였고 같은 달 27일에 요나고에 입했습니다.

4월 27일

선장 구로베

동　히라베

* 卯月로 되어 있다. 일본에서는 음력 4월, 한국에서는 음력 2월(한국민속대백과사전)로 되어 있다. 문맥상 의미에 따라 4월로 번역하였다.

출전: 「元禄六年竹島より伯州に朝鮮人連帰候趣大谷九右衛門船頭口上覚」(大谷家文書); 鳥取県編, 1946, 「竹島渡海禁止并渡海沿革」『鳥取藩史』第九巻, 殖産商工志·事変史, 鳥取県立図書館, (466~477)469~470頁

<사료 - 성호사설>

『성호사설』「안용복 전(傳)」

鬱陵島在東海中一名于山國遠可七八百里自江陵三陟等地登高望之三峯縹緲隱見新羅智證王十二年其人恃强不服何瑟羅州軍主異師夫以木獅威服何瑟羅卽今江陵也高

麗初來獻方物毅宗十一年遣金柔立往審羽陵島從山頂東行至海一萬餘步西行一萬三千餘步南行萬五千步北行八千步有村落基址七所有石佛鐵鍾石塔地多岩石不可居然則是時已成空地矣本朝逋民多入居太宗世宗時皆往搜盡俘還之芝峯類說云欝陵島壬辰後被倭焚掠無復人烟近聞倭占據礒竹島或謂礒竹即欝陵也倭以漁氓安龍福犯越事來争以芝峰類說及禮曹回荅有貴界竹島之語為證朝廷遣武臣張漢相往審之南北七十里東西六十里木有冬栢紫檀側栢黃蘗槐椵桑榆無桃李松橡禽獸有烏鵲猫鼠水族有嘉支魚穴居巖磧無鱗有尾魚身四足而後足甚短陸不能善走水行如飛聲如嬰兒脂可以燃燈云拎是朝廷費辭往復彌縫乃止余謂此事非難判當時胡不日欝陵之服屬新羅自智證王始時即貴邦繼體之六年未知威徳遠被史乘特書有可以考見者耶至拎高麗或獻方物或空其地史不絕書今千有餘年今者何故突然惹此争端即無論羽陵礒竹之何指鬱陵之屬我邦則百分明白而其旁近島嶼亦不過鬱陵之屬島與貴邦絕遠其乗隙占據所宜羞吝而不合誇言者也設或中間為貴邦冐奪两國約和誠信之後悉冝還其舊田之不暇况未曾著在貴邦之版籍也耶既在我界則我氓之漁獵往來理固宜然何與拎貴邦如是則彼雖巧黠將無復容其喙矣安龍福者東萊府戰船櫓軍也出入倭舘善倭語我肅廟十九年癸酉夏漂泊鬱陵島倭船七艘先到時倭已惹争島之端龍福與倭辨詰倭怒執以歸拘五浪島龍福謂其島主日鬱陵芋山本屬朝鮮朝鮮近而日本遠何故拘執我不歸島主送諸伯耆州伯耆島主待以賓禮賚銀許多辭不受島主問汝欲何為龍福又言其故日禁止侵擾以厚交隣是吾願也島主許之稟于江戶成契券與之遂遣還行到長椅島島主黨馬島奪其券送之馬島馬島主囚之聞于江戶江戶復為書契令勿侵两島且令護送馬島主復奪其書契囚五十日押送東萊倭舘又留之四十日送之東萊府龍福悉訴之府使不以聞以犯越刑之二年乙亥夏龍福憤鬱不已誘販僧五人及掉工四人復至鬱陵我國三商船先泊漁採斫竹有倭船適至龍福令諸人縛執諸人懼不從倭云我等漁採松島偶至此即去龍福日松島本我芋山島明日追至芋山島倭舉帆走龍福追之漂泊于玉岐島轉至伯耆州島主欵迎龍福自稱欝陵搜捕將乗轎入與島主抗禮言前後事甚詳且云我國歲輸米一石必十五斗綿布一匹三十五尺紙一卷二十張馬島偷損謂米石七斗布匹二十尺截紙為三卷吾將欲直達于關伯治欺誑之罪同行有稍觧文字者製疏示島主馬島主父聞之乞憐拎伯耆州事遂已慰諭送還日争地事悉如汝言有不如約者當重罰之秋八月還泊襄陽方伯狀聞拿致龍福等于京諸人納供如一朝議以犯越挑釁將斬之惟領敦寧尹趾完日龍福雖有罪馬島從前欺詐者徒以我國不得專通江戶故耳今知別有他路勢必恐怯今誅龍福非計也領中樞南九萬日馬島之欺詐非龍福無以畢露其罪之有無姑置争島事不可不因此機會明辨痛斥之書問馬島日朝廷將別遣使直探其虛實云爾則馬島必大恐服罪然後龍福事徐議其輕重

未晩此上策也不然使莱府送書島中先陳龍福擅自呈文之罪次陳本島假稱竹島奪取公文之失待其回荅而龍福斷罪之意決不可及拎書中此中策也至若不問馬島奸欺之狀而先殺龍福以快其心彼必以此藉口侮我脅我將何以堪之此下策也於是朝廷用中策島主果自服歸罪拎前島主不復往来欝陵朝廷乃減龍福死配去云愚按安龍福直是英雄儔匹以一卒之賤出萬死之計為國家抗强敵折奸萠息累世之争復一州之土比諸傅介子陳湯其事尤難非傑然者不能也朝廷不惟不之賞前刑後配摧陥之不暇哀哉欝陵縦云土薄馬島亦土無數尺而為倭所窟宅歴世為患一或見奪是增一馬島也方来之禍何可勝言以此論之龍福非特一世之功也歟古今稱張循王花園老卒為人豪然其所辦不過大賈販殖之間其拎國家計策未必優焉若龍福者當危難之際拔之行伍借之翼角得行其志則所就豈止於此

울릉도는 동해 가운데 있는데, 우산국(于山國)이라고도 한다. 육지에서의 거리가 7백 리 내지 8백 리쯤 되며, 강릉·삼척 등지의 높은 곳에 올라가 바라보면 세 봉우리가 가물거린다.

신라 지증왕(智證王) 12년(511)에 그곳의 주민들이 힘을 믿고 복종하지 않자, 하슬라주(何瑟羅州)의 군주(軍主) 이사부(異斯夫)가 나무로 만든 사자의 위력으로 이를 정복했으니, 하슬라는 지금의 강릉이다.

고려 초기에 방물(方物)을 바친 일이 있었으며, 의종(毅宗) 11년(1157)에 김 유립(金柔立)을 우릉도(羽陵島)에 보내어 탐사하게 하였는데, 산마루에서 바다까지 동쪽으로 1만여 보요, 서쪽으로 1만 3천여 보이며, 남쪽으로 1만 5천 보요, 북쪽으로 8천 보였다.

마을의 빈 터가 일곱 곳이 있었는데, 그곳에는 석불(石拂)·철종(鐵鍾)·석탑이 있었으며, 땅에는 바위가 많아 사람이 살 수 없었으니, 그렇다면 이때에 벌써 공허지가 되었던 것이다.

조선시대에 미쳐 죄인들이 도망해 와서 사는 자가 많으므로 태종(太宗)과 세종(世宗) 때에 낱낱이 수색하여 모두 잡아온 일도 있었다.

『지봉유설(芝峰類說)』에 "울릉도는 임진왜란 후에 왜적의 분탕(焚蕩)과 노략질을 겪어 다시 인적이 없었는데, 근자에 들으니 왜적이 의죽도(礒竹島)를 점거했다 하며, 혹자의 말에 의죽도는 곧 울릉도라고 한다"하였다.

왜인들이 어부 안용복(安龍福)이 월경(越境)한 일로써 와서 쟁론할 때『지봉유설』과 예조(禮曹)의 회답 가운데 '귀계(貴界)'니, '죽도(竹島)'니 하는 말이 있는 것으로 증거를 삼았다.

조정에서 이에 무신 장한상(張漢相)을 울릉도로 보내어 살피게 했는데, 그의 복명에, "남북은 70리요, 동서는 60리이며, 나무는 동백·자단(紫檀)·측백·황벽(黃蘗)·괴목(槐木)·유자·뽕나무·느릅나무 등이 있고, 복숭아·오얏·소나무·상수리나무 등은 없었습니다. 새는 까마귀·까치가 있고 짐승은 고양이와 쥐가 있으며, 물고기는 가지어(嘉支魚)가 있는데, 바위틈에 서식하며 비늘은 없고 꼬리가 있습니다. 몸은 물고기와 같고 다리가 넷이 있는데, 뒷다리는 아주 짧으며, 육지에서는 빨리 달리지 못하나 물에서 나는 듯이 빠르고 소리는 어린 아이와 같으며 그 기름은 등불에 사용합니다" 하였다. 이에 조정에서 누차 서신을 왕복하여 무마시켰던 것이다.

나는 생각건대, 이 일은 담판하기 어려울 것이 없으니, 그 당시에 "울릉도가 신라에 예속된 것은 지증왕 때부터 시작된 일이며, 그 당시 귀국은 계체(繼體) 6년(512, 신라 지증왕 13)이었는데 위덕(威德)이 멀리까지 미친 일이 있는지 나는 들은 적이 없으니, 역사에 상고할 만한 특이한 기록이 있는가?

고려로 논한다면 혹은 방물을 바친 적이 있으며 혹은 그 섬을 비운 일도 사기에 기록이 끊어진 적이 없었는데, 일천여 년을 내려 온 오늘에 와서 무슨 이유로 갑자기 이 분쟁을 일으키는가?

우릉도(羽陵島)라고 하든, 의죽도라고 하든 어느 칭호를 막론하고 울릉도가 우리나라에 속하는 것은 너무나도 분명한 일이며, 그 부근의 섬도 또한 울릉도의 부속에 지나지 않는 것이다.

귀국과는 거리가 멀리 떨어졌는데, 그 틈을 타서 점령한 것은 이치에 어긋난 일이니 자랑할 말이 못되는 것이다. 가령 중간에 귀국의 약탈한 바 되었더라도 두 나라가 신의로써 화친을 맺은 후에는 옛 경계에 의하여 서둘러 돌려주어야 할 것인데, 하물며 일찍이 귀국의 판도에 들지 않았음에랴?

이미 우리나라의 강토인 이상 우리 백성들이 왕래하며 고기잡이하는 것이 마땅한 일인데 귀국이 무슨 관여할 권리가 있는가?"라고 왜 하지 않았는가? 이와 같이 말했다면 저들이 비록 간사할지라도 다시 입을 열지 못했을 것이다.

안용복은 동래부(東萊府) 전선(戰船)에 예속된 노군(櫓軍)이니, 왜관에 출입하여 왜어에 능숙하였다.

숙종(肅宗) 19년 계유 여름에 풍랑으로 울릉도에 표류했는데, 왜선 7척이 먼저 와서 섬을 다투는 분쟁이 일고 있었다. 이에 용복이 왜인들과 논란하니, 왜인들이 노하여 잡아가지고 오랑도(五浪島)로 돌아가 구금하였다.

용복이 도주에게 "울릉 우산은 원래 조선에 예속되어 있으며, 조선은 가깝고 일본은 멀거늘 어찌 나를 구금하고 돌려보내지 않는가?" 하니, 도주가 백기주(伯耆州)로 돌려보냈다.

이에 백기도주(伯耆島主)가 빈례(賓禮)로 대우하고 많은 은자(銀子)를 주니 모두 사양하고 받지 않았다. 도주가 "그대의 하고자 하는 것은 무엇인가?" 하니 용복이 전후 사실을 말하고 이르기를 "침략을 금지하고 이웃 나라끼리 친선을 도모함이 소원이다"라고 하니, 도주가 이를 승낙하고 강호 막부(江戶幕府)에 품하여 계권(契券)을 출급하고 돌아가게 하였다.

이에 출발하여 장기도에 이르니 도주가 대마도와 부동(符同)하여 그 계권을 빼앗고 대마도로 압송하였다. 대마도주가 또 구금하고 강호 막부로 보고하니, 강호에서 다시 서계를 보내고 울릉 우산 두 섬을 침략하지 못하게 하였으며, 또 본국으로 호송하라는 지령이 있었다. 그런데 대마도주는 다시 그 서계를 빼앗고 50일을 구금하였다가 동래부 왜관으로 보냈는데, 왜관에서 또 40일을 유련(留連)시켰다가 동래부로 돌려보냈다.

이에 용복이 이 사실을 모두 호소하니, 부사가 상부에 보고하지도 않고 월경(越境)한 일로 2년의 형벌을 내렸다. 을해(숙종 21년(1695)) 여름에 용복이 울분을 참을 수 없어 떠돌이 중 5인과 사공(沙工) 4인과 배를 타고 다시 울릉도에 이르니, 우리나라 상선 3척이 먼저 와서 정박하고 고기를 잡으며 대나무를 벌채하고 있었는데, 왜선이 마침 당도하였다.

용복이 여러 사람을 시켜 왜인들을 포박하려 했으나 여러 사람들이 두려워하여 좇지 않았으며, 왜인들이 "우리들은 송도에서 고기잡이를 하다가 우연히 이곳에 왔을 뿐이다" 하고 곧 물러갔다. 용복이 '송도도 원래 우리 우산도'라 하고 다음날 우산도로 달려가니, 왜인들이 돛을 달고 달아나거늘 용복이 뒤쫓아 옥기도(玉岐島)로 갔다가 백기주에까지 이르렀다.

이에 도주가 나와 환영하거늘, 용복이 울릉도 수포장(搜捕將)이라 자칭하고 교자를 타고 들어가 도주와 대등한 예로 대하고 전후의 일을 소상히 말하였다.

그리고 또 "우리나라에서 해마다 쌀 1석에 반드시 15두요, 면포 1필은 35척이며, 종이 1권에 20장으로 충수(充數)해 보냈는데, 대마도에서 빼먹고 쌀 1석은 7두, 면포 1필에 20척, 종이는 3권으로 절단하여 강호로 올려보냈으니, 내가 장차 이 사실을 관백(關白)에게 곧장 전달하여 그 속인 죄상을 다스리게 하겠소" 하고 동행 가운데 문학에 능통한 자를 시켜 소장을 지어 도주에게 보여 주었다.

대마도주의 부친된 자가 이 말을 듣고 백기주에 달려와 용서해 주기를 애걸하므로 그 일은 이로써 결말을 지었다. 그리고 과거의 일을 사과하고 돌려보내며, "섬을 가지고 다툰 일은 모두 그대의 말대로 준행할 것이요, 만약 이 약속을 어기는 자가 있으면 마땅히 중벌에 처하겠소"라고 하였다.

추(秋) 8월에 양양에 다다르니, 방백(方伯)이 이 사실을 장계로써 보고하고 용복 등 일행을 서울로 압송하였다. 여러 사람의 공초가 한결같이 나오니 조정의 의론이 월경하여 이웃 나라와 쟁단을 일으켰다 하여 장차 참형에 처하려 하였다.

오직 영돈녕부사(領敦寧府事) 윤지완(尹趾完)이 "용복이 비록 죄는 있으나 대마도가 예전부터 속여온 것은 한갓 우리나라가 강호와 직통하지 않은 때문이었습니다. 이제 별달리 통하는 길을 알았으니 대마도에서 반드시 두려워할 것인데, 오늘날 용복을 참형에 처하는 것은 국가의 좋은 계책이 아니옵니다"라고 하였다.

또 영중추부사(領中樞府事) 남구만(南九萬)은 "대마도에서 속여온 일은 용복이 아니면 탄로되지 않았을 것이니, 그 죄상이 있고 없는 것은 아직 논할 것이 없고, 섬을 다투는 일에 대하여는 이 기회에 밝게 변론하고 중엄하게 물리치지 않을 수 없습니다. 그런즉 대마도에 서계를 보내어 '조정에서 장차 강호에 직접 사신을 보내어 그 허실을 탐지하겠다'라고 한다면 대마도에서 반드시 크게 두려워하여 복죄(服罪)할 것입니다. 그런 후에 용복의 일은 그 경중을 서서히 논의하더라도 늦지 않을 것이니, 이것이 상책이요, 그렇지 않다면 동래부를 시켜 대마도에 서계를 보내어 먼저 용복이 임의로 글을 올린 죄상을 말하고, 다음에 울릉도를 죽도(竹島)라고 가칭한 것과 공문을 탈취한 도주의 과실을 밝혀 그 회답을 기다릴 것이요, 용복을 죄줄 뜻은 서계 가운데 미치지 않을 것이니, 이는 중책이요, 만약 대마도의 속여 온 죄상을 묻지도 않고 먼저 용복을 죽여 저들의 마음을 쾌하게 해준다면 저들이 반드시 이로써 구실을 삼고 우리를 업신여기며 우리를 협박할 것이니, 장차 어떻게 감당하겠습니까? 이것이 하책이옵니다"라고 하였다.

이에 조정에서 중책을 채용하니, 도주가 과연 자복(自服)하여 허물을 전도주(前島主)에게 돌리고 다시 울릉도에 왕래하지 않았으며, 조정에서는 용복을 극형에서 감하여 변방으로 귀양보냈다

나는 생각건대, 안용복은 곧 영웅 호걸인 것이다. 미천한 일개 군졸로서 만 번 죽음을 무릅쓰고 국가를 위하여 강적과 겨루어 간사한 마음을 꺾어버리고 여러 대를 끌어온 분쟁을 그치게 했으며, 한 고을의 토지를 회복했으니 부개자(傅介子)와 진탕(陳湯)에 비하여 그 일이 더욱 어려운 것이니 영특한 자가 아니면 할 수 없는 일이다.

그런데 조정에서는 상을 주지 않을 뿐만 아니라, 전에는 형벌을 내리고 뒤에는 귀양을 보내어 꺾어버리기에 주저하지 않았으니, 참으로 애통한 일이다.

울릉도가 비록 척박하다고 하나, 대마도도 또한 한 조각의 농토가 없는 곳으로서 왜인의 소굴이 되어 역대로 내려오면서 우환거리가 되고 있는데, 울릉도를 한 번 빼앗긴다면 이는 또 하나의 대마도가 불어나게 되는 것이니 앞으로 오는 앙화를 어찌 이루 말하겠는가?

이로써 논하건대, 용복은 한 세대의 공적을 세운 것뿐이 아니었다. 고금에 장순왕(張循王)의 화원노졸(花園老卒)을 호걸이라고 칭송하나, 그가 이룩한 일은 대상 거부(大商巨富)에 지나지 않았으며, 국가의 큰 계책에는 도움이 없었던 것이다.

용복과 같은 자는 국가의 위급한 때를 당하여 항오에서 발탁하여 장수급으로 등용하고 그 뜻을 행하게 했다면, 그 이룩한 바가 어찌 이에 그쳤겠는가?

출전: 『성호사설』「강계고」 권3 「천지문(天地門)」 울릉도

〈표 1〉 1693년 안용복·박어둔의 울릉도~요나고 일정

날짜	안용복·박어둔 진술	구로베·히라베 진술
2월 15일		요나고 출선
2월 17일 아침		이즈모 구모쓰 도착
3월 2일		구모쓰 출선, 오키 도젠 하시무라 도착
3월 10일		오키 도젠 하시무라 출선, 도고 후쿠우라 도착
3월 11일	울산 출발	
3월 15일	울산 부이카이 도착	
3월 17일		(죽도 도착)
3월 18일		(죽도 출선)
3월 20일		(오키 후쿠우라 도착)
3월 25일	울산 부이카이 출발, 경상도 엔바이 도착	
3월 27일	엔바이 출발 (辰時: 오전 7~9시), 울릉도 도착 (酉時: 오후 5~7시)	
4월 17일	일본 배를 타고 울릉도 출선(午時: 오전 11~오후 1시)	죽도 도센가사키 도착(八ツ時 ; 새벽 또는 오후 2시경), 체류
4월 18일		선장 2명 포함 7명이 작은배를 타고 니시노포구로 이동. 조선인 없었음. 기타포구로 이동. 움막을 짓고 있던 조선인 1인을 태우고 다이텐구로 이동. 15인 정도의 조선인이 어로 중 기타포구에서 태운 사람을 내리고 그중 말이 통하는 1인과 다른 1인을 배에 태우고 출선
4월 20일		오키 후쿠우라에 도착
4월 22일	오키국 도착	
4월 23일		후쿠우라 출선, 도젠 도착
4월 26일		도젠 출선, 오후 이즈모 나가하마 도착
4월 27일		요나고 입항, 오야 가쓰후사 저택에 억류
4월 28일	오키국 출발	
5월 1일	요나고 도착 (未時: 오후 1~3시)	
5월 26일		(에도에서 두 사람을 나가사키로 호송하라는 파발이 옴)
5월 (29)일	요나고 출발	(요나고 출발)

출전: 1. 안용복·박어둔 구술: 〈사료-진술 2〉(『竹島紀事』 巻一, 元祿 六年(1693) 十月 綱「朝鮮人二人申口」)

2. ① 구로헤·히라베 구술 중 요나고 출발~귀항 일정: 〈사료-진술 7(일본2)〉(「元禄六年竹島より伯州に朝鮮人連帰候趣大谷九右衛門船頭口上覚」; 鳥取県編「竹島渡海禁止并渡海沿革」)

② 안용복 일행의 요나고 출발~조선 귀환 일정: 内藤正中, 2000, 『竹島<鬱陵島>をめぐる日朝関係史』, 多賀出版, 69~74) (『竹島考』, 鳥取藩 『控帳』, 『因府年表』 등 사용)

※ 단 위의 일정 중 구로베·히라베의 울릉도 도착 시점에는 특기 사항이 있다. 원문상 구로베·히라베가 울릉도에 도착한 것은 음력 2월을 의미하는 "묘월(卯月)"로 되어 있다. 그런데 음력 2월에는 이즈모 구모쓰에 도착한 것이 되어 있어 "묘월"을 음력 2월로 해석할 수 없다. 한편 일본에서는 우즈키라고 하여 '묘월'을 음력 4월을 가리키는 것으로 쓰기도 하는 것 같다. 이에 따라 여기에서는 '묘월'을 음력 4월로 번역했다. 또 한편으로 나이토 세이츄는 이를 음력 3월로 해석했다.(内藤正中, 2000, 『竹島<鬱陵島>をめぐる日朝関係史』, 多賀出版, 66~69) 그런데 이와 같이 음력 3월로 해석하는 편이 일정을 이해하는데 합리적이다. 즉 음력 3월 17일에 구로베·히라베가 울릉도에 도착했다면 3월 27일에 울릉도에 도착한 안용복 일행과 만나 4월 17일에 울릉도를 출발하는 일정상 무리가 없다. 그러나 여기에서는 원문상 "묘월" 되어 있었기 때문에 편의상 4월로 번역했다. 덧붙여 (   ) 안에 묘월을 3월로 보았을 때의 일정도 표기해 놓았다.

〈표 2〉 1693년 안용복·박어둔의 일본 요나고~조선 왜관 일정

날짜	여정
5월 29일	요나고 출발
6월 1일	돗토리 도착, 요나고 성주(아라오 야마토) 저택에서 1박
6월 2일	돗토리 시가지(성하) 혼마치 2초메 소재 회관(회소)로 이송
6월 4일	돗토리 성하 출발
6월 7일	돗토리 출발
6월 30일	나가사키 도착
7월 1일	나가사키 봉행소로 가서 심문 받음. 쓰시마 관료(루수이 하마다 겐베) 저택에 억류됨.
8월 14일	쓰시마 사자 (가즈노미야 조자에몬) 에게 인도됨.
8월 17일	쓰시마 번사에게 인도됨.
9월 3일	쓰시마 후추 도착 (9월2) '어사자옥'에 억류됨.
9월 4일	쓰시마에서 심문받음.
10월 22일	다다 요자에몬(귤진중) 일행과 함께 쓰시마 출선
11월 1일	절영도 도착
11월 2일	왜관 도착
12월 10일	동래부 접위관에게 인도됨.

출전: 川上健三, 1966,『竹島の歴史地理学的研究』, 古今書院, 147~149頁, 173頁(『御櫓日記』 1696년 4월 28일조 사용) 鳥取縣編 昭和四十六年 「竹島渡海禁止并渡海沿革」『鳥取藩史』 第六卷, 殖産商工志·事變志, 鳥取縣立圖書館,7) 468~470頁;『竹島紀事』 卷1癸酉, 元禄六年 五月 十三日 綱

〈표 3〉 안용복 2차 도일과 오키·돗토리의 대응

날짜	내용
3월 18일	조선 출발, 죽도 도착
5월 15일	죽도 출선, 송도 도착
5월 16일	송도 출선
5월 18일	오키섬 니시촌 해변에 도착, 해변이 좋지 않아 나카촌에 입항
5월 19일	나카촌 항구가 좋지 않아 출선, 밤에 오쿠촌의 가요이 포구에 입항
5월 20일	오쿠촌에 입항, 오키 대관 고토 가쿠우에몬이 수하 나카세 단우에몬, 야마모토 신우에몬을 보내 조사하게 함 ※『죽도기사』에는 5월 25일 도착한 것으로 기록됨
5월 21일	오쿠촌 촌장에게 밥 지을 쌀 요청
5월 22일	안용복, 이비원, 뇌헌 연습이 소송장 작성을 위해 상륙
6월 2일	오키에서 보낸 파발이 돗토리 번청에 도착
6월 4일	안용복 일행이 돗토리 아카사키 포구에 도착. 돗토리 번청에서 가신(후나테 야마사키 슈마)를 파견하여 돗토리 아오야 소재 절(센넨지)로 인도, 하구에 계류시킴. 돗토리번 가신 (오메쓰케 히라이 긴자에몬)가 안용복 일행 취조
6월 13일	돗토리 번주(호키노카미 쓰나키요)에게 사건 보고 번주가 가신을 시켜 에도막부 각료 (오쿠보 가가노카미)에게 보고
?	돗토리번이 센넨지로 승려(쓰지곤노조)를 파견, 승려가 안용복 일행과 필담 후 "죽도와 관련한 소송 문제로 온 것 같아 보이지 않음" 이라고 보고함. 돗토리번이 이 보고를 가신(히라이 긴자에몬)을 시켜 에도로 전달

6월 14일	안용복 일행, 아오야에서 가로 소재 절(도젠지)로 이송
6월 21일	안용복 일행, 가로에서 돗토리 시가지(성하)로 이송, 혼마치 정회소에 유치됨. 6월 말 또는 7월 초 막부 지령으로 안용복 일행을 돗토리 고잔이케에 있는 아오시마에 임시 움막을 짓고 유치함. 주위에 대나무 울타리를 만들어 외부와의 왕래 차단
6월 22일	돗토리 번주가 가신을 시켜 에도 막부 각료(로주 오쿠보 가가노카미)에게 보고
6월 23일	에도 막부 각료(로주 오쿠보 가가노카미)가 두 사람을 나가사키로 보내고 따르지 않을 경우 귀국시킬 것과 특별한 대우를 하지 말 것을 돗토리 번주 가신(요시다 헤마)에게 지시
	쓰시마 번주 섭정 (소 요시자네)가 급히 에도로 사신(가시마 긴파치)를 파견, 에도 막부 각료들 (로주 오쿠보가가카미, 아베분고카미)에게 쓰시마 입장 표명, 에도 막부 각료 평의 결과 조선인을 나가사키로 보내지 않고 돗토리에서 바로 귀국시킬 것을 결정
6월말 (7월초)	안용복 일행, 돗토리 고잔이케 아오시마에 계속 유치됨.
7월 24일	쓰시마 번주 섭정 입장을 쓴 서신을 에도 막부 각료(오쿠보 가카노카미)가 다른 각료(마쓰다이라 호키노카미)에게 전달, 각료들이 조선인을 돗토리에서 바로 돌려보내기로 결정함.
8월 6일	안용복 일행 돗토리 가로에서 귀국을 위한 출항. 에도 막부의 지시로 쓰시마번에서 돗토리번으로 파견되었던 통역 일행(스즈키 곤베에) 나가사키 아카마세키 도착, 16일 돗토리 영내로 들어갔으나 조선인 귀국 소식을 듣고 즉시 귀번
8월 29일	안용복 일행, 강원도 양양현 도착

출전: ① 川上健三, 1966, 『竹島の歴史地理学的研究』, 古今書院, 162~166貢(元禄 9年(1696) 6月 13日 「口上書」『御在府日記』; 1722年 11月 「覚」『池田家文書』; 『因府暦年大雑集』; 元禄 9年(1696)未詳 『御在府日記』; 1696年 6月 23日 大久保加賀守ー(吉田平馬)ー松平伯耆守 「覚」『竹島紀事』; 1696年 7月 24日 大久保加賀守ー松平伯耆守(書信)『竹島紀事』; 元禄 9年(1696) 8月 6日 『控帳』 등 사용
② 「元祿九丙子年朝鮮舟着岸一卷之覺書」 (1696)
③ 『숙종실록』 권30, 숙종 22년 9월 25일

〈표 4〉 1666년에 조선으로 표류한 오야가 배에 탄 선원의 수와 역할

	선원	역할
1	우와노리 (上乘) 1인	"아마 그 집에서 중책을 맡고 있는 자에게 도해 총괄 업무를 맡겨 파견한 자일 것이다"
2	후나카시라(船頭) 1인	"바람의 방향과 파도의 크기를 살펴 선원에게 알려주는 자다"
3	포수 2인	"바다 짐승을 쏘아 잡는 자이다. (중략) 그 때에는 보통 8또는 9자루까지 총을 실어 보냈으나 나중에는 5자루로 줄었다."
4	대장장이 1인	"파손된 어로 도구를 고치는 자일 것이다"
5	통 만드는 사람 1인	"기름통 혹은 물통을 만드는 자다."
6	전복잡이 3인	"전복은 그 섬의 큰 산물이다. 자세한 것은 뒤에서 언급하였다."
7	키잡이 1인	"방향에 따라 키를 잡고 배를 모는 자이다"
8	수부 10인	"바다에서는 돛 줄을 다루거나 배가 나아가게 노를 젓는다. 섬에 머무르는 동안에는 사냥을 하는 자일 것이다."

출전: 岡嶋正義 文政十一年(1828) 『竹島考 上』「渡海之調艤竝物産」

〈표 5〉 조선에 표류한 울릉도 도해선의 선적물

寛永 14年(1637) (村川市兵衛船)	寛文 6年(1666) (大谷九右衛門船)
강치 기름 314樽(동이) 말린 전복 406連 통째로 말린 전복 4俵半 소금에 절인 전복 2동이 강치 가죽 53枚 해파리 8俵 강치 살 60俵 *「深見彈右衛門古帳之寫」 寛永 14年 7월 10일경	꼬치 전복 60連 강치 가죽 350張 강치 기름 70樽(동이) 목재 9株 (폭 2척·두께 1척·길이 3間 7株, 椎1株, 栢長 1間 1株) * 岡嶋正義『竹島考』「大谷船漂到朝鮮國」 項

출전: 池内敏, 1999, 「竹島渡海と鳥取藩ー元禄竹島一件考・序説ー」『鳥取地域史研究』 鳥取地域史研究会編(1)(31~47頁) 47頁

〈표 6〉 1696년 울릉도 및 일본 도해자

	1693년 울릉도 도해(『변례집요』)	1696년 울릉도 및 일본 도해자		
		『숙종실록』(출신·이름 등)	「원록각서」(나이, 관직 등)	
1	박어둔(朴於屯)	(동래/박어둔)	(37)	※ 울릉도까지만 감 1693년 당시 34세
2	안용복(安龍福)	동래/안용복	43	동래 근무 통정태부(通政太夫) 나이 갑오생 (1654) * 1693년 당시 40세
3	김가을동(金加乙洞)	흥해/유일부(劉日夫)	-	유상공 (柳上工)
4	김자신(金自信)	영해/유봉석(劉奉石)	-	유카이
5	이환(李還)	평산포/이인성(李仁成)		이비원(李裨元) 또는 이비장(李裨將)
6	양담사리(梁淡沙里)	낙안/김성길(金成吉)		김감관(金甘(監)官) 또는 김사과(金司果)
7	김득생(金得生)	순천/뇌헌(雷憲)	55	흥왕사(興旺寺) (또는 흥국사(興國寺))승려
8		(순천)/승담(勝淡)		-
9		(순천)/연습(衍習/連習))	33	뇌헌 제자
10		(순천)/영률(靈律)		-
11		(순천)/ 단책(丹責)		-
12		연안/김순립(金順立)		김감관 또는 김사과

출전: 『변례집요』 권17, 울릉도 갑술, 숙종 20년(1694); 『숙종실록』 권30, 숙종 22년(1696) 8월 29일; 「元祿九丙子年朝鮮舟着岸一卷之覺書」(1696)

참고문헌

Ⅰ. 울릉도·우산도 역사

『삼국사기』(국사편찬위원회), 『삼국유사』(규장각 한국학연구원), 『고려사』(한국의 지식 콘텐츠), 『조선왕조실록』(국사편찬위원회), 『태종실록』, 『세종실록』, 『세조실록』, 『성종실록』, 『중종실록』, 『숙종실록』, 『영조실록』, 『정조실록』, 『순조실록』, 『철종실록』, 『고종실록』, 『순종실록』

『신증동국여지승람』(李荇(朝鮮) 增補, 1530, 『新增東國輿地勝覽』 卷45, 江原道, 蔚珍縣).

『동국문헌비고』(洪鳳漢 等 編纂, 1780, 『御製序文献備考』 卷18 輿地考 13 海防, 東海, 蔚珍條, 규장각 한국학연구원).

『증보문헌비고』(弘文館編纂, 1908, 『增補文献備考 七』 輿地考, 海防 東海 蔚珍, 규장각 한국학연구원).

『관보』 제1716호, 광무 4년(1900) 10월 27일 (『光武四年十月 日 官報』 第一千七百十六號 光武四年十月二十七日, 議政府總務局官報課, 규장각 한국학연구원).

Ⅱ. 울릉도쟁계와 안용복

『숙종실록』, 『승정원일기』(국사편찬위원회), 『국역비변사등록』(국사편찬위원회), 『변례집요』(한국고전번역원/국사편찬위원회), 『표인영래등록』(규장각 한국학연구원), 『울산부 호적대장』(규장각 한국학연구원)

Ⅲ. 안용복 전기

南九萬, 『藥泉集』 第三十一, 書, 答柳相國, 肅宗 22年(1696) 10月5日, 한국고전번역원.

李瀷, 『星湖僿說』 卷3, 天地門, 鬱陵島, 한국고전번역원.

『星湖先生全集』 卷12, 書, 答鄭汝逸, 乙丑 英祖 21년(1745), 한국고전번역원.

申景濬, 『旅菴全書』 卷7, 疆界考 4, 昭代, 鬱陵島, 전남대학교.

安鼎福, 『順菴先生文集』 4, 卷7, 書, 與李廷藻家煥書, 乙酉, 장서각.

李盟休 編(1744), 『春官志』 卷三, 附錄, 鬱陵島爭界, 한국고전번역원.

元重擧, 『和國志』, 人, 安龍福傳, 한국학중앙연구원.

成大中, 『青城雜記』 卷3, 醒言, 安龍福, 한국고전번역원.

李肯翊, 『燃藜室記述』 別集 第17卷, 邊圉典故, 諸島, 한국고전번역원.

金健瑞, 『增正交隣志』 第4卷, 鬱陵島礒竹島辨正顚末, 한국고전번역원.

成海應, 『研經齋全集』 外集 卷45, 地理類, 菀陵島志 / 續集 册11, 文3, 題安龍福傳後, 한국고전번역원.
尹行恁, 『碩齋稿』 卷9, 海東外史, 安龍福, 한국고전번역원.
李圭景, 『五洲衍文長箋散稿』 經史篇, 論史類, 論史, 鬱陵島事實辨證說, 한국고전번역원.
李源益, 『紀年東史約』 卷26, 本朝紀, 丙子22年, 국사편찬위원회.
正祖, 『弘齋全書』 第13, 序引 6, 翼靖公奏藁軍旅類叙, 庚申, 邊圉引/卷173, 日得錄 13, 人物 3, 한국고전번역원.
沈象奎·徐榮輔 所编(1808), 『萬機要覽』 卷10, 軍政編, 海防, 江原道, 규장각 한국학연구원.
李慶民, 『熙朝軼事』 卷上, 安龍福, 규장각 한국학연구원.
宋炳華, 『蘭谷集』 別集 第6, 安龍福傳.

Ⅳ. 일본의 죽도일건(울릉도쟁계)와 안용복 관련 사료

鳥取藩池田家史料 『控帳』(鳥取県立博物館), 鳥取藩池田家史料 『御祐筆日記』(鳥取県立博物館), 鳥取藩池田家史料 『御在府日記』(鳥取県立博物館), 鳥取藩池田家史料 『御用人日記』(鳥取県立博物館), 鳥取藩池田家史料 『御在国在府日記』(鳥取県立博物館), 『竹島紀事』 国立古文書館内閣文庫､和30889, 箱号178－659(5册本); 경상북도 독도사료연구회편, 2013, 『죽도기사』 I, II(한글 번역본).

対馬藩政史料 (長崎県立対馬歴史民俗資料館).
『鳥取池田家文書』 (國立國會圖書館).
大谷家古文書 (島根縣廳).
大谷家旧記 (東京大学校史料編纂所).
村川家旧記 (東京大学校史料編纂所).
多聞院日記(1478~1618) (國立國會圖書館).
通航一覧(1566~1825) (國立國會圖書館).
善隣通書 (東京大学校史料編纂所).
観聴随筆 (鳥取県立図書館).
隱州視聽合紀, 동북아역사재단 편/오니시 도시테루 · 권오엽 역, 2007, 『독도자료집 Ⅲ－은주시청합기』 동북아역사재단 (내부자료).
伯耆志 (國立國會圖書館).
因幡誌 (國立國會圖書館).

因府年表 (國立國會圖書館).
因伯記要 (國立國會圖書館).
伯耆民談記 (國立國會圖書館).
『竹嶋図説』(Takeshima Archives Potal).
鳥取縣編 1971『鳥取藩史』第六卷 殖産商工志 · 事變志, 鳥取縣立圖書館.
岡嶋正義 1828『竹島考』(정영미 역, 2010,『죽도고 上下』, 경상북도사료연구회).
北澤正誠 1881『竹島考證』(日本 外務省 記錄) (정영미 역, 2006,『독도자료집Ⅱ-죽도고증-』, 동북아의 평화를 위한 바른 역사정립 기획단).
『村上家文書(寫)』(米子市立圖書館) (박지영, 2017,「일본 산인(山陰) 지방민과 '울릉도 · 독도 도해금지령'에 대하여」,『독도연구』제23호.

Ⅴ. 연구 논저

경상북도 독도사료연구회 편,『2010 경상북도 독도사료연구회 연구보고서-'安龍福' 관련 자료 분석을 통한 안용복 활동의 복원』, 경상북도 독도사료연구회.
김병우, 2015,「일제강점기 안용복의 이미지화와 그 의미」,『독도연구』제19호, 영남대학교 독도연구소.
김호동, 2009,「조선 숙종조 영토분쟁의 배경과 대응에 관한 검토-안용복 활동의 새로운 검토를 위해-」『대구사학』94, 대구사학회.
동북아의 평화를 위한 바른역사정립기획단 편, 2005,『독도논문번역선Ⅰ』.
__________, 2006,『독도논문번역선Ⅱ』.
박병섭, 2007,『안용복 사건에 대한 검증』.
송병기, 1997,『울릉도와 독도』, 단국대학교출판회.
신용하, 2000,『독도연구총서 7 독도영유권 자료의 탐구』제3권, 독도연구보전협회.
______, 2001,『독도연구총서 8 독도영유권 자료의 탐구』제4권, 독도연구보전협회.
울산광역시 편, 2010,『2009년 울산시 기획과제-울릉도·독도 수호 박어둔 재조명 결과 보고서』, 울산광역시.
이준구, 2005,「17세기 말, 호패, 호적이 말하는 울릉도 독도 파수꾼 안용복과 박어둔」『조선사연구』14집.
장순순, 2012,「17세기 조일관계와 울릉도쟁계」,『역사와 경계』, 부산경남사학회.
장순순, 2012,「조선후기 대마도의 조선 교섭과 1693년 울릉도 영속시비」,『동북아역사논총 37』, 동북아역사재단.

______, 2013, 「17세기 후반 울릉도쟁계의 종결과 쓰시마(16969~1699년)」, 『한일관계사연구』, 한일관계사학회.
______, 2017, 「초량 왜관의 성립과 운영」, 『부산박물관 학술연구총서 제54집 초량왜관－교린의 시선으로 허하다』, 부산박물관.
정영미, 2015, 『일본은 어떻게 독도를 인식해 왔는가』, 한국학술정보.
진재교, 2009, 「원중거의 '안용복전' 연구」『진단학보』 108, 진단학회.
홍성덕, 2010, 「17세기 후반 한일 외교교섭과 울릉도－안용복의 피랍, 도일사건을 중심으로」, 『독도·울릉도 연구－역사, 고고, 지리학적 고찰』, 동북아역사재단.
홍정원, 2012, 「근대 문헌에 보이는 독도(우산도, 석도) 연구」, 『근대 이행기의 한일 경계와 인식에 대한 연구』, 동북아역사재단.
외교통상부 문서, 독도문제, 1952－53, 분류번호 743.11JA, 등록번호 4565.
____________, 독도문제, 1954, 분류번호 743.11JA, 등록번호 4566.
____________, 독도문제 1955－59, 분류번호 743.11JA 등록번호 4567.
____________, 독도문제, 1960－64, 분류번호 743.11JA 등록번호 4568.
____________, 독도문제, 1965－71, 분류번호 743.11JA.

内藤正中, 2000, 『竹島＜鬱陵島＞をめぐる日朝関係史』, 多賀出版.
_______, 2005, 「隠岐の安龍福」, 『北東アジア文化研究』 第22号.
李薫, 2000, 『朝鮮後期漂流民と韓日関係』, 国学資料院.
池内敏, 1998, 『近世日本と朝鮮漂流民』, 臨川書店
______, 1998, 「『竹島考』ノート『江戸の思想 9』.
______, 1999, 「竹島渡海と鳥取藩ー元禄竹島一件考·序説ー」, 『鳥取地域史研究』, 鳥取地域史研究会編(1).
______, 2001, 「17~19世紀鬱陵島海域の生業と交流」, 『歴史学研究』 756号.
______, 2006, 『大君外交と武威ー近世日本の國際秩序と朝鮮観』, 名古屋大出版部.
______, 2008, 「安龍福と鳥取藩」, 『鳥取地域史研究』, 鳥取地域史研究会編 (10).
______, 2009, 「安龍福英雄伝説の形成ノート」, 『史学』 55, 名古屋大学研究論集.
川上健三, 1966, 『竹島の歴史地理学的研究』, 古今書院.
下條正男, 1998, 『日韓·歴史克服への道』 風転社.
_______, 2004, 『竹島は日韓どちらのものか』, 文芸春秋.

찾아보기

ㅈ

ㅌ

동북아역사재단 연구총서 106

안용복 '진술'에 대한 새로운 검증

초판 1쇄 인쇄 2020년 4월 3일
초판 1쇄 발행 2020년 4월 10일

지은이 정영미
펴낸이 김도형
펴낸곳 동북아역사재단

등 록 제312-2004-050호(2004년 10월 18일)
주 소 서울시 서대문구 통일로 81 NH농협생명빌딩
전 화 02-2012-6065
팩 스 02-2012-6189
홈페이지 www.nahf.or.kr
제작·인쇄 (주)도서출판 선인

ISBN 978-89-6187-535-6 93910

• 이 도서의 국립중앙도서관 출판예정도서목록(CIP)은 서지정보유통지원시스템 홈페이지
(http://seoji.nl.go.kr)와 국가자료종합목록 구축시스템(http://kolis-net.nl.go.kr)에서 이용하실 수 있습니다.
(CIP제어번호 : CIP2020016133)
• 책값은 뒤표지에 있습니다. 잘못된 책은 바꾸어 드립니다.